Schmidt · Friedrich I.

Friedrich I., König in Preußen,
Kupferstich von Johann Georg Wolfgang.

Werner Schmidt

Friedrich I.

Kurfürst von Brandenburg
König in Preußen

Diederichs

Abbildungen auf den Seiten 13, 28, 58 und 107:
Archiv für Kunst und Geschichte, Berlin.
Alle übrigen: Bayerische Staatsbibliothek, München.

Bibliografische Information Der Deutschen Bibliothek
Die Deutsche Bibliothek verzeichnet diese Publikation in der Deutschen Nationalbibliografie; detaillierte bibliografische Daten sind im Internet unter http://dnb.ddb.de abrufbar.

Lektorat: Matthias Wolf
Umschlaggestaltung: Die Werkstatt München / Weiss · Zembsch
Produktion: Ortrud Müller
Satz: Design-Typo-Print GmbH, Ismaning
Druck und Bindung: GGP Media, Pößneck
Printed in Germany

ISBN 3-424-01319-6

Inhalt

Vorwort

Moeller van den Brucks Schrift *Das Dritte Reich* hat den Grund zu der auch heute noch weitverbreiteten Vorstellung einer durchgehenden Entwicklungslinie staatlichen Werdens gelegt, die vom Heiligen Römischen Reich deutscher Nation über Bismarcks Reichsgründung von 1871 zu der beschämendsten Epoche deutscher Geschichte führt. Mit den geschichtlichen Tatsachen hat diese Vorstellung wenig oder nichts zu tun.

Das aus dem Mittelalter überkommene deutsche Wahlkönigtum wurde, spätestens seit Karl V., mehr und mehr zu einem erblichen Privileg des Hauses Habsburg. Dessen Hausmacht, die Kronländer, erstreckten sich aber nach und nach nicht nur auf deutsche, sondern auch auf ungarische, polnische, italienische Gebiete und auf den Balkan. Leopold von Ranke, der Nestor der deutschen Historiker, hat in einem anderen Zusammenhange die Verderblichkeit der Verbindung deutscher Provinzen mit auswärtigen Machtgebieten durch die Verflechtung mit der Politik derselben hervorgehoben. Mit der Proklamation des Kaisertums Österreich (1804) und der Niederlegung der römischen Kaiserkrone (1806) durch Franz II. – dem Ende des Heiligen Römischen Reiches – war aufgrund ebendieser Verflechtungen der eigene Weg Österreichs vorgezeichnet. Die im Deutschen Bund von 1815 zunächst noch fortgesetzte Bindung an die übrigen deutschen Staaten endete 1866, im Jahre von Königgrätz. Die Nachfahren der Römisch-Deutschen Kaiser und ihr Staat, die Donaumonarchie, nahmen für immer eine andere und eigene Entwicklung als das übrige Deutschland. Ihr verbliebenes deutsches Staatsgebiet bildet heute die Republik Österreich.

Eine ganz andere, durchgehende Entwicklungslinie der Souveränität führt von Luthers Rat an den letzten Hochmeister des Deutschen Ordens, das Ordensland Preußen in ein weltliches Herzogtum umzuwandeln, zur Bundesrepublik Deutschland in ihrer heutigen Gestalt. Dieses Ergebnis setzte auf dem langen Wege durch die Jahrhunderte die Erfüllung vieler Bedingungen voraus. Unter anderem zählt dazu neben der Begründung des Herzogtums im Vertrag von Krakau (1525) die Belehnung der Hohenzollern (1569, 1611) mit dem unter polnischer Oberhoheit stehenden Herzogtum, die Befreiung von dieser und schwedischer Souveränität (zuletzt durch den Frieden von Oliva 1660), die zur Ausbildung des preußischen Gesamtstaates führende Errichtung des Königreichs Preußen außerhalb der Grenzen des Heiligen Römischen Reiches am 18. Januar 1701, der Ausschluß Österreichs aus Deutschland durch den Sieg von Königgrätz und das Aufgehen Preußens in dem am 18. Januar 1871 ausgerufenen Deutschen Reich. Daß Preußen formal erst durch das Gesetz des Alliierten Kontrollrats vom 25. Februar 1947 aufgelöst wurde, weil es »seit jeher Träger des Militarismus und der Reaktion in Deutschland« gewesen sei, ändert nichts an dieser Betrachtung. Die Betragensnote der Sieger von 1945 verkannte ebenso die Tatsache, daß »Nationen keine Sexta oder Quinta« sind (Ranke), wie die geschichtliche Entwicklung zwischen 1871 und 1933, die zuletzt jede Eigenstaatlichkeit Preußens gegenüber dem Reich beseitigt hatte. Daß die Bundesrepublik Deutschland ungeachtet aller verfassungsmäßigen Veränderungen die staats- und völkerrechtliche Fortsetzung ebendieses Reiches ist, kann keinem vernünftigen Zweifel unterliegen. Die Wurzeln der geschichtlichen Entwicklung ihrer Souveränität sind daher nicht im Heiligen Römischen Reich deutscher Nation, sondern in Preußens Aufstieg zu einem vom Römischen Kaisertum unabhängigen Königreich zu suchen.

Daß Preußen zum Königreich erhoben wurde, ist – unter allen anderen wohl die sonderbarste conditio sine qua non – mit einiger Wahrscheinlichkeit auf das Mißgeschick eines Kindermädchens zurückzuführen. Von ihm und seinen Folgen erzählt dieses Buch.

Der Vater

Die von vier Militärs, den Generälen Clay, König und Robertson sowie dem Sowjet-Marschall Sokolowsky, unterzeichnete Verurteilung des Militarismus in jenem Gesetz von 1947 stellt fest, daß er »seit jeher« in Preußen geherrscht habe. Die englische Fassung des Gesetzes spricht von »early days«, die französische von »temps anciens«.

Diese Formulierung – wenn sie denn überhaupt tiefer überlegt war – greift bis in den Dreißigjährigen Krieg zurück.

Das Kerngebiet des späteren preußischen Staates, die Mark Brandenburg, wurde nicht ohne Grund »des Heiligen Römischen Reiches Streusandbüchse« genannt. Ihre Böden waren entweder zu sandig oder zu feucht, um nennenswerte Erträge abzuwerfen. Natürliche Ressourcen, wie z.B. die Silbergruben im benachbarten Kurfürstentum Sachsen, waren nicht vorhanden. Die Mündungen der lebenswichtigen Schiffahrtswege, der Elbe und der Oder, lagen auf fremden Staatsgebieten – mit entsprechenden Folgen für den Handel. Vor allem aber konnte von natürlichen Grenzen, Meer oder Gebirge, die verhältnismäßigen Schutz geboten hätten, nirgendwo die Rede sein – in jeder Beziehung ein Land der Armut, jedem Zugriff preisgegeben.

Durch die Verfolgungen der Protestanten ausgelöst, brach 1618 der böhmische Aufstand aus, den der habsburgische Kaiser Ferdinand II. »eine Schickung zum Verderben der Ketzer« nannte. Die Böhmen wählten Friedrich V., den reformierten Kurfürsten der Pfalz und Schwiegersohn Jakobs I. von England, an Stelle des Habsburgers zu ihrem König. Der Schwiegervater sandte dem Schwiegersohn 2000 Engländer zu Hilfe, die 1620 Brandenburg durchzogen. Georg Wilhelm, Kurfürst von Brandenburg, verheiratet mit Elisabeth Charlotte, einer Schwester des Pfälzers, nahm den Durchzug mehr oder minder genötigt hin, zumal er sich ohnehin gerade im fernen Preußen befand. »Bleibet der Kaiser Kaiser, so bleibe ich und mein Sohn wohl Kurfürst, da ich mich beim Kaiser halten werde«, war sein Grundsatz in den nun beginnenden Kriegswirren, die dreißig Jahre dauern sollten. Sie setzten sich nach dem böhmischen Krieg in Norddeutschland fort, wo sich Christian IV. von Dänemark Habsburgs Macht und Habsburgs unablässigen Versuchen entgegenstellte, der Gegenreformation Bahn zu brechen. Auf dem Wege nach Norddeutschland durchzogen 1626 nicht 2 000, sondern 40 000 Mann unter dem kaiserlichen Generalissimus Wallenstein das unglückliche Brandenburg, das nach dem Grundsatz »Der Krieg muß den Krieg ernähren« mißhandelt, ausgepreßt und verwüstet wurde. Gleichzeitig besetzte Gustav Adolf, König von Schweden und Schwager Georg Wilhelms das preußische Pillau. Georg Wilhelm versuchte im nächsten Jahre, sich dem Herrn Schwager mit wenigen angeworbenen Soldaten entgegenzustellen; der Versuch endete mit dem Überlaufen der Söldner zu den Schweden.

Im Juni 1630 landete Gustav Adolf an der pommerschen Küste, am 3. Mai 1631 stand er vor Berlin; 15 000 Schweden ergossen sich in die Mark Brandenburg. Georg Wilhelm mußte sich von seinem Schwager fragen lassen, ob er ihn »zum Freunde haben oder seine Hauptstadt geplündert sehen« wolle. Unter solchen Bedingungen und unter dem Eindruck der grausigen Zerstörung Magdeburgs durch Tilly am 10. Mai 1631 kam eine schwedisch-brandenburgische Allianz gegen den Kaiser zustande.

Nach dem Tode Gustav Adolfs bei Lützen am 16. November 1632 fielen die Kaiserlichen erneut in die Mark ein. Aufgrund der Einsicht, daß der Schwede ihm »nur« sein Land verwüsten, der Kaiser aber es ihm nehmen könne, trat Georg Wilhelm 1635 dem Prager Frieden zwischen Sachsen und dem Kaiser bei. Georg Wilhelm starb am 1. Dezember 1640. Bis zu seinem Tode und danach wechselten sich Kaiserliche und Schweden im Verheeren der Mark ab. Am Ende der furchtbaren dreißig Jahre hatte Brandenburg weit mehr als die Hälfte seiner Bevölkerung, fast die Hälfte des bebauten Landes und etwa acht Zehntel der städtischen Bebauung verloren. Das war der Preis der gescheiterten Neutralitätspolitik eines Fürsten, der auf ungeschütztes Recht vertraute. In diesen »frühen Tagen« – von denen das Gesetz von 1947 spricht – wurde das Lebensgesetz des späteren Preußen begriffen: Macht sein oder nicht sein.

Zuerst prägte sich das dem zwanzigjährigen Erben der verbrannten Erde ein, Friedrich Wilhelm, den die Geschichte später den Großen Kurfürsten nennen sollte. Geboren wurde er am 16. Februar 1620, als die 2000 Engländer durch die Mark nach Böhmen zogen. Die Berliner fürchteten, daß der durchziehende Haufen ein Werkzeug der Reformierten gegen die Lutheraner sei und gerieten dermaßen in Aufruhr, daß des »Kurfürsten junges ungetauftes Herrlein« zweimal davon in der Wiege aufgeschreckt wurde. Wie hoffnungslos unsicher die Mark seit dem ersten Durchzug Wallensteins im Jahre 1626 geworden war, macht die Tatsache deutlich, daß selbst das Fürstenkind hinter den sicheren Mauern der Festung Küstrin geschützt werden mußte. Vom Frühjahr 1627 bis zum Sommer 1634 verbrachte Friedrich Wilhelm dort mit seinem Erzieher Leuchtmar seine Jugend, vom siebenten bis zu seinem vierzehnten Lebensjahr fast immer von seiner Familie getrennt. Auch in Küstrin war er auf die Gnade Wallensteins angewiesen, der das Städtchen Landsberg an der Warthe von den Kaiserlichen räumen ließ, weil es sonst nichts mehr zum Unterhalt des Kindes in der Festung beitragen konnte. Im Juli 1634 wird der Vierzehnjährige in die sicheren Niederlande geschickt, die damals ihr »Goldenes Zeitalter« erfuhren und der Hort des Calvinismus waren. Vier Jahre lang erlebt der Heranwachsende am Hofe Friedrich Heinrichs von Oranien, des Onkels seiner Mutter, nach der Einsamkeit von Küstrin den Glanz der großen Welt. Nach drei Jahren ruft ihn der Vater heim; im Sommer 1638 kehrt er – mehr unfreiwillig als freiwillig – nach Berlin zurück – eine Rückkehr in eine Wüste. Der Hof flüchtete vor den Schweden, die in Wahrheit die Herren dieser Wüste waren, nach Königsberg. Zwei Jahre später, am 1. Dezember 1640 stirbt der Vater; ein Zwanzigjähriger steht vor einer nahezu unlösbaren Aufgabe. Friedrich Wilhelm hat sie dennoch in seiner achtundvierzigjährigen Herrschaft gelöst. Es ist hier nicht der Ort, ihre Geschichte im einzelnen nachzuerzählen; für das Verständnis des Sohnes und Nachfolgers des

Großen Kurfürsten ist aber eine knappe Zusammenfassung der väterlichen Politik unerläßlich.

Friedrich Wilhelm selbst hat ihr Grundprinzip in seinem ersten politischen Testament, der »Väterlichen Vermahnung« vom 19. Mai 1667 mit einen einzigen Satz gekennzeichnet:

> Alliancen seind zwahr gutt, aber eigene Krefte noch besser, darauf kan man sich sicherer verlassen, und ist ein herr in keiner consideration, wan er selber nicht mittel und volck hatt, den das hatt mich, von der zeitt das Ichs also gehalten, Gott sey gedanckt, considerabell gemacht.

Das Wort »consideration« bezeichnet noch heute in der englischen Rechtssprache eine Leistung als Voraussetzung der Gültigkeit, des ernst Gemeinten eines Vertrages. »Considerabell« zu sein, bedeutet also nichts anderes, als ernstgenommen zu werden und nicht, wie der Vater Georg Wilhelm, hilfloser Spielball aller auf ihn einwirkenden Kräfte zu sein. Ernst genommen wird heute, wie damals nur, wer über »mittel und volck« verfügt, über gesunde Finanzen und militärische Kraft. Der britische Historiker Gordon A. Craig stellt dazu fest: »Der Schlüssel zur Sicherheit lag in der militärischen Stärke und der Kurfürst begab sich mit voller Überlegung an die Schaffung eines zuverlässigen stehenden Heeres.«

Bei seinem Regierungsantritt hatte Friedrich Wilhelm ein paar tausend Söldner und Fahnenflüchtige anderer Armeen vorgefunden, »Landsknechte niedrigster Art, die unfähig waren, gegen organisierte Truppen zu operieren und die Provinzen, die sie angeblich schützten, terrorisierten« (Craig). Jeder Obrist kommandierte sein Regiment sozusagen als eigenes Wirtschaftsunternehmen, das er nach eigenen Gesichtspunkten »betrieb«. Nach der Entfernung aller Ungeeigneten blieben 2500 Mann übrig, die – erstmals – nur auf den Kurfürsten vereidigt wurden. Bei seinem Tode im Jahre 1688 verfügte Brandenburg über ein diszipliniertes stehendes Heer von 30000 Mann, das in den ersten Ansätzen einheitlich für alle Teile des Fleckenteppichs organisiert war, den die Länder des Kurfürsten darstellten.

Dieser unzusammenhängende Fleckenteppich der Besitzungen von Kleve bis Memel war das größte Hindernis auf dem We-

Friedrich Wilhelm, der Große Kurfürst, Gemälde von Gerard van Honthorst (Ausschnitt).

ge zum künftigen Einheitsstaat. Die Stände jeder Landschaft – Prälaten, Ritterschaft und Städte – wahrten zäh ihre überkommenen Gerechtsame, insbesondere das Recht der Steuerbewilligung, das ausschließlich im Interesse des jeweiligen Territoriums, nie des entstehenden Gesamtstaates ausgeübt wurde. Die Geschichte der Herrschaft des Großen Kurfürsten ist auch eine Geschichte immerwährenden Feilschens und Ringens um diese Fragen; noch 1646 riefen die Stände in Kleve durch öffentliche Anschläge zum Ungehorsam gegen Abgabenforderungen des Kurfürsten auf. In Brandenburg wurde nach siebenunddreißigjähriger Sitzungspause im Jahre 1652 zum letzten Male ein Landtag einberufen, nachdem er zuvor siebenmal vertagt worden war. Im Juli 1653 wurde er aufgelöst. Immerhin hatte er 530000 Taler und damit die »Anschubfinanzierung«, wie wir heute sagen würden, des stehenden Heeres bewilligt.

Vier Jahre später fühlte sich der Kurfürst bereits stark genug, seinen getreuen Ständen zu erklären, daß er sich auch ohne ihre Zustimmung für berechtigt halte, zum Zwecke der Verteidigung Steuern zu erheben. Die Begründung hatten schon einige Jahre zuvor die klevischen Stände vernommen: »Er könne der Truppen nicht entbehren, da sein Staat gleichsam in der Balance stehe und der Ausschlag dessen hohes Aufnehmen oder äußersten Ruin in sich enthalte.« Mit der Einführung der Akzise, einer Warenverbrauchssteuer, die zunächst von den Städten, dann vom Kurfürsten selbst erhoben wurde, ab 1667 wurde das gemeinsame Interesse der Stände – hier der Adel, da die Städte – aufgespalten und das ständische Recht der Steuerbewilligung von innen ausgehöhlt.

Am Anfang der Regierungszeit Friedrich Wilhelms betrugen die Staatseinkünfte – soweit sie überhaupt flossen – kaum mehr als eine Million Taler, von denen nur etwa 400 000 aus Steuererhebungen (Kontributionen) stammten; der Rest entfiel auf Domäneneinkünfte, Zölle und dergleichen. Beim Tode des Kurfürsten belief sich das Steueraufkommen auf 1 677 000 Taler und hatte sich damit vervierfacht. Die übrigen Einnahmen waren von rund 600 000 Talern auf rund 1 700 000 Taler angestiegen; ungeachtet ausländischer Subsidien waren die Staatseinkünfte mehr als verdreifacht worden.

Die ihm zuwachsende militärische Macht hat Friedrich Wilhelm selbstverständlich nicht nur außen-, sondern auch innenpolitisch genutzt. Sie hat eine entscheidende Rolle gespielt, als der Widerstand der (ost-)preußischen Stände gebrochen wurde, die selbst dann noch glaubten, zur Wahrung ihrer Rechte an ihren früheren Lehnsherrn, den polnischen König, appellieren zu können, als die Souveränität in Preußen durch den Frieden von Oliva im Mai 1660 unzweifelhaft auf den Kurfürsten übergegangen war. Eine Episode aus der Geschichte dieser Auseinandersetzungen zwischen Souverän und Ständen, die Gefangennahme eines Hauptanführeres der Stände, des Obersten von Kalckstein, im Jahre 1672 scheint in unseren Tagen ein frühes Vorbild für die Entführungen des Obersten Argoud durch den französischen und des SS-Führers Eichmann durch den israelischen Geheimdienst geworden zu sein. Kalckstein wurde mitten in Warschau in einen Wandteppich gewickelt und zur Hinrichtung nach Preußen befördert.

Die Außenpolitik des Kurfürsten stellt sich dem Urteil schulmeisternder moderner Historiker als »rücksichtslose Schaukelpolitik« dar. Wie schon Ranke hervorhebt, gehörte sein Staat aber »nicht zu den nationalen Potenzen uralter Berechtigung; er (war) eine in der Mitte derselben emporgekommene territoriale Macht«. Das Haus Brandenburg »war zwischen zwei Mächten eingeengt, die, wie jene kyaneischen Felsen der ältesten Schiffahrtssage, unaufhörlich aneinanderstoßen, alles, was in ihre Mitte geriet, zu zerquetschen drohten« (Ranke). In einem vom Kurfürsten eigenhändig niedergeschriebenen »Bedenken, ob ich eine Partei, jetzt oder ins künftige nehmen soll« heißt es: »Auf der einen Seite habe ich die Krone Schweden und auf der anderen den Kaiser; ich sitze zwischen ihnen und warte, was sie mit mir anfangen, ob sie mir das Meinige lassen oder nehmen wollen.« »Er erinnert sich an den Grundsatz der Katholischen, daß den Ketzern keine Treue zu halten sei, zugleich an die mancherlei Unbilde, die er von dem Kaiser, namentlich in der schlesischen Sache, erlitten habe; auch von den Schweden, sagte er, habe er nichts Gutes erfahren« (Ranke). Zu den »kyaneischen Felsen« des Kaisers und der Schweden kam mit dem Eingreifen Richelieus in den Krieg auf deutschem Boden noch ein dritter Fels hinzu. Die schnellen Wechsel der Allianzpolitik zur Anpassung an die jeweiligen Machtkonstellationen waren für das Land in der Mitte des Spannungsfeldes nicht eine Frage politischer Hygiene oder Moral, sondern Überlebensfragen. Sie ähnelten oft genug eher dem Hakenschlagen des gefährdeten Wildes, als »rücksichtsloser Schaukelpolitik«.

Zunächst suchte sich der junge Kurfürst nach zwei Seiten Handlungsfreiheit zu verschaffen. Die Herrschaft über das ererbte Herzogtum Preußen hing von der Belehnung durch den polnischen König ab; sie wurde trotz polnischer Widerstände bereits am 7. Oktober 1641 erteilt, nachdem – wie es Ranke vornehm ausdrückt – der Kurfürst »auch kein anderes Mittel unversucht ließ, die Affektion der Magnaten sich zu verschaffen«. Die Handlungsfreiheit in der Mark setzte einen Waffenstillstand mit den Schweden voraus. Er widersprach naturgemäß dem Interesse des Kaisers an der Aufrechterhaltung der durch den Prager Frieden geschaffenen Machtverhältnisse, dem sich der vom Vater des Kurfürsten eingesetzte Statthalter der Mark, der katholische Graf Adam Schwarzenberg, verpflichtet wußte. Schwarzenberg starb aber bereits im März 1641; der Weg zum Waffenstillstand am 14. Juli 1641 war frei. Er läßt sich sicherlich als Wechsel vom kaiserlichen zum schwedischen Interesse interpretieren, war aber in der Wirklichkeit nichts anderes als die erste Voraussetzung dafür, wieder Herr im eigenen Hause zu werden. Die Tatsache, daß sich die Schweden trotzdem erst 1644 bereit fanden, die von ihnen besetzten, befestigten Städte Frankfurt/Oder und Crossen zu räumen, spricht für sich. Der sprichwörtliche Dank vom Hause Habsburg ließ nicht lange auf sich warten.

Als 1645 die Gesandten in Münster und Osnabrück ihre Vorschläge vorlegten, forderte Schweden ganz Pommern für sich, das im Erbgang von seinem letzten Herzog auf Friedrich Wilhelm übergegangen war. Der Kaiser stimmte nicht nur zu, sondern ließ den Kurfürsten durch eine eigene Gesandtschaft nach Den Haag, wo sich der Kurfürst zur Eheschließung mit Louise Henriette von Oranien im Dezember 1646 aufhielt, vor die Wahl stellen, entweder in die Abtretung Vorpommerns mit

Louise Henriette von Oranien, Kurfürstin von Brandenburg, Gemälde von Gerard van Honthorst.

Stettin an die Schweden einzuwilligen oder ganz auf Pommern zu verzichten. Am 7. Januar 1647 einigte sich der Kurfürst vertraglich mit Schweden, indem er der Nötigung gegen die Abtretung der Stifte Halberstadt und Minden sowie die Zusage der Anwartschaft auf Magdeburg nachgab. Dieser Vertragsinhalt wurde Gegenstand des am 24. Oktober 1648 unterzeichneten Westfälischen Friedens, der von Frankreich und Schweden garantiert wurde – eine Tatsache, die in der Folge wesentliche Bedeutung haben sollte.

Sieben Jahre später war der europäische Friede schon wieder in Gefahr. Christine, die Tochter Gustav Adolfs, hatte 1654 auf den schwedischen Thron verzichtet; ein Vetter von ihr, über seine Mutter Enkel des Vaters von Gustav Adolf wurde unter dem Namen Karl X. Gustav König von Schweden. Der katholische König von Polen, Johann II. Kasimir war dagegen im Mannesstamme Urenkel von Gustav Wasa und protestierte daher gegen die Thronbesteigung Karls X. Das genügte Karl X., um 1655 vom schwedischen Livland und von Vorpommern aus in Polen einzufallen, das er vollständig überrannte. Der Durchmarsch der Schweden durch das brandenburgische Hinterpommern bedeutete aus polnischer Sicht eine Verletzung der Lehnspflicht gegenüber dem polnischen König durch den Kurfürsten. Der Kurfürst sah dagegen sein Herzogtum Preußen vollständig von den Schweden eingekesselt und Brandenburg im Falle eines dauerhaften schwedischen Sieges an zwei langen Landgrenzen von Schweden eingeklammert. Die Schweden begannen bereits, sich Ostpreußens zu bemächtigen, als der Kurfürst im September 1655 in seinen westlichen Landesteilen 18000 Mann zusammenzog und nach Ostpreußen führte. Eine kriegerische Auseinandersetzung wäre allerdings für die Schweden zumindest sehr hinderlich und für den Kurfürsten ein Risiko mit unabsehbaren Folgen geworden. Der Kurfürst erkannte daher die tatsächlich bestehende schwedische Herrschaft über Ostpreußen an und rettete zugleich sein Land, indem er am 17. Januar 1656 den Vertrag von Königsberg schloß, durch den er nunmehr vom schwedischen König mit Ostpreußen belehnt wurde. Rechtlich lag darin zweifellos ein Lehnsbruch gegenüber dem polnischen König; tatsächlich beendete die schwedische Herrschaft über Preußen die polnische Souveränität ebenso, wie sie 1410 durch die Schlacht bei Tannenberg begründet worden war.

Die sich für ihn verschlechternde politische und militärische Lage ließ es Karl X. geraten erscheinen, Brandenburg als Alliierten zu gewinnen. Nachdem inzwischen auch noch der russische Zar Ansprüche auf die Souveränität in Preußen angemeldet hatte, war die schwedische Allianz für Brandenburgs Sicherheit ebenso von Bedeutung. Am 23. Juni 1656 schloß daher der Kurfürst mit den Schweden den Vertrag von Marienburg. Schweden garantierte ihm Beistand gegen jeden Angriff auf seine Besitzungen: der Kurfürst sagte zu, 4000 Mann Hilfstruppen im schwedisch-polnischen Krieg zu stellen. Der schwedische Sieg lag ohnehin im eigenen Interesse des Kurfürsten, weil ein polnischer Sieg nach dem Bruch des Lehnsverhältnisses durch den Vertrag von Königsberg mit Sicherheit den Verlust des Herzogtums Preußen bedeutet hätte. Er vereinigte sich deshalb nicht nur mit 4000 Mann, sondern allen ihm zur Verfügung stehenden Kräften mit den Schweden. Das numerisch weit überlegene polnische Heer wurde in der Schlacht bei Warschau vom 28. bis 30. Juli 1656 von den Schweden und Brandenburgern unter persönlicher Führung durch Karl X. und Friedrich Wilhelm vernichtend geschlagen; ein politisches Ergebnis hatte dieser erste Einsatz des vom Kurfürsten geschaffenen Heeres jedoch zunächst nicht. Friedrich Wilhelm war genötigt, Truppen nach Preußen zu werfen, das inzwischen von Tataren und Polen verwüstet wurde und Karl X. sah sich am anderen Ende seines Reiches bedroht. Dänemark schickte sich an, die gute Gelegenheit der Bindung Schwedens in Polen seinerseits zu einem Angriff auf Schweden zu nutzen. Daß Karl X. damit gezwungen sein würde, das polnische Abenteuer zu beenden und damit seinen Alliierten im Stich zu lassen, lag auf der Hand. Um einen Bruch zu vermeiden, fand er sich bereit, im Vertrage von Labiau vom 20. November 1656 nicht nur erneut Beistand zu versprechen, sondern auf die von ihm seit dem vorigen Jahre behauptete Souveränität über Preußen zu verzichten. Gleichzeitig konnte der Kurfürst durch eine Gesandtschaft nach Rußland einen Nichtangriffspakt mit dem Zaren erreichen. Im Mai 1657 verbündete sich das Haus Habsburg mit den Polen. Im Juni schlugen die Dänen los und das Heer Karls X. rückte in Gewaltmärschen von Polen nach Holstein ab.

Die Lage des Kurfürsten – allein zwischen den Lagern – war bedrohlich geworden. Politisch fiel ihm jedoch gerade jetzt eine wertvolle Karte in die Hand. Am 2. April 1657 war Ferdinand III. gestorben; sein Sohn Leopold I. bedurfte zu seiner

Wahl zum römischen Kaiser der Kurstimme Brandenburgs. Der zur Taufe des zweitgeborenen Sohnes des Kurfürsten am 29. Juli 1657 als Vertreter des Taufpaten Leopold erschienene Baron Franz von Lisola kombinierte die Zusage der Wahlstimme mit habsburgischem Druck auf die Polen: Am 19. September 1657 schloß der Kurfürst mit Polen in Wehlau bei Königsberg einen Separatfrieden, der den Krieg zwischen Brandenburg und Polen beendete; der Kurfürst gab fast alle in Polen gemachten Eroberungen zurück und Polen verzichtete auf die seit 1410 behauptete Souveränität über das Herzogtum Preußen. Mit dem Vertrag von Wehlau hatte der Kurfürst die Schweden ebenso im Stich gelassen, wie er zuvor von ihnen im Stich gelassen worden war. Er begründete dies gegenüber Karl X. mit dessen Bruch seiner Zusage, binnen acht Wochen auf den polnischen Kriegsschauplatz zurückzukehren. Daß Karl X. den Seitenwechsel Brandenburgs in dem von ihm angestifteten »Zweiten Nordischen Krieg« nicht auf sich beruhen lassen würde, versteht sich von selbst.

Bereits der Vertrag von Wehlau hatte deshalb in einer Geheimklausel ein Defensivbündnis vorgesehen. Ihm folgte am 6. November 1657 ein Schutz- und Trutzbündnis zwischen Brandenburg und Polen, als sich ein vollständiger Sieg Karls X. über die Dänen abzuzeichnen begann. Er setzte mit seinem ganzen Heer über den zugefrorenen Kleinen und Großen Belt, eroberte Fünen und Seeland und stand im Januar 1658 vor Kopenhagen. Die Dänen kapitulierten – es läßt sich nicht anders bezeichnen – am 26. Februar 1658 im Frieden von Roskilde, der Dänemark das ganze heutige Südschweden kostete.

Dieser überwältigende Erfolg der Schweden führte im gleichen Monat zu einem Bündnis zwischen dem Hause Habsburg und dem Kurfürsten, die um ihrer eigenen Sicherheit willen entschlossen waren, die schwedischen Bäume nicht in den europäischen Himmel wachsen zu lassen; der aus Wehlau bekannte Franz von Lisola handelte es in Berlin aus. Die sich hier bildende Koalition war wiederum für Karl X. Grund genug, nach einem halben Jahr den Frieden von Roskilde zu brechen und im August 1658 seinerseits Dänemark zu überfallen. Aufgrund des Berliner Bündnisses rückte im September 1658 ein österreichisch-brandenburgisches Allianzheer in Vorpommern, Holstein, Schleswig und Jütland ein und besetzte im Dezember die Inseln Alsen und Fünen. Die Dänen verteidigten im Februar 1659 erfolgreich Kopenhagen und wurden von einer holländischen Flotte unterstützt. Das Allianzheer brachte Karl X. am 24. November 1659 bei Nyborg auf Fünen eine vernichtende Niederlage bei. Der schwedische Reichstag trat anfangs 1660 zusammen und verweigerte seinem König weitere Mittel zur Kriegführung; der Großmachttraum Karls X. war ausgeträumt. Der König starb nach kurzer Krankheit am 12. Februar 1660; die Parteien nahmen Friedensverhandlungen auf. Dem Kurfürsten schien die Gelegenheit zum Greifen nahe, den Schweden doch noch das ihm einst vererbte Vorpommern und Stettin zu entreißen.

Er stieß dabei aber auf den entschiedenen Widerstand Frankreichs, das sich als Signatarmacht des Westfälischen Friedens jeder Korrektur desselben verweigerte, um nicht ein Präjudiz für Lothringen und das Elsaß zu schaffen. Im Frieden von Oliva, der am 3. Mai 1660 unterzeichnet wurde, mußte Brandenburg daher erneut auf Vorpommern und Stettin verzichten, erreichte aber unter Aufhebung der Verträge von Königsberg, Marienburg und Labiau und Bestätigung des Vertrages von Wehlau den endgültigen Verzicht Schwedens und Polens auf die Oberherrschaft in Preußen und damit die internationale Anerkennung der eigenen Souveränität im Herzogtum.

In zwanzig Jahren ständiger politischer und kriegerischer Wirren hatte sich der Erbe eines verwüsteten und völlig bedeutungslosen deutschen Teilstaats zum unabhängigen Herrscher eines Staates gemacht, dessen Souveränität alle europäischen Mächte anerkannten. In der »Väterlichen Vermahnung« von 1667 bezeichnete sie der Kurfürst als das beste Kleinod, das er besitze.

Von den zwei fremden Mächten, die aus den dreißig Jahren Krieg auf deutschem Boden als Sieger hervorgegangen waren, hatte sich Schweden vorerst im Zweiten Nordischen Krieg selbst erschöpft. Ludwig XIV., der dreißigjährige Herrscher Frankreichs, sah darin die beste Gelegenheit, mit der Verwirklichung seines Traums französischer Hegemonie über Europa zu beginnen. Unter dem fadenscheinigen Vorwand eines angeblichen Erbrechts – der »Devolution« – überfiel er 1667 die spanischen Niederlande, das heutige Belgien, begegnete aber dem entschiedenen Widerstande der Holländer, Englands und Schwedens; im Aachener Frieden von 1668 mußte er den größten Teil seiner Beute wieder herausgeben. Der mit vielfachen diplomatischen Unterhandlungen vorbereitete Rachefeldzug des Königs gegen die protestantischen Niederländer, die ihm Widerstand geboten hatten, rief in Wien schon im Vorfeld eine zwiespältige Reaktion hervor: Einerseits träumte man von der »Exstirpation der Ketzer«, andererseits konnte das Haus Habsburg unmöglich eine Stärkung französischer Macht dulden.

In Berlin bemühte sich 1670 der französische Gesandte Verjus um die Allianz oder wenigstens Neutralität Brandenburgs. In der Antwort Friedrich Wilhelms brach offensichtlich die Erinnerung an die unglückliche Politik seines Vaters hervor: »Was neutral zu sein ist, habe ich schon vor diesem erfahren; und wenn man schon die allerbesten Conditiones hat, wird man doch übel traktiret.« Seine Einschätzung Ludwigs XIV. kennzeichnet der Satz, daß er es nicht ohne Erhebung der Waffen soweit kommen lassen wolle, einmal in die Bastille geschleppt zu werden. Am 6. Mai 1672 schloß er mit Wilhelm von Oranien, dem Statthalter der Niederlande, den Bündnisvertrag von Potsdam, mit dem er sich gegen entsprechende Subsidien verpflichtete, 20000 Mann Hilfstruppen zu stellen.

Unmittelbar darauf, im Juni 1672, überfiel Ludwig XIV. Holland. Seine Truppen stießen über den Niederrhein vor, besetzten das brandenburgische Kleve und standen binnen kurzem vor Amsterdam. Den Holländern blieb als letztes Mittel der Gegenwehr nichts anderes übrig, als die Seeschleusen zu öffnen und ihr eigenes Land zu überfluten. Der Kurfürst zog im August mit den zugesagten 20000 Mann in der Hoffnung nach Halberstadt, sich mit kaiserlichen Truppen aus Böhmen vereinigen zu können. Mit der Besetzung des Herzogtums Kleve hatte Frankreich das Reich angegriffen; der Kurfürst hatte selbstverständlich nicht versäumt, durch einen Sondergesandten den Kaiser aufzufordern, zum Schutze des Reichs einzugreifen. Am 23. Juni 1672 wurde sogar das Bündnis von 1658 erneuert. Dennoch zögerte Wien, wie üblich, sei es daß zunächst die erfolgreiche »Exstirpation der Ketzer« oder vor dem eigenen Eingreifen eine Schwächung der französischen Armeen abgewartet oder Rücksicht auf einen älteren Geheimvertrag mit Frankreich über die Teilung der spanischen Monarchie genommen werden sollte.

In der Tat genügte Ludwig XIV. die Anwesenheit von 20 000 Brandenburgern in Mitteldeutschland, um Turenne mit 40 000 Mann aus Holland abzuziehen und nach Westfalen zu verlegen. Als die Kaiserlichen schließlich unter Montecuccoli heranzogen, machte extrem schlechtes Herbst- und Winterwetter die Wege nahezu unpassierbar. Turenne, die Kaiserlichen und die Brandenburger manövrierten umeinander herum, ohne daß es zu einer entscheidenden Begegnung kam; die Disziplin der Truppen sank entsprechend. Der Kurfürst zog die Konsequenz aus einer ausweglos gewordenen Situation, als er nach einem Präliminarabkommen im April 1673 am 6. Juni 1673 den Separatfrieden von Vossem schloß, mit dem er das holländische Bündnis gegen die Zusage der Räumung von Kleve und die Zahlung von Subsidien aufgab, die Holland zum Teil schuldig geblieben war. Er habe, meinte der Kurfürst, sich selbst den Dorn eingetreten, den er den Holländern ausgezogen habe. Der Vertrag von Vossem war die nüchterne Liquidation eines Mißerfolges und daher kaum Anlaß zur moralischen Häme moderner Historiker, die im umgekehrten Falle unangebrachte Nibelungentreue zu tadeln wissen würden.

Im Vertrage von Vossem waren im übrigen die Pflichten Brandenburgs gegenüber dem Reich ausdrücklich vorbehalten worden. Im Falle eines Krieges gegen das Reich war Friedrich Wilhelm also durch den Vertrag von Vossem nicht gehindert, seiner Pflicht als Reichsfürst zu genügen und Ludwig XIV. erneut gegenüberzutreten. Genau diesen Fall führte Turenne im Sommer 1674 durch die erste planmäßige Verwüstung der Pfalz herbei, die den Reichstag zwang, Ludwig XIV. zum Feinde des Reichs zu erklären. Montecuccoli hatte Turenne mittlerweile auf linksrheinisches Gebiet bis ins Elsaß manövriert. Am 13. August setzte sich deshalb Brandenburgs Armee nach

Straßburg in Bewegung und überschritt anfangs Oktober den Rhein. Am 26. Dezember 1674 siegte Turenne bei Türkheim über die Kaiserlichen und Brandenburger, erlitt aber dabei so hohe Verluste, daß sich das Reichsheer ungehindert in die Winterquartiere zurückziehen konnte, die Brandenburger in die Gegend von Schweinfurt.

Inzwischen war es der französischen Diplomatie gelungen, Schweden nachhaltig daran zu erinnern, daß es im Frieden von Oliva nur durch Frankreichs Eingreifen vor dem Verlust ganz Pommerns bewahrt worden war. Aufgrund eines Geheimbündnisses begannen daher die Schweden bereits Ende 1674 in die Mark einzudringen, wo sie sich anfangs noch zurückhielten, dann aber schlimmer als in den Tagen des Dreißigjährigen Krieges hausten. Im Mai 1675 brach die brandenburgische Armee in Franken auf, Ende Mai war sie in Thüringen, am 6. Juni zwischen Halle und Erfurt, am 11. Juni in Magdeburg, um am 15. Juni das schwedisch besetzte Rathenow zu überrumpeln. Am 18. Juni 1675 holten die Brandenburger die schwedische Hauptmacht bei Fehrbellin ein und warfen sie nach Norden zurück; 2000 Schweden und 500 Brandenburger blieben auf dem Schlachtfeld, weitere Verluste durch Fahnenflüchtige dezimierten das schwedische Heer um die Hälfte. Der Sieg von Fehrbellin war das Erstaunen Europas: Ein deutscher Landesfürst hatte die krieg- und sieggewohnte Armee einer bisherigen Großmacht geschlagen.

Eine Kette militärischer Erfolge schloß sich an: Zwischen 1675 und 1678 wurden Anklam, Greifswald, Stralsund, Wismar und Wolgast, die Inseln Rügen, Usedom und Wollin, zuletzt sogar das heißbegehrte Stettin von den Brandenburgern erobert. Ende November 1678 stand kein Schwede mehr auf Pommerns Boden. Der letzte Versuch der Schweden, sich Ende 1678 Preußens zu bemächtigen, scheiterte am bloßen Erscheinen des Kurfürsten; der fast Sechzigjährige jagte an der Spitze seiner Truppen mit Schlitten über das zugefrorene Frische und Kurische Haff – die Schweden nahmen keine entscheidende Schlacht mehr an und zogen sich Ende Januar 1679 nach Livland zurück. Der Sieg Brandenburgs war vollständig und – ein ebenso vollständiger Pyrrhussieg.

Des Kurfürsten »Siege über die Schweden hatten keinen anderen Erfolg, als daß der König von Frankreich seinerseits das Übergewicht davontrug und die Verbündeten Brandenburgs dazu brachte, in die Restitution der den Schweden entrissenen Landschaften zu willigen: seine Siege hatten eine Rückwirkung, die ihren Erfolg aufhob« (Ranke). Bereits am 10. August 1678 war ein Separatfrieden zwischen Frankreich und Holland geschlossen worden. Am 5. Februar 1679 traten Kaiser und Reich dem Frieden von Nymwegen bei. Er erstreckte sich auch auf Schweden, nachdem der von Frankreich angestiftete Einfall Schwedens in die Mark immerhin auch als Reichskrieg anerkannt worden war. Jetzt erregten eher Brandenburgs Erfolge als schwedische Verwüstungen im Reich die Besorgnis Wiens; überdies war in Wien »wieder von der Zurückdrängung, wo nicht Vertilgung der Ketzer durch Frankreich und Österreich die Rede« (Ranke). Der Kurfürst stand Frankreich allein gegenüber, das bereits Kleve verwüstete und Westfalen zu besetzen begann.

Frankreichs Politik war seit dem Frieden von Oliva unverändert: Jede Änderung der territorialen Regelungen des Westfälischen Friedens schied von vornherein aus, um kein Präjudiz gegen Frankreichs Annexionen im Elsaß und in Lothringen zu schaffen. Abgesehen davon konnte und wollte Frankreich naturgemäß nicht Nachteile Schwedens in einem Kriege dulden, zu dem es von Frankreich angestiftet worden war. Dem Kurfürsten blieb nur die Wahl zwischen Brandenburgs Untergang – allein gegen Frankreich und Schweden gestellt – und der Herausgabe aller seiner im Kampf gegen die schwedischen Invasoren gemachten Eroberungen. Sie wurde am 29. Juni 1679 im Frieden von Saint-Germain-en-Laye von Frankreich diktiert.

Dieses Diktat nahm der Kurfürst als das Recht des Stärkeren hin. Seine grenzenlose Erbitterung richtete sich daher nicht gegen Ludwig XIV., sondern gegen den Kaiser, der seine Vasallentreue im Reichskrieg gegen Frankreich in Anspruch genommen, ihn dadurch in den Krieg mit Schweden verwickelt und ihn im Stich gelassen hatte, als er hinter dem Rücken des Kurfürsten und ohne jede Rücksicht auf das Lebensinteresse Brandenburgs mit Frankreich Frieden schloß. Der erneut bewiesene, sprichwörtliche »Dank vom Hause Habsburg« ließ den Kurfürsten eine Wiederannäherung Wiens zurückweisen, »weil ich leider erfahren, daß Ihre Kaiserliche Majestät und mit derselbigen des Reiches konjugirete Macht und deren Alliierte das Reich nicht einmal in einer vorigen Sicherheit und Harmonie erhalten können«. Statt dessen schloß er im Oktober 1679 mit Ludwig XIV., dem Feind von gestern, ein Geheimabkommen, das ihn verpflichtete, bei der nächsten Kaiserwahl für Ludwig XIV. oder den Dauphin zu stimmen. Im Testament des Kurfürsten vom 18. April 1680 wurde Ludwig XIV. sogar zum Testamentsvollstrecker berufen. Im Januar 1681 folgte daraufhin ein Defensivbündnis mit Frankreich, das den territorialen Status quo garantierte. Frankreichs Quittung war zur tiefen Betroffenheit des Kurfürsten der Raub Straßburgs im September 1681.

»Der tragische Zug in dem politischen Leben des Großen Kurfürsten«, war, schreibt Ranke, »daß er im Konflikte der Mächte der Welt genötigt ist, im Bündnis mit einer Macht zu verharren, deren Handlungen er in tiefster Seele verabscheut«. Ein 1685 erneut mit Holland geschlossenes Defensivbündnis veranlaßte die französische Aufforderung an den Kurfürsten, sich jeder Verpflichtung zu enthalten, die direkt oder indirekt seinem Bündnis mit Frankreich entgegenstehe. Damit war allerdings Brandenburg-Preußens Souveränität in Frage gestellt; der Kurfürst lehnte entschieden ab. Die damit bereits eingeleitete Abwendung von der Bindung an Frankreich erreichte ihren Höhepunkt am 23. Oktober 1685 mit der Aufhebung des Edikts von Nantes. Nur zwei Wochen später, am 8. November 1685, erteilte der Kurfürst Ludwig XIV. mit dem Edikt von Potsdam seine Antwort. Mit der brutalen Vertreibung der Hugenotten hatte sich Ludwig XIV. für immer seines protestantischen Verbündeten begeben. Die Wiederannäherung an den Kaiser wurde durch ein betrügerisches Doppelspiel der Wiener Diplomatie eingeleitet, über das noch zu berichten sein wird.

Am 16. Januar 1686 unterschrieb der Kurfürst sein letztes Testament, dessen Vollstreckung nun wieder dem Kaiser übertragen wurde. Sein letztes innenpolitisches Werk war die Integration der 20000 Hugenotten, die dem Rufe des Edikts von Potsdam gefolgt waren. Auf dem Felde der Außenpolitik folgte dem 1685 geschlossenen Bündnis mit Holland im Februar 1686 ein Vertrag mit Schweden, beide gegen die französische Übermacht gerichtet, vor allem aber dazu bestimmt, die schwedisch-französische Allianz zu verhindern, die 1679 Brandenburg nahe an den Rand des Abgrunds gebracht hatte. Im April 1686 zogen 7000 Mann und 1 200 Reiter nach Ungarn, um an der Seite der Kaiserlichen die Türken aus dem heutigen Budapest zu vertreiben. Die große Koalition des Reiches mit den Seemächten, die zum Niedergang des Sonnenkönigs führen sollte, begann sich zu entwickeln. Der erste Schritt dazu war die »Glorious Revolution« unter der Führung Wilhelms von Oranien. Am 27. und 28. April 1688* gab der Kurfürst für die Wachen die Parolen »London« und »Amsterdam« aus; am Vormittag des 29.* starb er. Am 5. November des gleichen Jahres landete Wilhelm von Oranien in England.

Im Geschichtsbewußtsein der Gebildeten stellt sich die zweite Hälfte des 17. Jahrhunderts mehr oder weniger als die Epoche der allgemeinen Erschöpfung nach dem Dreißigjährigen Krieg dar. Selbst die knappste Zusammenfassung – wie sie vorstehend versucht wurde – zeigt aber, daß sie trotzdem nichts weniger als ereignislos war. Das ständige Ringen der aus dem Dreißigjährigen Krieg hervorgegangenen Kräfte um Vorherrschaft oder wenigstens Überleben schuf geradezu ein Kaleidoskop ständig wechselnder politisch-militärischer Situationen und Kombinationen, in denen nur die »kyaneischen Felsen« der Großmächte einigermaßen sicheren Bestand hatten. Es ist daher kaum vorstellbar, welche Kraft, Zähigkeit, Geschmeidigkeit und Kombinationsgabe, vor allem aber welch eiserner Wille dazugehörten, den Weg aus der hilflosen »Streusandbüchse« in eine Machtposition zu beschreiten, die dem Sonnenkönig Trotz bieten konnte. Das Löwenhaupt des Kurfürsten, wie es Andreas Schlüters einzigartiges Reiterdenkmal vorstellt, verkörpert alle diese Eigenschaften zu einem überwältigenden Eindruck. So muß er wohl in der Tat gewesen sein; fast ein Übermensch – ganz sicher aber ein erdrückender Übervater für einen ganz andersgearteten Sohn.

* des alten Kalenders

Andreas Schlüter: Reiterdenkmal des Großen Kurfürsten (Detail).

Die Söhne

Dem Kurfürstenpaar war 1648 der erste Sohn, Wilhelm Heinrich, geboren worden, der ihnen aber schon nach eineinhalb Jahren wieder genommen wurde. Fast sechs Jahre unglücklich verlaufender Schwangerschaften folgten; die Thronfolge schien so sehr in Frage gestellt, daß die verzweifelnde Kurfürstin Louise Henriette von sich aus die Scheidung anbot. Friedrich Wilhelm nahm allerdings sein Christentum zu ernst, um sie auch nur in Erwägung zu ziehen. An seinem 35. Geburtstag, dem 16. Februar 1655, wurde endlich in Berlin der ersehnte Kurprinz geboren, der auf den Namen Karl Emil getauft wurde. Der Sohn wurde in jeder Beziehung – nicht nur im Hinblick auf die Thronfolge – ein Geschenk für den Vater; er wuchs nahezu zu seinem Ebenbild heran. Das galt nicht nur für das Äußerliche – Karl Emil war kräftig und gut gewachsen –, sondern noch mehr für den temperamentvollen, schnell aufbrausenden Charakter und die ausgeprägte Neigung, sich männlich auszuleben: das Militärische und die Jagd standen an erster Stelle. Wirksamstes Mittel der Erzieher zu seiner Bändigung war, dem Prinzen für einige Tage den Degen wegzunehmen.

Der dritte Sohn des kurfürstlichen Paares war von ganz anderer Art, viel eher ein Kind seiner Mutter, der stillen, aber zähen Oranierin. Er wurde am 11. Juli 1657 von ihr im Schlosse zu Königsberg geboren, als sein Vater im Begriff stand, die fast zweihundertfünfzigjährige polnische Oberherrschaft über Preußen am 19. September mit dem Vertrage von Wehlau zu beenden. Der Hofprediger Bartholomäus Stosch taufte den kleinen Prinzen am 29. Juli in der Schloßkirche zu Königsberg auf den Namen Friederich und alle Hofdichter – unter ihnen der durch sein »Ännchen von Tharau« unsterblich gewordene Simon Dach – taten ihr Bestes, um das fürstliche Kind zu begrüßen. Ein anderer Poet – Johann Bödiker – schoß den Vogel mit dem lateinischen Distichon ab: »Nascitur in Regis Fridericus Monte, quid istud? – Praedicant Musae: Rex Fridericus erit« (Friederich ist auf des Königs Berge geboren, was bedeutet's? Wahrsagen die Musen: König wird Friederich sein). Gerade diese unwahrscheinlichste Blüte schmeichelnder Phantasie in den Lorbeergewinden sollte Wahrheit werden. Im Sommer 1657 konnte allerdings keine Weihrauchwolke verbergen, daß Friederich ein schwächliches und daher für die Möglichkeiten der damaligen Zeit kaum lebensfähiges Kind war. »C'est un enfant qui me touche fort au cœur« seufzte seine Mutter und umsorgte ihren »liefste Fritsie« – wie sie ihn in der Sprache ihrer Heimat nannte – gerade um seiner Schwäche willen.

Fritz bedurfte fürsorgender Mutterliebe um so mehr, als das ohnehin schwächliche Kind im ersten Lebensjahr durch einen Unfall für immer verkrüppelt wurde. In einem eigenhändig verfaßten Lebenslauf berichtet er selbst, daß er als Kind nicht nur viele Krankheiten gehabt habe, sondern »endlich nach Gottes Schickung vom Arm einer Magd mit Nahmen Marie van der Berg überschlagen bin, daß ich auch ganz schep an meinen Füßen davon worden«. »Einige ... berichten, daß die Amme den kleinen Prinzen nicht bloss rücklings habe überschlagen, sondern auch im nämlichen Augenblicke vor Schreck auf den harten Erdboden fallen lassen ... Fast Alle, die dieses bedeutend geschädigte Kind näher betrachtet hatten, waren mit der Mutter der Meinung, daß es schwerlich am Leben bleiben würde« (Wegführer). Festzustehen scheint, daß die Füße des Prinzen nach innen verdreht waren und das Rückgrat so verkrümmt, daß sich ein Buckel auszubilden begann. Mit eisernen Korsetten, in die das Unglückskind gepreßt wurde, versuchte man, der Unfallfolgen Herr zu werden; darüber wird noch näher zu berichten sein.

Die Kurfürstin bemühte sich augenblicklich, die Zukunft des kleinen Krüppels abzusichern. Bereits im Dezember 1658 sucht sie durch Vermittlung des Oberpräsidenten von Schwerin seine Versorgung zu erreichen. Am 1. Februar 1659 testiert der Kurfürst – mit der Armee auf dem Vormarsch gegen die Schweden – in Jütland zu Gunsten seines jüngeren Sohnes, daß Friederich und seine Nachkommen »auf ewig« jährlich 20000 Taler aus dem Fürstentum Halberstadt erhalten sollen. Durch ein weiteres Testament vom 23. März 1664 wird Friederich zum erblichen Landesfürsten von Halberstadt eingesetzt; ein erster Bruch des Kurfürsten mit der sogenannten »Dispositio Achillea« von 1473 und dem Geraischen Hausvertrag von 1598, den Hausgesetzen der Hohenzollern, die die Unteilbarkeit ihrer Herrschaftsgebiete sichern sollten. Mutterliebe vermag viel und vermochte den Kurfürsten hier und in ungleich größerem Ausmaß in seiner zweiten Ehe zu folgenschweren Entscheidungen zu bewegen.

Entgegen allen Erwartungen überlebte das Krüppelchen nicht nur, sondern entwickelte sich zu einem sehr zarten und behinderten, aber doch normalen Kind. Davon legt ein Schreiben des Kurfürsten aus dem Jahre 1661 an Johann Moritz Graf von Nassau-Siegen, den brandenburgischen Statthalter in Kleve, beredtes Zeugnis ab: »Meine Gemahlin grüssen Euer Liebden und ist mit beiden Kindern itzo bei mir, welche so rasen, dass ich kaum schreiben kann.«

Im nächsten Jahre wurde die Erziehung des Kurprinzen dem Freiherrn Otto von Schwerin übertragen. Die Notwendigkeit dieser Maßnahme ergab sich allein schon aus der häufigen Abwesenheit des Kurfürsten und der Kurfürstin von Berlin. Als Oberpräsident des Geheimen Rates stand Schwerin seit 1658 an der Spitze der Verwaltung aller kurfürstlichen Territorien; es verwundert daher zunächst, daß einem ohnehin in hohem Maße geforderten Staatsbeamten pädagogische Aufgaben übertragen wurden. Die Erklärung dafür liegt in dem ganz ungewöhnlichen Vertrauens-, ja Freundschaftsverhältnis zwischen Schwerin und dem kurfürstlichen Paare. Gleich nach dessen Eheschließung war Schwerin 1646 zum »Hofmeister« der jungen Kurfürstin ernannt worden, der nicht nur alle finanziellen und administrativen Aufgaben für sie erledigte – wie z.B. die Verwaltung ihres Gutes Oranienburg –, sondern ihr weit darüber hinaus in Gewissensfragen ein einfühlsamer und unbedingt redlicher Gesprächspartner war.

Das Vertrauen der Kurfürstin wurde sehr bald vom Kurfürsten geteilt; für beide kam nur Schwerin als Erzieher des Thronfolgers in Betracht. Die daraus folgende, eigenartige Verbindung eines hohen Staatsamtes mit den Aufgaben eines Erziehers bedingte die Heranziehung von Lehrern für den eigentlichen Unterricht, schloß aber andererseits engste persönliche Überwachung und tägliche Begleitung durch den Oberpräsidenten nicht aus, wie z.B. gemeinsames Abendgebet, gemeinsame Mahlzeiten und sogar ein gemeinsames Schlafzimmer. Die Instruktion für Schwerin vom 22. August 1662 über die Erziehung des Kurprinzen, die später ebenso für Friederich galt, beruht in ihren Grundzügen auf dem XXX. Kapitel der Goldenen Bulle von 1355, das für die Erbprinzen Böhmens, der Pfalz, Sachsens und Brandenburgs vorschreibt, daß sie vom siebenten Jahre an in »grammatica italica et slavica linquis instruantur« seien, damit sie vom vierzehnten Jahre an in Reichsgeschäften gebraucht werden könnten. Trotz dieser uralten Wurzeln wirkt die Instruktion in ihrer Vielseitigkeit und ihren pädagogischen Ansätzen zum Teil recht modern. Sie ist so aufschlußreich, daß ihre Wiedergabe durch Hirsch hier wenigstens auszugsweise zitiert sei:

> Zunächst und vor allen soll er dem Herzen [des Kurprinzen] die wahre Gottesfurcht einzupflanzen suchen, zu diesem Zwecke ihn geeignete Bibelsprüche, Psalmen und Gebete auswendig lernen, täglich des Morgens und Abends ihn beten, ein Kapitel aus der Bibel lesen und den Inhalt desselben wiedererzählen, auch später besondere Betstunden mit ihm abhalten lassen. Im Katechismus und den Glaubenslehren der reformierten Religion soll einer der Hofprediger den Prinzen unterrichten, ferner soll derselbe fleissig den Gottesdienst besuchen, ausserdem aber soll Schwerin öfters religiöse Gespräche mit ihm halten ... Ferner wird daraufhingewiesen, wie nötig es für einen Fürsten sei, durch ein würdiges Benehmen und Auftreten sich Respekt und Autorität zu verschaffen ... und es daher Schwerin auch zur Pflicht gemacht, dahin zu wirken, dass der Kurprinz echt fürstliche Sitten und Geberden annehme, vor allem auch, dass er sich in den verschiedenen Sprachen einer deutlichen und reinen Aussprache befleissige, dass er das Französische aus dem Umgang lerne und dass daher von Anfang an möglichst viel Französisch mit ihm gesprochen

werde. Inbetreff des übrigen Unterrichts wird ... gemahnt, »solche Moderation dabei zu gebrauchen, dass derselbe keinen Ekel vor den Büchern und den Studien bekomme« ... Das Lateinische ... soll ihm möglichst spielend beigebracht und zu diesem Zwecke auch recht viel mit ihm lateinisch gesprochen werden. Besonderes Gewicht wird auch auf den Unterricht in der Geographie gelegt, derselbe soll in anschaulicher Weise, immer unter Benutzung des Globus und der Wandkarten erteilt und, damit der Prinz die Namen der wichtigsten Orte leichter behalten könne, ihm immer merkwürdige Begebenheiten, welche sich an dieselben knüpfen, erzählt werden. Auch der Geschichtsunterricht soll in ähnlicher Weise ... ausgehen ... Weiter werden dann Redeübungen vorgeschrieben ... Später soll der Prinz auch in der Mathematik unterrichtet und zunächst mit dem Zeichnen der Anfang gemacht werden ... Ebenso aber wie für die Ausbildung des Geistes soll Schwerin auch für die des Körpers und für die Erhaltung und Stärkung der Gesundheit seines Zöglings sorgen, zu diesem Zwecke soll mit dem Tanzen ... fortgefahren, ferner er zum Spazierenfahren und allerhand Spielen, aber immer unter genügender Aufsicht und in guter Gesellschaft, veranlasst werden.

Schwerin nahm die ihm gestellte Aufgabe überaus ernst; nahezu pedantisch genau vermerkte er durch sechseinhalb Jahre und nach einer Krankheitsunterbrechung noch einmal durch weitere eineinhalb Jahre hindurch eigenhändig Tag für Tag, was geschah, was die Prinzen trieben, was sie sich zuschulden kommen ließen und welche Maßregeln dagegen getroffen wurden.

Charakteristisch ist folgender Eintrag Schwerins in sein Tagebuch:

Über Essen sagte ich S.K.D., weil eben von Administrirung der Justiz geredet wurde, wann ein Bauersmann S.K.D. klagte, daß ein Offizier ihm große Gewalt gethan und geschlagen, was I.K.D. dem Offizier thun wollen, darauf sagten Sie nichts. Als ich nun fragte, wenn dann der Bauer dem Offizier etwas gestohlen und darüber geklagt würde, da

> sagte der Prinz, alsdann wolle er den Bauer strafen. Darüber habe ich ihm einen scharfen Verweis gegeben und weitläufig unterrichtet, wie in dergleichen keine Person angesehen werden müßte.

Es erscheint doch recht fraglich, ob in derartigen Erziehungsmethoden die Wurzeln der Reaktion erblickt werden können, von denen das Kontrollratsgesetz von 1947 spricht.

Das Tagesprogramm begann im Sommer um 6.00 Uhr, im Winter eine halbe Stunde später. Während des Ankleidens wurde lateinisch oder französisch gesprochen; danach folgte nach Morgengebet und Morgensuppe Unterricht bis 11.00 Uhr. Um 11.00 Uhr wurde zu Mittag gegessen und eine Pause bis 2.00 Uhr gewährt, an die sich mit Ausnahme des Mittwochnachmittags wieder Unterricht bis 5.00 Uhr anschloß. Der Rest des Tages und der Mittwochnachmittag war Spielen vorbehalten: An jedem Tage brachte der Oberpräsident den Kurprinzen und später auch seinen Bruder Friederich nach dem Abendgebet um halb neun oder neun Uhr zu Bett. Der Fortschritt im Unterricht wurde durch regelmäßige »Examina« in Gegenwart der Eltern und zugezogener Mitglieder des Hofes überprüft.

Im Alter von etwas mehr als acht Jahren wurde Friederich dem Oberpräsidenten zu gemeinsamer Erziehung mit seinem Bruder übergeben. In den vorangegangenen Jahren läßt sich aus dem Wechsel der Kindermädchen, später der »Hofmeisterinnen« nahezu ablesen, daß der kleine Prinz die ständig wechselnden Aufenthaltsorte seiner Eltern teilte. Das Unglücksmädchen Marie van der Berg stammte wohl aus der ursprünglichen holländischen Begleitung der Kurfürstin. Sie wird durch die Ostpreußin, Frau Kalau und diese durch die Märkerin, Frau Konsten abgelöst, bis die Französin Filiberte Berchet vom Bruder Karl Emil übernommen werden kann. Auf Kleve deutet eine Westfälin mit dem schönen Namen Anna Plumperdomps. Den Übergang zu den »Hofmeisterinnen« stellt eine Frau von Börstel dar. Die erste Oberhofmeisterin war eine Frau von Podewils, die den Kleinen nach seiner Geburt von Königsberg nach Berlin begleitete, später aber nach Ostpreußen zurückkehrte. Bis zur Übergabe an Schwerin war eine Frau von Göt-

Friedrich als Kind, Gemälde von Jan de Baan.

zen als Oberhofmeisterin für die Erziehung des Kindes verantwortlich.

Damit, wie die Kurfürstin Louise Henriette an Schwerin schrieb, »die Prinzen von ihren Studien und Übungen nicht abgehalten und durch Verleitung des Hofes nicht irre gemacht würden«, brachten sie einen Teil des Jahres, meist die Oster- und Pfingstzeit und die Zeit von Ende Juni bis in den September hinein, auf dem Schwerinschen Gute Altlandsberg zu. Das hatte besonders für den Kurprinzen, der auf dem Lande jagen und mit einer Kinder-Kompanie Schanzen anlegen und stürmen konnte, seine Reize, obwohl er offensichtlich die Trennung von seinen Eltern zumindest solange empfand, als er allein in Schwerins Obhut war. Für beide Empfindungen legt der folgende Brief des Zehnjährigen aus Altlandsberg an seinen achtjährigen Bruder ein anrührendes Zeugnis ab:

> Hertzallerliebstes Brüderchen.
> Weil Ihr bei Eurer großen Glückseligkeit da Ihr alzeit bei Papa und Mama seidt, meiner gantz vergesset, so wil ich hiemit beweisen das ich fleissig an euch gedencke, Ich hoffe mein Hertzens Brüderchen baldt wieder zu sehen, Alsdan ich euch erzehlen wil was ich hie vor Lust gehabt, Ich habe auch ein klein lebendiges Rechen, auch habe ich viel Vögel geschossen, etzliche mahl seindt die Federn mit weggeflogen, Ich bitte Ihr wollet Hertzen Papa und Hertzen Mama meinentwegen unterthenig die Hände küssen, undt euch küsse ich aus recht brüderlichen Hertzen und verbleibe all mein Lebtage
> Meines Allerliebsten Brüderchen Getreuester Bruder und willigster Diener.

Schwerin bereitete sich indessen darauf vor, auch die Erziehung des jüngeren Bruders in die Hand zu nehmen. Die Kurfürstin hatte ihm geschrieben:

> Was Ihr mir Fritz betreffend meldet, so bin ich ganz damit einverstanden ... Ich glaube, dass er Geist genug hat, einige Sachen zu lernen ... Ich lege in Eure Hände das, was mir das Liebste auf der Welt ist – meine beiden Kinder. Ihr wißt besser, als ich, was ihnen gut ist; aber ich bitte Euch, dem Kleinen zu helfen und ihn lernen zu lassen.

Im Jahre 1662 hatte Schwerin in Berlin Sylvester Danckelmann, einen Diplomaten, kennengelernt, der die holländischen Staaten bei den Osnabrücker Friedensverhandlungen vertreten hatte und später Oberrichter in der damals oranischen Grafschaft Lingen geworden war. Nach Differenzen mit dem oranischen

Hofe suchte er in Berlin eine neue Verwendung und fand sie auch als Vertreter Brandenburgs in Den Haag. Er hatte nicht weniger als sieben, durchweg gut begabte Söhne und empfahl den Hochbegabtesten unter ihnen, Eberhard Danckelmann, dem Oberpräsidenten, der einen geeigneten Lehrer für den jüngeren Prinzen Friedrich suchte. Am 15. Mai 1663 wurde Danckelmann »wegen seiner erudition (Gelehrtheit) und guten Qualitäten« von Königsberg aus zum »Ephorus« (Wächter über die Knabenerziehung) des Prinzen Friederich bestellt, leistete aber erst am 14. November 1664 in Berlin den Diensteid vor dem Kurfürsten und Schwerin. Die offizielle Einsetzung Schwerins als Erzieher Friederichs erfolgte schließlich am 5. August 1665.

Mit der Wahl Danckelmanns hatte Schwerin eine Persönlichkeit für die Erziehung Friederichs gewonnen, deren Intellekt ebenso außerordentlich war, wie ihre Pflichttreue. In Utrecht hatte es 1656 Aufsehen erregt, daß Eberhard Danckelmann bereits als Zwölfjähriger aufgrund einer lateinischen Dissertation und einer Disputation über 34 Thesen »De contractu emphyteutico« (Über den Erbpachtvertrag) zum Lizentiaten der Rechtswissenschaft promoviert wurde – und mit seiner Arbeit zugleich einen alten Rechtsstreit seines Vaters gewinnen half. Weitere Studien und die für den Gesichtskreis so wichtige Bildungsreise durch Frankreich und Italien – zusammen mit drei Brüdern – hatten sich angeschlossen. Als Eberhard Danckelmann die Aufgabe übernahm, den achtjährigen Friedrich zu erziehen, stand er erst im zweiundzwanzigsten Lebensjahr, war aber offenbar eine Persönlichkeit, deren charakterliche Ausprägung abgeschlossen war.

Breysig hat diesen Charakter – vielleicht etwas euphemistisch – zu deuten versucht:

> Zu dem verschlossenen, ernsten Wesen des Friesen fügte sich in ihm die schroffe, oft jäh aufbrausende Art eines starken, selbstbewußten Charakters, einer unter scheinbar phlegmatisch-ruhiger Oberfläche heftig empfindenden, leidenschaftlichen Natur.

Durch Pöllnitz wird die Bemerkung überliefert »J'ai oui dire à des personnes qui avoient eu part à sa familiarité que jamais elles ne l'avoient vu rire« (Ich habe Personen, die zu seiner vertrauten Umgebung gehören, sagen hören, daß sie ihn niemals lachen gesehen haben).

Bereits am 15. November 1664 mußte der Kurfürst zwei ältere Mitglieder des Hofes, Herrn von Canstein und General Goltz, anweisen, die »Schlägerei-Händel« zwischen Danckelmann und einem jungen Grafen Dohna zu untersuchen.

Das Gegenüber dieses Charakters war ein behindertes Kind, das oft über die eigenen, einwärts gekrümmten Füße stolperte und hinfiel – und dementsprechend schüchtern war. Seine Mutter urteilte, daß Friederich ein Kind von gutem Naturell und sehr furchtsam sei (»C'est un enfant de bon naturel et fort timide«).

Es dauerte nicht lange, bis diese Gegensätze zum ersten Male offen zutage traten. Am ersten Weihnachtsfeiertag 1666 schrieb die Kurfürstin an Schwerin:

> Monsieur, es ist auch nötig, dass ich Ihnen mitteile, dass es Personen gibt, die mir gesagt haben, dass Monsieur Danckelmann Fritzchen während seiner Studien heftig anfährt (rudoyoit fort) – Personen, die das selbst gehört haben. Ich gestehe, dies ist eine Sache, die mir sehr zuwider ist … Sie könnte seiner Gesundheit und seinem Geist schaden. Ich bitte Euch, dies nicht zu dulden und ihm zu bezeigen, dass es mir nicht angenehm ist. Ich glaube, dass seine Absicht gut ist, die wünscht, dass er viel weiss. Für sein Alter weiss er aber genug und Sanftmut ist die beste Methode, um Kinder zu gewinnen (douceur est la meilleure méthode pour gagner les enfants).

Ob Schreib- und Übersetzungsübungen des folgenden Inhalts den Erziehungsidealen der Kurfürstin entsprachen, darf demnach bezweifelt werden:

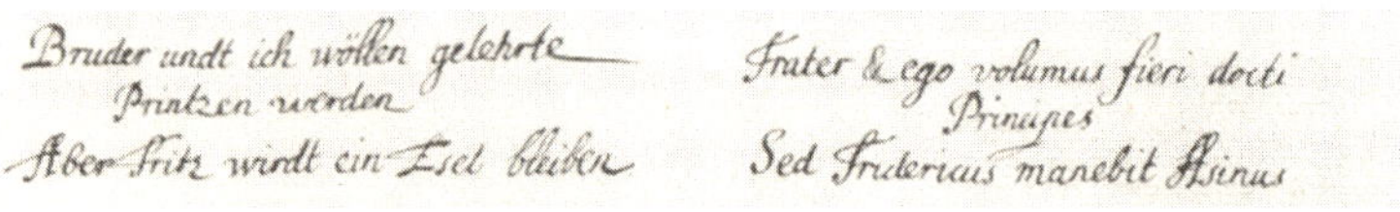
Bruder undt ich wöllen gelehrte Printzen werden
Aber Fritz wirdt ein Esel bleiben

Frater & ego volumus fieri docti Principes
Sed Fridericus manebit Asinus

Es war also damit nicht genug, daß der kleine Prinz täglich vor Augen hatte, daß der ältere Bruder größer, schöner, kräftiger war und mühelos alle Dinge treiben konnte, die ihm schwerfielen, wie Reiten, Fechten und Tanzen – er mußte sich selbst darüber hinaus schriftlich geben, daß der Bruder auch gelehrter sei und er selbst für immer ein Esel bleiben werde. Die geradezu aufopferungsvolle Treue und Anhänglichkeit Danckelmanns gegenüber seinem Zögling unterliegt dabei nicht dem geringsten Zweifel; das geradezu Tragische war offenbar die seiner Selbstgewißheit entsprechende Unfähigkeit, sich in eine Kinderseele zu versetzen. Friederich selbst hat später oft genug in Wort und Tat anerkannt, wieviel Dank er seinem Erzieher schulde – und dennoch muß das Trauma aus Kindertagen in ihm fortgewirkt haben. Nach über drei Jahrzehnten führte es zur Katastrophe und Danckelmann büßte furchtbar seine Selbstsicherheit.

Am Heiligabend 1663 vermerkte Schwerin in seinem Tagebuch, daß der Kurprinz »alle anderen schönen Sachen nicht angesehen, sondern zu dem Küraß mit Freuden gesprungen und solchen sofort angelegt und herumzogen«. Friederich bekam zwei Jahre später auch einen »Harnisch« – aber ganz anderer Art. So wurde nämlich das Instrument genannt, in das ihn der holländische Orthopäde Schott »verschnürte«, um die Verkrümmung seiner Füße zu beheben. Schott war aus Utrecht herbeigeholt worden, als sich der kurfürstliche Hof vom Oktober 1665 bis November 1666 in Kleve aufhielt. Nach der ersten »Anprobe« Ende 1665 hielt sich Schwerin mit den beiden Prinzen 1666 fast drei Monate in dem nahe bei Utrecht gelegenen oranischen Schlosse Isselstein auf, um Friederich den weiteren »Kuren« Schotts zu unterziehen. Die Rückkehr nach Kleve am 7. Juli war ein Lichtblick: Am nächsten Tage wurde der Kurfürstin – die Ende 1664, anfangs 1665 ein Zwillingspärchen geboren und wieder verloren hatte – ihr letztes Kind, Prinz Ludwig, geschenkt. Friederich war nicht mehr der Jüngste und die Taufe Ludwigs am 18. Juli bedeutete den Beginn glänzender Festlichkeiten.

Friedrich liebte das Glänzende und Bunte, Pomp und Zeremonien – und das ist ihm von der Nachwelt, zuerst vom eigenen Enkel, dem zweiten Friedrich, immer wieder als beschämender Charaktermangel zur Last gelegt worden. Das harte Urteil der Spartaner erscheint aber vor dem Hintergrund seiner Kindheit nicht mehr ganz so unanfechtbar. Der von allen »Erfolgserlebnissen« – wie man heute sagen würde – seines Bruders mehr oder minder ausgeschlossene zehnjährige Fritz kehrte Ende 1666 wieder nach Altlandsberg heim, nachdem er drei Monate des Geschundenwerdens, aber auch das bunte Bild höfischer Festlichkeiten erlebt hatte. In dieser Situation kommt er auf den Einfall, einen Orden »de la générosité« zu gründen, dessen Großmeister er selbst sein will. Der kluge Schwerin verweigerte sich diesem Unternehmen zwischen Spiel und Ernst nicht, half bei der Abfassung der Statuten und des Bestallungsbriefes für den »Großmeister«, die dem Herrenmeistertum der Johanniter im nahen Schlosse Sonnenburg abgeschaut wurden, und stellte sogar seine Kirche zum ersten Ordensfest am 1. Juni 1667 zur Verfügung, das er in seinem Tagebuch beschreibt:

> Nach 6 aufgestanden, gebehtet und studiret bis 10. Da wir ausspatziren geritten, Wie wir wiedergekommen Printz Friedrich begehret die beiden Cammerjunkern Podewilßen zu Ritter Zu schlagen und in seinen neuen Orden aufzunehmen, u. wie Er sich vorher fleissig informiret hatt was vor ceremonien Zu Sonnenburgk gebrauchet werden, So hatt er dieselben alle observieret u. in der reformierten Kirche die Orgel schlagen lassen, sich inmittelst auff einen großen Stuhl gesetzet undtt auf der einen seite das bloße schwert auff der anderen das Creutz auff einem sampten Küssen halten lassen darauff seindt die Edelleute einer nach dem anderen durch 2 Cavalliers her Zugeführet, u. hatt der Printz Sie anfenglich gefraget was Sie wolten, u. wie Sie solches angedeutet, auch eine oration halten lassen undt Sie hernach Zu Rittern geschlagen, Nach essen seindt wir nach Eggersdorf gefahren, Zu abendts hatt der Prinz Friederich den neuen Rittern Zu ehren ein klein festin gehalten. Umb 9. gebehtet u. schlaffen geleget.

Für Schwerin mag dabei die Überlegung im Vordergrund gestanden haben, daß die Einübung von Repräsentationspflichten durchaus zum Erziehungsprogramm der fürstlichen Kinder gehörte. Friedrich aber hatte sich in gewisser Weise sein eigenes Märchenreich geschaffen, in dem er endlich nicht mehr durch seinen Körper gehindert war, der Erste zu sein. Für die Nachwelt ist von Interesse, daß aus dem kindlichen Märchenspiel von 1667 später Preußens höchste Auszeichnung, der Orden vom Schwarzen Adler, hervorging.

Das bunte Spiel im Altlandsberger Sommer endete unmittelbar darauf mit dem furchtbarsten Schicksalsschlag, der den kleinen Prinzen treffen konnte. Von den vielen, rasch aufeinanderfolgenden Fehlgeburten und Geburten völlig erschöpft, gelangte die Kurfürstin gerade noch aus den Niederlanden nach Berlin. Friedrich begriff, »schrie erschrecklich und fiel der Frau Hofmeisterin um den Hals und bat sie aus tausend Gotts Will, sie solle doch retten, dass seine Mama nicht stürbe«. Am Morgen des 18. Juni 1667 konnte die Sterbende ihren Söhnen Karl Emil und Friedrich noch zuflüstern: »Der gütige Gott hat auf euer gestriges Gebet mir sehr viel Linderung verschafft.« Am Abend um 6.00 Uhr setzte der Atem aus; Louise von Oranien, Kurfürstin von Brandenburg, war nicht mehr.

Der zehnjährige Fritz hatte den einzigen Menschen verloren, der ihn bedingungslos um seiner selbst willen geliebt hatte. Er sollte nur noch einmal und nur durch wenige Jahre hindurch Liebe in seinem Leben erfahren.

Der Weg zum Thron

In den Wochen, in denen der Kurfürst seine schwerkranke Frau aus den Niederlanden zurückerwartete, ahnte er offenbar den bevorstehenden Einschnitt in sein Leben und hielt mit sich selbst Rückblick und Ausblick. Vom 19. Mai 1667 ist jedenfalls sein eigenhändig niedergeschriebenes Politisches Testament datiert, die in der Einleitung erwähnte, sogenannte »Väterliche Vermahnung«. Rückblickend schreibt der Kurfürst, daß er sich glücklich geschätzt hätte, wenn »es meinem Herrn Vater beliebig gewesen wäre, mir so viel, als ich Euch von Eurem Staate hierin Nachricht gebe, zu meiner Wissenschaft hätte hinterlassen wollen, so wäre mir meine Regierung im Anfang nicht so schwer geworden«. In die Zukunft gewandt redet er ganz selbstverständlich nur Karl Emil als Thronfolger an, trotzdem oder vielmehr gerade weil der Kurprinz in zunehmendem Maße seinen Erziehern erhebliche Schwierigkeiten bereitete. Sicher gebot das Recht der Thronfolge, zuerst an den Erstgeborenen zu denken; trotzdem hätte es die allgemeine Unsicherheit der Lebensverhältnisse nicht unverständlich erscheinen lassen, auch den zweiten Sohn in die »Väterliche Vermahnung« einzubeziehen. Davon ist keine Rede.

Begann Friedrich bereits – wie das heute ausgedrückt werden würde – zur »Unperson« zu werden? Wenn das so war, hing die Thronfolge im Hause Brandenburg in den Überlegungen des Kurfürsten neben dem Kurprinzen nur noch vom Überleben eines zweijährigen Kindes ab. Derartige Erwägungen könnten weitaus entscheidender für den Entschluß des Kurfürsten gewesen sein, bald eine zweite Ehe einzugehen, als die recht vordergründigen Erklärungen gegenüber seiner Schwester, der Herzogin von Kurland, »Ich muss eine haben, die meiner warte, wenn ich krank bin«, oder gegenüber Johann Moritz von Nassau-Siegen, »Ich bin so ganz allein, dass ich, um Gesellschaft zu haben, es habe tun müssen«. Solche hausbacke-

Dorothea von Holstein, Kurfürstin von Brandenburg, Gemälde von Vaillant.

nen Motive mögen zwar auch vorgelegen haben; sie erklären aber nicht die merkwürdige Eile, mit der der Kurfürst eine neue Ehe einging – gerade ein Jahr nach dem Tode Luises, die er sein Leben lang aufrichtig betrauert hat.

Auch die Auswahl der neuen Partnerin deutet in diese Richtung. Luise von Oranien war hübsch, charmant, intellektuell, sensibel, von religiösen Skrupeln bis an die Grenzen der Bigotterie angefochten und körperlich klein und zart gewesen. Die endlose Folge immer wiederkehrender Fehlgeburten und

Geburten nicht lebensfähiger Kinder wurde ihr zum Schicksal. Die 1636 geborene Dorothea von Holstein-Sonderburg-Glücksburg hatte mit 17 Jahren Christian Ludwig von Braunschweig-Lüneburg-Celle, einen Freund des Kurfürsten, geheiratet und war 1665 mit 29 Jahren Witwe geworden. Der Kurfürst kannte sie seit vielen Jahren. Materielle Motive im weitesten Sinne – insbesondere der damals für Fürstenehen meist entscheidende territoriale Zuwachs – sind nicht zu erkennen. Die von ihr erhaltenen Bilder vermitteln nicht Schönheit, sondern eher den Eindruck eines groben Gesichtsschnittes, ja überhaupt eines groben Frauentypus. Intellektualität und Sensibilität sind ihr von niemandem nachgesagt worden. Für die Wahl des Kurfürsten – entgegen der Regel, bei fehlenden anderen Motiven fast immer zum gleichen Menschentyp zu inklinieren – kann daher eigentlich nur die robuste Gesundheit der fürstlichen Witwe maßgebend gewesen sein, die eine breitere Basis der ihm gefährdet erscheinenden Thronfolge erwarten ließ. Dorothea hat den Kurfürsten insoweit nicht enttäuscht; seiner zweiten Ehe entsprossen vier Knaben und drei Mädchen.

Mit der robusten Gesundheit war offenbar ein zweckgerichteter, pragmatischer Verstand verbunden. Sie bewies ihn zum ersten Male in den Verhandlungen über den Ehekontrakt gegenüber dem auch hier unentbehrlichen Schwerin, als sie sich ohne weiteres bereit erklärte, vom lutherischen zum reformierten Bekenntnis überzutreten.

Zum praktischen Verstand müssen auch Organisationstalent und Durchsetzungsvermögen gehört haben. Das drückt sich nicht nur in der Begleitung des Kurfürsten auf allen Jagden und Feldzügen und andererseits in seiner Pflege in kranken Tagen aus, sondern sogar in der Begründung eines neuen Stadtviertels vor Berlin, der Dorotheenstadt, deren Hauptstraße von ihr »Unter den Linden« angelegt wurde. Die erste Linde wurde von ihr höchstpersönlich gepflanzt.

Auch insoweit im Gegensatz zu Luise von Oranien läßt sich aber nicht sagen, »dass sie in den grossen Angelegenheiten Einfluß auf seine (des Kurfürsten) Entschlüsse ausgeübt hat; dagegen in seiner äusseren Umgebung herrschte sie unbedingt. Unter den Freunden und Genossen der Familie war sie bekannt dafür, dass es ihr das grösste Vergnügen auf der Welt machte, zu befehlen« (Ranke). So war die Frau beschaffen, die am 4. Juli 1668 durch eine stille Hochzeit im Schlosse zu Gröningen bei Magdeburg Friedrichs Stiefmutter wurde.

Die oranische Verwandtschaft erwartete von dieser Verbindung von vornherein nichts Gutes. Luises noch lebende Mutter klagte, und Friedrichs angeheirateter Onkel Johann Georg Fürst von Anhalt, Ehemann einer Schwester Luises, dachte laut darüber nach, ob die Ansprüche seiner Neffen – mit denen er es wirklich gut meinte – durch die zweite Heirat gefährdet seien. Auf seine Anfrage, ob er zur Hochzeit eingeladen sei, ließ der Kurfürst ihm daraufhin prompt mitteilen, die Eheschließung könne »wohl ohne seiner verrichtet werden, weil es mir alleine angehet und ich seiner Hilfe nicht nötig habe«. Der Onkel revanchierte sich, indem er seine Neffen gegen ihre Erzieher und deren Erziehungsmethoden einzunehmen suchte, womit er insbesondere beim Kurprinzen nachhaltigsten Erfolg hatte. Die Sterne begannen, eine ungünstige Konstellation über den Beziehungen der beiden Prinzen zu ihrem Vater und zu ihrer Stiefmutter zu bilden.

Das änderte sich auch nicht, als das Kurfürstenpaar Ende 1668 nach Ostpreußen aufbrach und die Söhne aus der ersten Ehe mitnahm, offenbar in der Absicht, sie an die Stiefmutter zu gewöhnen. In Königsberg benahm sich der Kurprinz aufsässiger denn je. Er kündigte Schwerin an, daß er ihn »zu finden wissen« werde, wenn er erwachsen sei und drohte, aus Abscheu vor dem Studieren aus dem Fenster zu springen, bis Schwerin sein Bett aus dem gemeinsamen Schlafzimmer entfernen ließ. Friedrich war Mittäter, als der Kurprinz einen Pagen verprügelte, der es gewagt hatte, sich bei Danckelmann zu vergewissern, ob den Prinzen bei Tisch der gewünschte Essig gereicht werden dürfe. Im allgemeinen war aber Fritzchen mehr damit beschäftigt, zwischen Eltern und Erziehern und seinem älteren Bruder zu vermitteln und dessen Entschuldigungsbriefe zu überbringen. Obwohl – oder vielleicht weil – sich der Kurfürst immer den Standpunkt der Erzieher zu eigen machte, blieben die Beziehungen gespannt. Der ständige Wechsel der Residenzen scheint zum Scheitern der Erziehungsarbeit beigetragen zu haben. Am 14. April 1672 schloß Schwerin unmutig die Bücher:

> Weil von dieser Zeit an es mit dem Studieren angefangen sehr unordentlich zu gehen, indem die Prinzen nicht allein eine geraume Zeit nach Potsdam, sondern auch sonst überall, wohin die Eltern gezogen, mitgenommen, der Kurprinz auch je länger je mehr eine große Aversion gegen das Studieren und einen Haß gegen dieselben bezeiget, welche I.D. [Ihre Durchlaucht] zum Studieren anhalten, der bevorstehende Krieg, und da sie beide viel mit ihren ihnen gegebenen Regimentern zu thun gehabt und ihre Gedanken viel darauf gewandt, so habe ich unnötig geachtet, das Diarium hinfüro so ordentlich zu halten.

Ein gewisser Abschluß war auch mit der – wie wir heute sagen würden – Konfirmation beider Prinzen erreicht worden. Karl Emil nahm am 2. Mai 1671, nachdem er an zwei Tagen jeweils zwei Stunden durch sämtliche Geistlichen in Gegenwart des Kurfürstenpaares »aus dem Katechismus examiniert« worden war, zum ersten Male am Heiligen Abendmahl teil. Friedrich ging, ebenfalls nach vorangegangener Prüfung, im Juli 1672 allein zum Tisch des Herrn, obwohl der Kurfürst erst im August Berlin verließ.

Die Kurfürstin hatte im Mai 1669 in Königsberg einen Sohn, Philipp Wilhelm, im November 1670 in Berlin eine Tochter, Maria Emilie und im Frühjahr 1672 wieder einen Prinzen, Albert Friedrich, geboren. Eine neue Familie entstand, von der sich die Erstgeborenen meist räumlich, jedenfalls aber innerlich entfernten. Auch zwischen Karl Emil und Friedrich wuchs die Distanz. »Während sein älterer Bruder sich seiner körperlichen Kraft entsprechend und mit größerer Passion den Leibesübungen und der Jagd widmete, saß Prinz Friedrich mit seinem schwächlichen und verwachsenen Körper im Zimmer, um zu zeichnen oder zu radieren (und) erlernte sogar das Ätzen und Drucken von Kupferplatten« (Großmann). Bald trennten sich die Wege der Brüder vollends. Schon 1669 hatte die Großmutter, Amalie von Oranien, darüber geklagt, daß Friedrich einem Mann in die Kur gegeben worden sei, der nicht »maître« sei –

worauf sich das bezog, läßt sich nicht mehr feststellen. Ob der nächste Heilkünstler, der in Anspruch genommen wurde, geeigneter war, erscheint aber ebenso zweifelhaft. Es handelte sich um den zum Hofstaat der Schwester des Kurfürsten, Hedwig Sophie, Landgräfin von Hessen-Kassel, gehörigen Kammerdiener Hans Jakob Molling.

Am 10. Dezember 1670 erhielt Danckelmann die Instruktion, mit Friedrich nach Kassel zu reisen. Ihm wurde aufgetragen zu berichten, »ob und wie der Mensch, der unseres Sohnes Liebden curiret, diese Wissenschaft und an welchem Orte recht gelernet hat«. Ein übermäßiges Interesse am Wohlergehen des behinderten Kindes verrät es nicht gerade, wenn diese Frage nach und nicht vor dem Antritt der »Kur« gestellt wurde. Sie bestand offenbar nur in der Anfertigung eines »Leibstücks«, also einer Art Korsett. Entweder paßte aber diese Zwangsjacke von vornherein nicht oder Friedrich wuchs zu schnell, denn der Kurfürst bat schon anfangs 1672 seine Schwester, ihm »den Menschen« auf kurze Zeit leihweise zu überlassen.

Als der Kurfürst aufgrund des Bündnisses mit Wilhelm von Oranien im September 1672 gegen Ludwig XIV. in den Krieg zog – der wenig ruhmreich mit dem Vertrag von Vossem enden sollte –, ritt der Kurprinz an seiner Seite. Friedrich dagegen reiste zum zweiten Male mit Danckelmann nach Kassel, um sich von Herrn Molling einpressen zu lassen. Er blieb bis März 1673 in Kassel. Dort hielt das Schicksal für den Vielgeplagten ein Geschenk bereit, das er nur einmal in seinem Leben empfangen sollte: die uneigennützige Neigung eines jungen Mädchens.

Elisabeth Henriette von Hessen-Kassel war die zweite Tochter der Schwester des Kurfürsten, geboren am 18. November 1661, im Jahre 1673 also zwölf Jahre alt, fast noch ein Kind. Eine Kinderfreundschaft war es auch, die den vier Jahre älteren Friedrich bereits 1666 veranlaßt hatte, sich von Schwerin einen Brief an die Mutter der im fünften Lebensjahr stehenden kleinen Base entwerfen zu lassen, der den verblüffenden Satz enthielt: »Ich kan wol leiden das alle Princessinnen weggefreyet werden, Wan nur die bleibet, die ich liebe.«

Vier Jahre später trägt ihm seine Stiefmutter, die Kurfürstin Dorothea, bereits Grüße an seine »medresse« auf. Als Friedrich

1673 sechzehn und Elisabeth Henriette zwölf Jahre alt waren – »also in einem Alter, in welchem solche Neigungen in hohen Häusern schon als ernsthaft betrachtet zu werden pflegten« (Großmann) –, billigten offenbar der Kurfürst und seine Schwester dic stille Verlobung der beiden. Die Landgräfin schrieb im Juni 1673 an Schwerin:

> Daß mein lieber Prinz Friedrich sich noch wohl befindet, erfreut mich. Jedoch vernehme ich ungern, dass S.L. [Seine Liebden] des Hustens noch nicht los sind, darauf doch zu achten steht, damit er nicht auf der Lunge endlich falle, sonderlich weil die Frau Mutter einen defect daran gehabt. Und wär wohl schad, wann dem angenehmen Männchen was widriges zukommen soll. Daß S.L. aber so verliebt sein sollen, dazu haben sie wenig Ursach, so man am Conterfet wol sehen kan. Daß kan ich aber wohl sagen S.L. eine reciproque liebe hier haben, denn Hannette es garnicht verbergen kan. Und spricht sie mit ihren Confidenten gar oft von der douceur so der prins in Ihrer Kranckheit ihr erwiesen. Ich glaube, daß es zu beiden Theilen wohl rechte liebe so ohne falsch seindt und aus Grund des Herzens herkommen.

Der Kurfürst mag der Verlobung des Zweitgeborenen keine politische Bedeutung beigemessen haben und hat dies allerdings auch dann nicht getan, als später ein Jesuitenpater den seltsamen Versuch unternahm, die Verlobung zu hintertreiben, um eine Heirat Friedrichs mit einer verwitweten Schwester des Kaisers und des Kaisers selbst mit Elisabeth Henriette einzufädeln. Die Landgräfin hoffte, daß ihr kurfürstlicher Bruder Heiraten »mit widrigen Religionsverwandten« nicht zugeben werde. Sie hoffte zu Recht.

Die stille Verlobung von 1673 war 1675 allgemein an den Höfen bekannt geworden; die boshafte Liselotte von der Pfalz, Herzogin von Orléans, kommentierte sie: »Die Ehen werden im Himmel geschlossen darumb auch Ein so schön par zu samen kommen als der Churprintz von Brandenburg und printzes von cassel. Auffs wenigste könen sie Einander nichts vorwerffen.« Etwa zur gleichen Zeit klingen auch Besorgnisse der landgräflichen Brautmutter in einem Schreiben an Schwerin auf: »Ich glaube doch, es werde dem Kurprinzen ein Wenig Gedanken gemachet haben, da er (in Kleve) die schöne princes gesehen, dass sie so was hässliches choisiert haben.« Offensichtlich hatten zwei von der Natur benachteiligte Menschenkinder aneinander Gefallen gefunden und sich so gegenseitig entschädigt.

Die Reise Friedrichs nach Kleve war beschlossen worden, als sich 1674 die Bemühungen des Kammerdieners Molling endgültig als Kurpfuscherei erwiesen hatten. Im Mai hatte der Kurfürst eine Kapazität, den Arzt Dr. Fay aus Brabant, »wegen curirung des Prinzen Friedrich« nach Potsdam kommen lassen. Aufgrund des Untersuchungsergebnisses reiste Friedrich zusammen mit Schwerin im August 1674 nach Kleve, um laufend von Dr. Fay betreut zu werden. Er verbrachte dort das ganze Jahr 1675.

Als Friedrich zur Kur nach Kleve aufbrach, brach die brandenburgische Armee ins Elsaß auf, um am Reichskrieg gegen Frankreich teilzunehmen – an ihrer Spitze der Kurfürst und der vom Krieg begeisterte Kurprinz Karl Emil. Der Krieg wurde ein schmutziger Krieg. Der Feldzug erschöpfte sich in einem zähen Umhermanövrieren; der kaiserliche Oberbefehlshaber Bournonville schien – aus welchen Gründen auch immer – eine kriegerische Auseinandersetzung eher zu scheuen, als sie zu suchen. Ein naßkalter Herbst kam, mit ihm Versorgungsmängel und hygienische Probleme aller Art; verschlammtes Wasser erhöhte täglich den Krankenstand. Der Kammerherr Dietrich von Buch trug in sein Tagebuch ein, daß der Kurprinz »sich sei nes Dienstes mit soviel Fleiß früh und spät an(nahm), visitirte beständig das Lager, besonders die Kranken, führte die Leute selbst zur Arbeit an den Verschanzungen und that alles mit ... viel Eifer und guter Manier«. Der tägliche Aufenthalt bei den Kranken bedeutete ein tödliches Risiko, das niemand kannte. Der Kurprinz erkrankte Ende November und wurde Anfang Dezember nach Straßburg gebracht. Nach sieben Tagen steigenden Fiebers erlag er am 7. Dezember 1674 der Ruhr; sie war mit Sicherheit die damals nicht erkannte Ursache seines Todes.

Der Kurfürst war vernichtet. Erst nach drei Tagen war er in der Lage, nach Kleve zu schreiben, Schwerin wisse, wie tief ihm dies zu Herzen gehe. Ihm sei die väterliche affection am besten bekannt, die er für diesen, *»Unsern liebsten Sohn«* getragen. In allen seinen Schreiben an Schwerin hatte der Kurfürst nur von »Carreln« (Karl) gesprochen; fortan wird er von Friedrich nur als von seinem »ältesten Sohn« sprechen und ihn in den wenigen, an ihn gerichteten Briefen mit »Deine Liebden« anreden.

Der Mißachtete stand an den Stufen des Thrones. Es berührt merkwürdig, daß bei seiner Geburt eine Gedenkmünze geschlagen worden war, die Luise von Oranien zeigt, die mit der rechten Hand den Kurprinzen Karl Emil führt, der in seiner rechten Hand das Szepter trägt. Auf dem linken Arm trägt die Kurfürstin den Prinzen Friedrich. Er hält eine Blume – nicht einen Degen – in der linken Hand und streckt die rechte Hand nach dem Szepter aus. Die Umschrift lautet: Amara miseet dulcibus Jehovah – Jehovah versüßt die Bitterkeiten.

Ob der Schritt auf den ersten Platz in der Thronfolge für Friedrich die »Süße des Lebens« bedeutete, erscheint allerdings sehr fraglich. Noch ein Gesandtschaftsbericht aus dem Jahre 1680 spricht davon, daß er wohl nur noch eine Lebenserwartung

Amara miseet dulcibus Jehovah:
Gedenkmedaille zur Geburt Friedrichs.

von drei bis vier Jahren habe. Zwischen Markgraf Philipp Wilhelm, dem ersten Sohn aus der zweiten Ehe des Kurfürsten, und dem Thron standen nur noch der hinfällige Achtzehnjährige und ein achtjähriges Kind, Prinz Ludwig. Es liegt nahe, daß über die hierin liegenden Möglichkeiten bei Hofe nachgedacht wurde.

Gerade jetzt scheint sich aber Friedrichs Gesundheit gebessert zu haben. Es hat den Anschein, als habe die Kunst des Dr. Fay vor allem darin bestanden, den armen Prinzen aus dem Martyrium zu befreien, zu dem ihn die bisher angewandten Methoden verurteilt hatten. Der Hof – also offenbar der Kurfürst selbst – hatte bezeichnenderweise bei Dr. Fay ein Gutachten über den körperlichen Zustand des Prinzen und dessen Zukunftsaussichten angefordert. Dr. Fay gab jedenfalls »auf Begehren« sein »judicium von deß h. Chur Printz Friedrichs dht. indisposition und derselben Cure dd. Cranenburg, den 26. Mart. 1676« ab. Er erklärte, daß des Prinzen Disposition gebessert und er von seiner Engbrüstigkeit und daraus entstandenem Husten befreiet sei, welche ihn sonst (bisher) sehr elendig gemacht (hätten) und ihn dermaßen beängstigt haben würden, daß der Tod erfolgt wäre. Würde sein Leib nicht mehr gepreßt, wie es vor diesem (bisher) durch »schwere und schmerzliche Instrumente« geschehen sei, so werde er noch ganz gesund werden und auch sein »accident« (Krankheitszustand) selber (von selbst) dadurch gebessert werden. Das »accident« sei alt »und die natur uns durch schwere verkältetheit gantz zuwider gewesen«. Dr. Fay hoffte, »dass der Rückstrang (das Rückgrat) und ferner alles gut und wieder so werden wird, dass darahn kein Mangel mehr sein soll«. Solange der Prinz noch wachse, solle er leichte und verstellbare »Instrumente« anlegen, »daran es oftmals gemangelt hat«. Aus diesem Gutachten kann eigentlich nur geschlossen werden, daß Friedrich fast mit Hilfe, wenn nicht der Ärzte, so jedenfalls der Kurpfuscher, zu Tode gepreßt worden wäre. Er konnte Kleve im Juni 1676 verlassen.

Er reiste um so lieber, als ihm Schwerin die väterliche Erlaubnis erwirkt hatte, über Kassel nach Berlin zu reisen und sich in Kassel öffentlich mit Elisabeth Henriette zu verloben. Das durfte allerdings nichts kosten. Seinem Sohn, schrieb der Kurfürst an Schwerin, könne er augenblicklich kein Geld schicken; was er zusammenbringen könne, müsse er für die Armee haben, damit der »grosse Dessein« nicht rückgängig gemacht werde. Der »grosse Dessein« (»große Plan«) war die Eroberung Pommerns nach dem Sieg von Fehrbellin am 18. Juni 1675.

Am 28. April 1676 schrieb der Kurfürst an seine Schwester, die Landgräfin von Hessen-Kassel:

> Sie werde sich erinnern, was ein Zeithero mit ihr wegen einer ehelichen Alliance zwischen seinem Sohne Friedrich und Ihrer Prinzessin vorgegangen. Da der Prinz solches Werk jetzt gern zur Gewißheit durch ein öffentliches Versprechen gebracht sehen möchte, und der Kurfürst, selbst auch nichts mehr wünsche, so habe er Schwerin befohlen, bei jetziger Anwesenheit seines Sohnes daselbst gebürliche Ansprache zu thun.

Schwerin besorgte das am 3. Juni 1676 schwungvoll und gründlich:

> Gleichwie der Allerhöchste die Fürsten und Götter dieser Welt von den anderen Menschen in vielen Dingen unterschieden und indem er sie zu derselben Beschickung und Beherrschung geschaffen, ihnen zugleich andere Gedanken und Absehen zu ihrem Vorhaben eingepflanzet, also erweiset sich solches vornehmlich in ihrer Verehelichung, da sie nächst dem allgemeinen Zweck der Vermehrung des menschlichen Geschlechtes auch dahin ihre löbliche Vorsorge gerichtet sein lassen, damit durch ihre eheliche Alliance zugleich dero hohe Thronen und Häuser befestigt und nicht minder der Unterthanen als ihr eignes beste Sicherheit und Wohlfahrt beobachtet, absonderlich aber die väterliche Ehre und Fortsetzung der wahren christlichen religion befördert werde.

Die von Haus aus lutherische Braut wurde zwei Tage darauf »nachdem sie vier Stunden lang in Anwesenheit der Räte und des Ministerii [der Geistlichkeit] in der nach Gottes Wort reformierten christlichen Religion examiniert worden war«, nach abgelegtem Glaubensbekenntnis konfirmiert und zum Heiligen Abendmahl zugelassen.

In einem eigenhändigen Schreiben vom 16. Juni bat sie der Kurfürst, ihm »festiglich zu glauben«, daß sie ihm »eine recht liebe Tochter sein« solle. »Die Hofprediger und Poeten beider Höfe verfehlten nicht, in schwungvollen Schriften und Liedern dieses wichtige Ereignis zu preisen und zu besingen.« (Großmann)

Dem schwächlichen Friedrich war etwas für die fürstlichen Verbindungen seiner Zeit ganz Ungewöhnliches gelungen: Er hatte seine künftige Frau auf der Grundlage der gegenseitigen Zuneigung ohne jede Rücksichtnahme auf einen Nebenzweck gewonnen. Er hatte damit die einzige Wegstrecke seines Lebens betreten, auf der ein Mensch an seiner Seite ging, der ihn liebte.

Schwerin sah mit der Verlobung Friedrichs seine Aufgabe als Erzieher endgültig als beendet an und bat um seine Entlassung. Er erhielt sie am 20. Juni 1676 mit einem Schreiben, das den Dank des Kurfürsten »in den ehrendsten Ausdrücken« (Hirsch) enthielt. Schon am 14. November 1679 ist er gestorben.

Die Hochzeit sollte der Verlobung des Prinzen nicht so schnell folgen. Zunächst zögerte der Kurfürst »wegen der grossen allgemeinen Unruhen«; Brandenburgs Armee stand in Pommern, eroberte 1677 Stettin, 1678 Stralsund und hatte bis zum Januar 1679 die letzten Schweden aus Pommern verjagt. Friedrich war bereits 1670 zum Rittmeister einer »Kompanie zu Pferd« ernannt worden – das ist wohl die militärische Inanspruchnahme, von der Schwerin in seinem Tagebucheintrag vom 14. April 1672 leicht verärgert spricht. Weitere Beförderungen sind aber nicht erfolgt; Friedrich hat die ihm verliehene Truppe auch nicht selbst geführt. Das ist mit aller Wahrscheinlichkeit auf seine körperlichen Behinderungen und Verhinderungen zurückzuführen; daß er durchaus über physischen Mut verfügen konnte, hat er später bewiesen.

Nach der Rückkehr von Kassel nach Berlin begleitete er seinen Vater zur Armee nach Pommern und machte die Einzüge in Anklam, Stettin, Stralsund und Greifswald mit – immer wieder unterbrochen von mehr oder minder ernsthaften Unpäßlichkeiten, wie Nierenschmerzen, Halsentzündung, den Masern oder auch den Folgen schlichten Überfressens. Bemerkenswert ist aus dieser Zeit lediglich ein bezeichnender

Friedrich als Kurprinz, Gemälde.

Zwischenfall: Am 14. November 1677 – also ziemlich unmittelbar vor der Eroberung von Stettin – zeigte sich der Kurfürst sehr aufgebracht darüber, daß der Feldmarschall Derfflinger sich dem Kurprinzen »auffällig attachierte«; ein Ausbruch der latenten Spannung zwischen Vater und Sohn. Immerhin durfte Friedrich seinen Vater danach Ende 1678 auf dem – vor allem durch die Überquerung des gefrorenen Frischen und Kurischen Haffs mit Schlitten berühmt gewordenen – Winterfeldzug bis an die Grenzen Livlands begleiten.

Während der Feldzüge im Pommern und Preußen wurden die Schweden vom Vertreter Frankreichs, François de Pas Rébenac, Marquis de Feuquières, diplomatisch unterstützt. Ludwig XIV. hielt ihn offenbar deshalb für besonders geeignet, um nach dem am 29. Juni 1679 geschlossenen Diktatfrieden von Saint-Germain-en-Laye seine Interessen in Berlin wahrzunehmen. Die Berichte Rébenacs eröffnen mannigfache Einblicke in das Kräftespiel am damaligen Berliner Hofe, sind aber mit einigem Vorbehalt zu lesen; der Eindruck, daß es Rébenac nicht in erster Linie um die Realität, sondern vor allem um das Wohlgefallen seines königlichen Herrn und Meisters ging, läßt sich nicht verdrängen. Der Friede von Saint Germain-en-Laye hatte den Kurfürsten im Juni vor einen Scherbenhaufen seiner Politik und seiner militärischen Erfolge gestellt. Daß ihm in seiner tiefen Depression und Erbitterung nichts ferner lag, als Festlichkeiten, ist zu verstehen. Dennoch bleibt die Art und Weise unverständlich, mit der der Kurfürst die Hochzeit seines Sohnes zum Spielball seiner Launen machte, wenn die Erklärung nicht in einer tiefen persönlichen Abneigung gesucht werden soll.

Hanette, wie der Kosename Elisabeth Henriettes lautete, hatte bereits im April 1678 ihren feierlichen Einzug als Braut in Berlin gehalten und fragte seither »alle Leute, die zu ihr kamen, ob nicht Zeitungen (Nachrichten von Friedrich vom Kriegsschauplatz) eingegangen wären«. Seit der Beendigung der Feindseligkeiten wartete sie mit ihrer Mutter, der Schwester des Kurfürsten, auf den Friedensschluß, den der Kurfürst zur Vorbedingung ihrer Hochzeit gemacht hatte. Diese Vorbedingung trat im Juni ein und am 24. Juli wurde der Ehevertrag einseitig von brandenburgischer Seite unterschrieben.

Der Kammerherr von Buch erfuhr am 15. August, daß die Hochzeit am nächsten Sonntag stattfinden sollte und trug in sein Tagebuch ein:

> Als der Sonntag da war, wollte S.K.D. [Seine Kurfürstliche Durchlaucht] die Hochzeit für seinen Sohn nicht anstellen, weil es ihm unangenehm war, dass zu viel Menschen dazu nach Berlin kämen, und Niemand wußte, wann sie stattfinden sollte.

Eine Woche später, am 23. August 1679 berichtet Buch:

> S.K.D. lag mit der Frau Kurfürstin noch im Bette, als er ihr sagt, er sei jetzt ganz entschlossen, heut noch die Hochzeit des Kurprinzen auszurichten, was die Frau Kurfürstin sofort durch ein kleines Billett der Frau Landgräfin meldet, die sich dessen ausserordentlich freut; gegen Mittag theilte man es dem ganzen Hofe mit. Am Abend fand sich S.K.D. mit allen anderen hohen Personen im Zimmer der Frau Kurfürstin ein, nahm die Prinzeß von Hessen an die Rechte, den Kurprinzen an die Linke und führte beide in den kleinen Saal, wo man für gewöhnlich speist; dahin hatte man einen kleinen mit einem Teppich behangenen Tisch gestellt, und vor demselben eine Bank, um zu knien. Der Prediger Contschius erwartete sie hier. S.K.D. hatte sie auf den Teppich geführt, ließ sie dort und zog sich zurück zur Frau Landgräfin und Kurfürstin. Nachdem der Prediger sie getraut, soupierte man ohne großen Pomp, es wurde etwas spät, worauf man die Neuvermählten in ihre Zimmer führte.

Die Hochzeit erfolgte also »in der Stille und mit abschneidunge aller unnöthigen weitläufigkeiten durch die Priesterliche copulation und darauf erfolgtes eheliches Beilager«. Für Ausgaben aus Anlaß seiner Hochzeit mußte sich Friedrich sogar bei seinem Kammerjunker Johann Georg von Podewils noch 600 Taler zu 6 Prozent borgen. Über den Ehevertrag, der von der hessischen Seite noch nicht unterschrieben worden war, wurde bis Juni 1682 – zuletzt in äußerst gereiztem Ton – gestritten. Alles das macht eine Eheschließung unter Begleitumständen deutlich, die selbst unter heutigen, bürgerlichen Verhältnissen als gewollte Brüskierung der familiären Beziehungen angesehen werden würden; wieviel mehr gilt das für ein Zeitalter, in dem die äußeren Formen fürstlichen Umgangs geradezu ritualisiert waren.

Es scheint, daß der Kurfürst bereits 1677 dem Kurprinzen einen eigenen Haushalt genehmigt und gleichzeitig den holländischen Architekten Rutger van Langerfeld beauftragt hatte, am Zusammenfluß von Spree und Dahme – gleich weit entfernt von Berlin wie von Potsdam – in Köpenick einen neuen Schloßbau für die kurprinzliche Hofhaltung zu errichten. Theodor Fontane erzählt darüber in seinen *Wanderungen durch die Mark Brandenburg*:

> In welchem Jahre Kurprinz Friedrich seinen Einzug in Schloß Köpenick hielt, ist nicht mehr genau festzustellen, wahrscheinlich um 1680. Der Schloßbau wurde zwar vor 1681 nicht beendet, ja, das Sandsteinportal, durch das wir in den Schloßhof eintreten, trägt sogar erst die Jahreszahl 1682, es ist indes eher wahrscheinlich als nicht, dass Kurprinz Friedrich die Vollendung des ganzen Baues nicht erst abwartete und sich bereits zwei Jahre früher mit dem begnügte, was fertig war. Die Verhältnisse zwangen ihn fast dazu. Seiner alten Feindschaft mit seiner Stiefmutter, der holsteinischen Dorothea, war im Jahre 1679, bei Gelegenheit seiner Vermählung mit der hessischen Prinzessin, zwar eine Versöhnungsszene gefolgt, aber diese Versöhnung hatte die Abneigung der Mutter und das Mißtrauen des Sohnes um nichts gebessert. Plötzliche Erkrankungen, auch Todesfälle, regten den alten Verdacht wieder an, und nachdem Kurprinz Friedrich selbst und zwar bei Gelegenheit eines Festmahls, das ihm die Stiefmutter gab, von einem heftigen Kolikanfall heimgesucht worden war, steigerten sich seine Befürchtungen bis zu solchem Grade, daß er seinen Vater um die Erlaubnis bat, sich nach Schloß Köpenick zurückziehen zu dürfen. Nicht in Freuden zog er in die schönen Räume ein, die zum Teil noch ihrer Vollendung entgegensahen; das Schloß war ihm mehr ein rettendes Asyl als eine Stätte heiterer Flitterwochen, und in Bangen und Einsamkeit vergingen ihm die Tage selbstgewählter Verbannung.

Im Gegensatz zu den prachtvollen Residenzen, die sein Vater im Potsdamer und er selbst sich im Berliner Stadtschloß schufen und die vom Zweiten Weltkrieg und kommunistischem Vandalismus vernichtet wurden, ist die »Stätte selbstgewählter Verbannung« bis heute erhalten; heute, wie vor über dreihundert Jahren, ziehen die Wasser der Spree schwermütig-träge um Friedrichs Schloß.

Schloß Köpenick.

Der in Fontanes Darstellung gestreifte Giftmordverdacht beruhte nicht nur auf der noch weitgehenden Unkenntnis medizinischer Zusammenhänge, die jeden plötzlichen und nach dem damaligen Stande der Wissenschaft unerklärbaren Todesfall zum Gegenstand des Argwohns machte. Viel wahrscheinlicher ist es, daß Pariser Ereignisse zwischen 1675 und 1682 – also in dem Zeitraum, um den es sich hier handelt – eine allgemeine Hysterie ausgelöst hatten. Im Juli 1676 war die Marquise von Brinvilliers als vielfache Giftmörderin hingerichtet worden, im Februar 1680 wurde die Giftmischerin Voisin verbrannt; die Spuren führten bis in die Umgebung des Königs. Ein Sondergerichtshof, die »Chambre Ardente« wurde eingesetzt, der nach 318 Verhaftungen 88 Verurteilungen aussprach. Als die Geliebte des Königs, Mademoiselle de Fontanges, stirbt, wird dies einem Getränk zugeschrieben, das ihr auf Befehl ihrer Vorgängerin, der Madame de Montespan, verabreicht wurde. Ezechiel von Spanheim, der brandenburgische Gesandte in Versailles, berichtete 1681 darüber ebenso nach Berlin, wie er über die vorangegangenen Skandale berichtet haben wird. Jede Erkrankung und jeder Todesfall aus unbekannter Ursache erregte daher auch am Berliner Hof Panikstimmung und Aggressionen, die sich auf die unsympathischen Persönlichkeiten konzentrierten, denen der Argwohn ausreichende Hemmungslosigkeit zutraute. Die sicherlich vorhandenen unsympathischen Eigenschaften der Kurfürstin Dorothea genügten daher, um ihr den Ruf einer »Berliner Agrippina« einzutragen. Irgendein Beweis oder auch nur ein Indiz für Giftmordversuche sind nie erbracht worden. Daß die Kurfürstin im Mittelpunkt der Verdächtigungen einen, wenn auch vorübergehenden, Schlaganfall erlitt, spricht eher für das Gegenteil. Die Atmosphäre ständigen Verdachts jener Jahre am Berliner Hof kennzeichnet aber für sich allein den Grad des Mißtrauens und der Abneigung, der in den familiären Beziehungen erreicht war.

Friedrich fühlte sich offensichtlich doppelt auf seinem Wege zum Thron bedroht: Rechtlich durch für ihn nachteilige letztwillige Verfügungen des Kurfürsten, persönlich durch die Möglichkeit eines Giftmordversuches. Für die letztere Möglichkeit spricht sehr wenig; im Hinblick auf die Testierfreudigkeit seines Vaters hatte er allerdings zumindest gute Gründe, mißtrauisch zu sein.

Bereits in seinem Testament vom 23. März 1664 hatte sich der Kurfürst – damals zu Gunsten Friedrichs – von den die Einheit der Territorien sichernden Hohenzollernschen Hausgesetzen entfernt, die Ausnahme von der Regel aber immerhin noch dreifach begründet. Abgesehen davon sah das Testament von 1664 die Bindung der Sekundogenitur in außenpolitischen und militärischen Fragen an die »Verwilligung« des Kurfürsten vor. In der sogenannten »Väterlichen Vermahnung« von 1667 wurde der Nachfolger noch eindringlich vor der Begründung weiterer Sekundogenituren gewarnt, »denn durch Zerteilung der Lande fällt die Macht und der Respekt des Hauses«. Das hier noch betonte Staatsgrundprinzip schwand vor der Realität der zwischen 1669 und 1677 nachgeborenen Söhne aus der zweiten Ehe, deren Interessen von ihrer Mutter, der Kurfürstin Dorothea, gewiß nicht schlechter wahrgenommen wurden, als sie einst von Luise von Oranien für ihren »Fritsie« durchgesetzt worden waren. Nach einem weiteren Testament vom 27. Januar 1670 wurden nach der Geburt des dritten Sohnes der

Kurfürstin Dorothea, Carl Philipp, mit Testament vom 10. November 1674 nicht weniger als fünf Sekundogenituren für die zwei nachgeborenen Söhne aus der ersten und die drei Söhne aus der zweiten Ehe errichtet.

Durch den Tod Karl Emils und die Geburt Christian Ludwigs, des vierten und letzten Sohnes der Kurfürstin Dorothea, änderte sich die Zahl der Sekundogenituren in einem weiteren Testament vom 15. Juni 1676 nicht mehr. Im Zeitpunkt des Testaments von 1670 war Friedrich noch ein dreizehnjähriges Kind. Als 1674 das nächste Testament errichtet wurde, befand er sich zur Behandlung durch Dr. Fay in Kleve. Das Datum des nächsten Testaments (15. Juni 1676) entspricht ziemlich genau dem Zeitpunkt seiner Verlobung in Kassel. Vermutlich hatte der dreiundzwanzigjährige Kurprinz, dem im Frühjahr 1680 bekannt wurde, sein Vater beabsichtige, neu zu testieren, also kaum ein sicheres Wissen über die vorangegangenen Testamente. Er betrachtete daher sehr wahrscheinlich die Ausstattung seines Bruders Ludwig und seiner vier Stiefbrüder mit Sekundogenituren als eine die Hausgesetze grob verletzende Neuerung zu seinen Lasten. In der Tat lag – gleichgültig, wann Friedrich davon erfahren hat – einfach in der Zahl der Sekundogenituren eine materielle Aushöhlung des Grundsatzes der Unteilbarkeit und damit eine zunehmende Schwächung des Inhabers der Primogenitur. Das hat der Große Kurfürst auch selbst deutlich empfunden: In seinem letzten Testament machte er sich nicht mehr die Mühe, Ausnahmen von der Regel zu begründen, sondern kehrte das Hohenzollersche Hausrecht mit einem einzigen Satz unter den Tisch:

> zu der Zeit alß die Pacta Familiae aufgerichtet, die Sache sich gantz in einen andern Zustand sich befunden, und darauf so viel diesen Punct belanget, vorjetzo nicht reflectiret werden kann.

Das bereits im Testament von 1664 festgesetzte Recht des Kurfürsten, in außenpolitischen und militärischen Fragen allein zu entscheiden, bleibt im Testament von 1686 zwar gewahrt, »jedoch mit solcher Brüderlichen moderation, dass dadurch die Unseren jüngeren Herren Söhnen verordneten Fürstl:Standesmäßigen Einkünfte nicht geschmälert, viel weniger gar absorbiret werden«. Diese Einschränkung konnte im Ergebnis nur dazu führen, daß die fünf Sekundogenituren von der militärischen Last des Gesamtstaates befreit wurden – eine bedeutende Schwächung der militärischen Kraft desselben. In allen anderen Fragen spricht das Testament von »Vorwissen und Brüderlichen Einrathen« des Kurfürsten, einem »allezeit conformen Voto« auf den Reichstagen und davon, daß »allezeit mit dem Churfürsten communicirt« werden solle. Es ist verschiedentlich in der Geschichtsschreibung versucht worden, die eine oder andere dieser Klauseln als Fortschritt auf dem Wege zum einheitlichen Gesamtstaat zu interpretieren oder sie wenigstens nicht als Abweichung von diesem Wege erscheinen zu lassen. Im Vergleich zum uneingeschränkten Recht der Primogenitur beim Herrschaftsantritt des Großen Kurfürsten erweisen sie sich aber eindeutig als das Gegenteil. Es ist bezeichnend genug, daß Ludwig XIV. am 6. September 1680 zur Frage der Sekundogenituren an seinen Gesandten Rébenac schrieb: »Ich möchte Ihnen gleichwohl zu Ihrer eigenen Unterrichtung sagen, dass es nicht in meinem Interesse wäre, dem Kurfürsten von Brandenburg von dieser Aufteilung abzuraten.« Daß der große Kurfürst sich in seinen Testamenten mehr als sorglicher Hausvater denn als Herrscher erwies, genüge, soll Leibniz bemerkt haben, ihm den Beinamen »der Große« – den ihm schon die Zeitgenossen verliehen hatten – wieder abzuerkennen.

Daß Friedrich über den Inhalt der Testamente bewußt im unklaren gelassen wurde, läßt sich nicht nur aus der Übereinstimmung der Daten der Testamente von 1674 und 1676 mit Zeiträumen schließen, in denen Friedrich von Berlin abwesend war, sondern ergibt sich eindeutig aus einem Bericht des kaiserlichen Gesandten, Baron Fridag, auf den noch einzugehen ist. Der Entwurf des Testamentes von 1680/1681 lag seit dem 29. Januar 1680 vor; es wurde jedoch erst am 18. Mai 1681 mit der Unterschrift des Kurfürsten vollzogen. Bereits am 20. April 1680 berichtet Rébenac an Ludwig XIV.:

> Seit geraumer Zeit, Sire, strebt die Kurfürstin eine Art Teilung der Staaten Brandenburgs zugunsten ihrer Kinder und

zum Nachteil der Kinder aus erster Ehe an. Der Kurprinz, der schon immer grosses Vertrauen zu mir hatte, hat mir hierüber oft gesprochen. Er hat hierüber jedoch keine genaue Kenntnis. Er hat mir jedoch beteuert, sich dem mit aller Kraft widersetzen zu wollen ... Vor zwei Tagen sprachen mich die Herren Meinders und Jena im Namen des Kurfürsten und der Kurfürstin von Brandenburg, um mich insgeheim bei dieser Gelegenheit um Schutz und Garantie Eurer Majestät hierfür [lies: des Testaments] zu ersuchen.

Drei Tage später bemerkt Rébenac: »Es scheint, Sire, dass [die Kurfürstin] wieder mehr Einfluß gewinnt ... und ich fürchte etwas sehr Nachteiliges für den Kurprinzen.« Die ebenso salbungsvolle, wie zielgerichtete Antwort des Königs vom 3. Mai 1680 erinnert lebhaft an den »Tartuffe« seines Hofpoeten Molière:

Was den Kurprinzen anbetrifft, so genügt es, ihn meiner Zuneigung zu versichern und ihn wissen zu lassen, dass der beste Entschluß, den er fassen kann, darin besteht, sich die Zuneigung seines Vaters zu bewahren und sich nach dessen Ansichten zu richten.

Am 16. Mai fügt der königliche Heuchler hinzu:

Falls der Kurprinz Euren Rat erbittet, so soll er sich stets nach dem Willen des Kurfürsten richten, als sicherster und vernünftigster Entschluß, den Kinder treffen können, und zu Eurer eigenen Unterrichtung darf ich Euch sagen, dass dies auch für die Interessen meiner Krone am günstigsten ist.

Rébenac zeigte sich seines Meisters würdig. Am 21. August 1680 berichtet er:

Vor einigen Tagen nahm mich der Kurprinz beiseite, den man stets so unterwürfig gesehen hat, wie es ihm ansteht, um mir zu sagen, dass sein Vater beschlossen hätte, seine Staaten zugunsten seiner Kinder aus zweiter Ehe aufzuteilen; dass er jedoch ein Gelingen wohl vereiteln werde und diejenigen Minister, die ihm Ratschläge dieser Art zu erteilen wagten, es bereuen werden; dass er es wohl ignorieren wolle, wenn es sich nicht um ein gar so grosses und so gewichtiges Interesse handeln würde; dass man die Dinge jedoch zu weit treibe. Ich sagte ihm, Sire, dass er getäuscht würde und dass die, die ihm solche Meinungen äusserten, wohl nicht seine wahren Diener seien; ich versicherte ihm, dass der Kurfürst nicht die Absichten hätte, die man ihm zuschreibe

und fügte am 11. Dezember 1680 hinzu:

> [Der Kurprinz] ist in völliger Unkenntnis über all das, was zwischen Eurer Majestät und seinem Vater vorgeht. Er weiss nur ganz allgemein, dass es eine enge Verbindung gibt ... Wenn auch äusserst arm an Körper und Geist, so hat [der Kurprinz] doch auch Qualitäten in sich, aus denen sehr viel zu machen ist, wenn man diese vorsichtig behandelt.

Der Hinweis Rébenacs bezog sich auf das Geheimabkommen vom Oktober 1679, das den Kurfürsten verpflichtete, bei der nächsten Kaiserwahl für Ludwig XIV. zu stimmen, von dem Friedrich freilich nichts wußte. Unter den ihm vom Gesandten Frankreichs zugebilligten Qualitäten, aus denen sich etwas machen lasse, scheint aber vor allem die gewesen zu sein, sich weder Illusionen über die Aufrichtigkeit des Diplomaten, noch über die Zuneigung seines Vaters zu machen, die er sich nach dem Rat des Sonnenkönigs bewahren sollte, ohne sie wohl jemals besessen zu haben. Charakteristisch für beides ist der Bericht Rébenacs an Ludwig XIV. vom 15. Januar 1681:

> Ich werde ... den Prinzen ... mit der engen Verbindung zwischen Eurer Majestät und seinem Vater vertraut ... machen und ihm die Absichten des Kaisers, sein Haus zu Grunde zu richten, zu erkennen geben ... Der Prinz, Sire, ist 24 Jahre alt, hat einen äusserst mißratenen Körperbau, ist von schwacher Konstitution und zeigt wenig Lebenszeichen; ein Arzt gibt ihm gar nur mehr drei oder vier Jahre. Er ist von geringem Verstand, heuchlerisch und äusserst geizig, von geringer Noblesse; und wenn er den Wunsch

äussert, seine Ländereien zu vermehren, dann nur um seine Kassen mit mehr Geld zu füllen, was sein einziger Ehrgeiz ist. Er lässt sich von einem Mann, namens Danckelmann leiten, der sein Hauslehrer war, ein Kleingeist, der mit seinem Herrn Heuchelei und gleichzeitig Haß auf einige Minister seines Vaters erweckt ... Der Kurfürst liebt ihn weder, noch schätzt er ihn ... Ein Mann aus Schweden berichtete (dem Kurfürsten) unbedachterweise, dass der König von Schweden sage, dass er den Kurfürsten von Brandenburg in Frieden sterben lassen würde; dass er aber dessen Sohn ... büßen lassen werde. Der [Kur-]Fürst berichtete mir dies und fügte hinzu: »Der König von Schweden hat recht; mein Sohn ist nämlich zu nichts nutze.«

Nach über einem Jahr des Ratens und der Vermutungen wurde Friedrich am Tage der Unterzeichnung des Testaments über den Inhalt desselben durch seinen Vater selbst in einer Art und Weise unterrichtet, die nur der Beginn neuen Ratens und neuer Vermutungen sein konnte. Der kaiserliche Gesandte, Baron Fridag, berichtete nach Wien:

> Darauf den 18. Mai 1681 besag. Testament, so umb und umb mit einer seiden schnuhr sehr sorgfältig vernähet gewesen, im geheimben Rath von dem Herrn Churfürsten selbsten vorgewiesen und Nachdeme Er vorhero dem Herrn Churprintzen die contenta circa dispositionem *einigermaßen privatim erzehlet,* von Ihme sowoll alß uebrigen geheimen Räthen die überschreibung *in dorso* verlanget.

Immerhin müssen für Friedrich jetzt zwei Tatsachen festgestanden haben: die Errichtung der fünf Sekundogenituren und die entgegen dem geltenden Reichsrecht angeordnete Vollstreckung des ihm nachteiligen Testaments durch Ludwig XIV., der sich als gefährlichster Reichsfeind erwiesen hatte. Daraus konnte er – trotz seines nach Meinung Rébenacs schwachen Verstandes – unschwer auf den Wahrheitsgehalt der Äußerungen desselben ihm gegenüber im vorigen Sommer schließen. Die Annahme liegt nahe, daß Friedrich spätestens in diesem Zeitpunkt ein entschiedener Anhänger des Kaisers wurde.

Rébenac berichtete am 25. November 1681 an Ludwig XIV.:

> Vor einiger Zeit ... erdreisteten sich die Minister [Gesandten] des Kaisers, Dänemarks, Hollands und anderer, sich dem Kurprinzen anzuschliessen, und da der Prinz so schwach ist, wie sein Körper mißraten, hatten sie keine Mühe, ihm die Ansichten zu vermitteln, die ihnen belieben ... Seit dieser Zeit habe ich einige Abkühlung festgestellt, bis es schliesslich zu so oft wiederholten und so überspitzten Äußerungen kam, dass ich nicht umhin konnte, auf eine zu erwidern, die er mir gegenüber hinsichtlich der Unternehmungen Eurer Majestät machte, denen er sich eines Tages mit seinen ganzen Kräften widersetzen werde.

Die Nachricht, daß ein Nichts beabsichtige, sich den Unternehmungen der Majestät zu widersetzen, kam in den Augen Rébenacs offenbar einem »crimen laesae maiestatis« gleich. Um ein Stirnrunzeln des Versailler Halbgotts zu vermeiden, beeilte er sich, hinzuzufügen:

> Ich möchte Eure Majestät durchaus nicht ... langweilen, um Eurer Majestät diese Haltung des Kurprinzen als eine beachtenswerte Angelegenheit darzustellen, sondern, weil man, ohne allzuviel vorwegzunehmen, sagen kann, dass sein Körper und sein Geist so schwach sind, dass er vollkommen unbedeutend ist, auch wenn er die Regentschaft übernehmen sollte, wo er nie nach eigenem Willen handeln wird.

Schon der Vater hatte es zuweilen nicht verschmäht, den Herren Gesandten – auch gegenüber Rébenac – Entscheidungsunwilligkeit, wenn nicht gar -unfähigkeit vorzuspielen, um einer Stellungnahme auszuweichen. Wieviel näher lag ein derartiges Verhalten bei seinem Sohne, der seit dem Tode der Mutter fast nur noch überheblicher Abneigung begegnete. Er hatte gelernt, sich auf sich selbst und ganz wenige Vertraute zurückzuziehen. Die Frage, ob Rébenac sich selbst oder seinen König täuschte, bleibt offen. Zu den Vertrauten Friedrichs gehörte er gewiß nicht, so oft er auch in seinen Berichten das Gegenteil betonte, um sich zu empfehlen.

Elisabeth Henriette, Kurprinzessin von Brandenburg, Gemälde.

Der Mensch, der Friedrich in diesen Jahren und wohl überhaupt in seinem Leben am nächsten stand, war seine Hanette. Daß ihm Schloß Köpenick an ihrer Seite als »rettendes Asyl« erschien, ist Fontane deshalb ebenso zu glauben, wie seine Vorstellung »banger Einsamkeit« in diesem Zeitpunkt sicherlich überzeichnet ist. Ranke spricht von einem von »echt brüderlicher Sympathie« getragenen Verhältnis zu Friedrichs Bruder Ludwig, der 1681 die reiche Erbin Louise Charlotte Radziwill heiratete. »Auch die Gemahlinnen der beiden Prinzen«, schreibt Ranke, »lebten in vertraulicher Verbindung; sie brachten die Abende meistens in Gesellschaft miteinander zu«. In der Ehe des Kurprinzen stellte sich alsbald Nachwuchs ein. Bereits am 29. September 1680 wurde die Kurprinzessin von einem gesunden Töchterchen entbunden, das auf die Namen Louise Dorothea Sophie getauft wurde und später einmal Erbprinzessin von Hessen-Kassel werden sollte. Nach einer enttäuschten Hoffnung im Jahre 1682 erwarteten die jungen Eheleute 1683 den ersehnten Thronerben, als den unglücklichen Friedrich sozusagen der Blitz aus heiterem Ehehimmel traf. Den 30. Juni 1683 hatte das kurprinzliche Paar in Köpenick verbracht. Bei der Rückkehr nach Berlin klagte die Kurprinzessin über Kopfschmerzen, Übelkeit und Frösteln; in den zwei folgenden Tagen war sie matt und unruhig. Am 3. Juli stand die Diagnose fest: die erst zweiundzwanzigjährige Elisabeth Henriette hatte die Pocken und war damit nach dem damaligen Stande der ärztlichen Wissenschaft so gut, wie zum Tode verurteilt. Sie machte sich keinerlei Illusionen, segnete ihre noch nicht dreijährige Kleine und flehte ihren Friedrich an, ebenfalls sofort von ihr Abschied zu nehmen, um sich nicht zu infizieren. Am 7. Juli starb sie und das Ungeborene mit ihr. Der unvermeidliche Rébenac berichtete am 10. Juli an seinen König: »Der Kurprinz ist von so grosser Trauer ergriffen, dass man um seine Gesundheit fürchtet.« Der Sechsundzwanzigjährige war wieder allein – diesmal für immer.

Alle überlieferten Urteile über Friedrichs erste Frau stimmen darin überein, daß sie nur für ihn gelebt habe und von lauterstem Charakter gewesen sei. »Ihr Leben«, hieß es in einer Trauerrede, »war wie ein Licht, in welchem kein menschliches Auge etwas Unreines fand.« Da aus der Zeit nicht nur die Nachrufe, sondern Zeugnisse aller Art überliefert sind, darf dem Glauben geschenkt werden. Zu dem offenbaren Altruismus ihres Charakters paßt die Überlieferung, daß sie auf dem Sterbebett darum gebetet hatte, Friedrich möge in einer neuen Ehe glücklich werden. Dieses Gebet sollte allerdings keine Erhörung finden.

Daß der Kurprinz eine neue Ehe eingehen würde, verstand sich allein im Hinblick auf die Thronfolge von selbst. Seine Wahl deutet sich bereits in seinem Dankschreiben am 31. Juli

1683 aus Köpenick für die Kondolation der Herzogin Sophie von Braunschweig an, deren Tochter Sophie Charlotte er bei einem Familientreffen im Sommer 1681 in Pyrmont kennengelernt hatte:

> Nichts würde mir lieber sein, als Gelegenheit zu haben, Euer Liebden sowohl als ihren Herrn Gemahl und Prinzessin Tochter meine Aufwartung zu machen und mich um Ihrer aller Neigung noch mehr zu bewerben. Ich muß aber gestehen, dass die Traurigkeit bei mir noch so groß ist, dass ich fürs erste noch keinen besseren Trost als in der Einsamkeit am hiesigen Ort finden kann.

Die feierliche Beisetzung Elisabeth Henriettes wurde auf den 18. November 1683 festgesetzt. Schon am 2. November stellte Rébenac Überlegungen an, welche Anwärterin wohl das Rennen um die Wiederverheiratung des Kurprinzen gewinnen würde: »Alle Seiten bemühen sich um ihn. Hannover und der Fürst von Anhalt scheinen dabei die grösste Eile zu haben ... Der Kurfürst hegt gegen beide dieselbe Abneigung: gegen Hannover aufgrund des Hauses, das es repräsentiert und gegen Anhalt aufgrund der Abneigung, die er gegen die Person des Fürsten hegt.« Der von Rébenac erwähnte Fürst war derselbe Johann Georg von Anhalt, der eine Schwester der Luise von Oranien geheiratet hatte, die ihn auf ihrem Sterbebett bat, sich ihrer Söhne anzunehmen. Die Versuche des Fürsten, sich in die zweite Eheschließung und die Erziehung der Söhne des Kurfürsten einzumischen, hatten dem Kurfürsten seinen Schwager zur persona non grata gemacht.

Die persönliche Abneigung wurde in der Zeit der Annäherung Friedrich Wilhelms an Frankreich noch durch die Tatsache verstärkt, daß Johann Georg ein überzeugter Parteigänger des Kaisers war. Sie sollte zu einem späteren Zeitpunkt besonderes Gewicht bekommen. In der Heiratsfrage lag jedenfalls Hannover an erster Stelle. Schon am 12. Dezember berichtet Rébenac, daß »Le Sr Grote d'Hanovre« seit ein paar Tagen in Berlin sei. Der Vorwand seiner Reise sei der Abschluß der zwischen Dänemark, Brandenburg und Lüneburg vorgeschlagenen Allianz. Die wahre Absicht sei aber, die Heirat des Kurprinzen mit der Prinzessin von Hannover zu vereinbaren. So weit waren die Dinge freilich noch nicht gediehen.

Am 2. Januar 1684 berichtet Rébenac über ein Gespräch mit dem Kurfürsten, der sich sehr über die Hast des Kurprinzen beklage, mit der er sich für die Prinzessin entschieden habe, »über die er sich verleiten liess, mir einiges zu sagen, zu dem ihn nur seine Sorgen veranlaßt haben können ... In der Tat«, fährt Rébenac fort, »besteht die Schwierigkeit der Angelegenheit darin, Sire, dass die Kurfürstin sich einbildet, der Kurprinz hätte nicht lange zu leben und, da der Markgraf Ludwig kinderlos ist, würde ihr Sohn, Prinz Philipp die Thronfolge antreten.« Die offenbar doch als wünschenswert angesehene Verbindung mit dem Hause Hannover sollte also nicht durch den ungeliebten Friedrich eingegangen werden, sondern dem Ältesten aus der zweiten Ehe vorbehalten bleiben.

Die stiefmütterlichen Interessen deckten sich merkwürdigerweise mit denen Ludwigs XIV., dem die Abkühlung in den Beziehungen zu Brandenburg bewußt geworden war. Rébenac hatte am 4. Januar berichtet, daß er »hinsichtlich der Annahme des Entwurfes Eurer Majestät auf eine unüberwindliche Hartnäckigkeit gestossen« sei. Um so weniger hatte Ludwig XIV. Grund, eine Verbindung zwischen Brandenburg und einem anderen großen deutschen Haus zu begrüßen. Am 20. Januar ließ er Rébenac wissen, daß er »um so weniger geneigt« sei, »als ... der Herzog von Hannover ... noch Verpflichtungen (habe), die meinen Interessen entgegenstehen«. Schließlich scheint die Rücksichtnahme auf Frankreich und die Wünsche der Frau Gemahlin beim Kurfürsten hinter die Einsicht zurückgetreten zu sein, daß die Verbindung mit dem protestantischen Hannover zumindest einen beachtlichen Defensiveffekt hatte; Hannover seinerseits war auf die Unterstützung Brandenburgs bei der mit allen Mitteln angestrebten neunten Kurwürde angewiesen. Noch am 11. April 1684 schrieb Friedrich an Sophie Charlottes Mutter, die Herzogin Sophie: »Eure Liebden werden zweifelsohne schon wissen, dass dem Herrn von Grote von Seiten meines Vaters einige Schwierigkeiten gemacht werden, die Eurer Liebden viel Verdruß verursachen«, um am 20. August zu verkünden: »Gott sei Dank, unser Roman ist nun zum Ende gekommen; ich kann meine Freude nicht genugsam ausdrücken, die ich über das so ersehnte Jawort meines Vaters habe, indem er es mir nun vollkommen gegeben hat.«

Die sechzehnjährige Sophie Charlotte war eine, wenn auch etwas füllige, Schönheit und nach den Maßstäben ihrer Zeit hochgebildet. Sie beherrschte das Französische so gut, daß sich einmal ein Franzose erkundigte, ob sie denn auch Deutsch sprechen könne. Darüber hinaus sprach sie fließend Englisch und Italienisch und verfügte zumindest über Anfangskenntnisse des Lateinischen. Bei einem Aufenthalt in Paris 1679 hatten ihre Schönheit und ihr Esprit sogar Ludwig XIV. so beeindruckt, daß er eine Ehe mit dem Dauphin oder einem anderen Prinzen des bourbonischen Hauses in Erwägung zog; diese Pläne zerschlugen sich jedoch. Dem Ahnenstolz auf Stuarts – ihre Mutter war eine Tochter der »Winterkönigin« – und Welfen hätte die Krone Frankreichs naturgemäß mehr entsprochen, als der brandenburgische Kurprinz – vom Rang, wie von der Erscheinung her gleichermaßen eine zweite Wahl. Die Mutter, Herzogin Sophie, fügte sich mit Würde ins Unvermeidliche und schrieb im März 1684 über Tochter und Schwiegersohn:

> Sie ist auch eben nicht cruel und hatt alzeit amitié und estime vor ihm spüren lasen, wie I.L. die Courprinseßin [d.i.: Elisabeth Henriette] noch lebte undt wol Nimans an dis gedacht.
> Der Courprins ist eben nicht schön von tallie, aber ser gutt von humor und hatt gutt verstandt, sein gesicht ist auch nicht hesslich; es ist ein gelück, daß sie ihn so wol leiden mag und nach das Üsserliche nicht fragt, dann I.L. der Herzug undt ich auch haben sie so lieb, daß wir ihr Inclination gern würden folgen lassen, wan sie ein ander parti choisiren würde.

Friedrichs erste Eheschließung war an einem Morgen aus einer Laune heraus für den Abend in einem Nebenzimmer des Potsdamer Stadtschlosses befohlen worden, damit das Lästige schnell erledigt sei. Seine zweite Ehe wurde am 28. September 1684, einem Sonntag, mit allem Glanz des Welfenhofes im Schlosse zu Herrenhausen geschlossen. Hatte Friedrich bei seiner ersten Hochzeit noch bei dem eigenen Kammerjunker Geld leihen müssen, so wurde diesmal vor der Hochzeit reichster Brautschmuck übergeben. Offenbar nahm der Kurfürst mehr Rücksicht auf die Welfenprinzessin, als 1678 auf die eigene Nichte.

Als die junge Kurprinzessin am 14. November 1684 in Berlin einzog, berichtete Rébenac:

> Die Herzogin von Hannover ist heute mit ihrer Tochter, der Kurprinzessin angekommen. Der Kurfürst hat sie vortrefflich empfangen. Er hat ein Korps seiner Truppen von 11 000 Mann antreten lassen, die schöner sind als alle, die ich in Deutschland gesehen.

An den Festlichkeiten in Herrenhausen hatte der Kurfürst nicht teilgenommen, weil er in Potsdam einen Gichtanfall auskurierte. Das wirklich oder angeblich wechselnde Befinden des Kurfürsten scheint übrigens selbst den zähen Rébenac zu leichter Verzweiflung getrieben zu haben. Über eine geplante Reise berichtet er 1686:

> Sie ist folglich so sicher, Sire, soweit dies eine solche Sache an einem Hofe sein kann, wo das Leben von einem Gichtanfall oder Nierensteinen bestimmt wird, was sehr gewöhnliche Krankheitserscheinungen sind.

Am 6. Oktober 1685 wurde dem kurprinzlichen Paar der erste Sohn geboren, dem leider nur vier Monate beschieden waren. Als er am 9. Oktober 1685 auf den Namen Friedrich August getauft wurde, beschönigte Rébenac verlegen,

> dass es der Anstand geboten hätte, Eure Majestät auch diesmal um die Ehre zu ersuchen, die Patenschaft zu übernehmen … Ich habe mich wohl gehütet Sire, diesen Hof daran zu erinnern … um mich [nicht] dem Gehabe zu widersetzen, das man an den Tag legte, um Eure Majestät nicht darum zu ersuchen.

Was Rébenac mit dem Euphemismus »Gehabe« bezeichnete, war der Abscheu des protestantischen Europa vor der Vergewaltigung der Hugenotten; am 23. Oktober 1685 wurde die Aufhebung des Edikts von Nantes öffentlich verkündet. Mit

Sicherheit hatte der Kurfürst aber auch schon zuvor Kenntnis von der Entwicklung der Dinge in Frankreich; das legt schon die schnelle Reaktion durch die Verkündung des Edikts von Potsdam am 8. November nahe. Die Übernahme des Patenamtes bei seinem Enkel durch den brutalen Verfolger seiner Glaubensgenossen war für den Kurfürsten ebenso unmöglich geworden, wie die Fortsetzung seiner Allianzpolitik mit Frankreich. Die beherrschende Rolle Rébenacs am Berliner Hofe war ausgespielt.

Der Hauptvertreter der französischen Allianzpolitik im Geheimen Rat des Kurfürsten war bis dahin Franz von Meinders. Er hatte 1679 in Saint-Germain-en-Laye in einer diplomatisch ausweglosen Situation versucht, zu retten, was für Brandenburg zu retten war und daraus die Politik des französischen Bündnisses entwickelt. Ludwig XIV. sah ihn seither als seinen Interessenvertreter an und honorierte ihn – dem recht ungenierten Brauch der Zeit folgend – ausgesprochen fürstlich; jedenfalls findet sich in einer Abrechnung Rébenacs vom 15. Mai 1684 über »Gratifikationen«, die zwischen März 1680 und März 1684 gezahlt wurden, der Name Meinders stets mit den höchsten Summen an erster Stelle. Ein Gutachten desselben Meinders vom 16. Dezember 1685 – also nach der Aufhebung des Edikts von Nantes und dem Edikt von Potsdam – spricht aber dafür, daß Meinders, den damaligen Gepflogenheiten folgend, zwar nahm, was er erhalten konnte, sich aber nicht davon, sondern vom Interesse Brandenburgs leiten ließ. Auch Meinders hielt es offensichtlich für unmöglich, mit einer Macht im Bunde zu bleiben, die den Protestantismus verfolgte, zumal die Verbindung mit Frankreich ohnehin »viele üble Nachrede nach sich gezogen« habe. Er riet deshalb »vor allen Dingen, sich mit dem Kaiser in ein gutes Vernehmen zu setzen« (Ranke) und kam zu dem Schluß, »man verliere die Subsidien« – womit er sicher nicht nur diejenigen Brandenburgs meinte –, »aber man gewinne an Reputation«.

Das war der Ausgangspunkt einer Mission, mit der anfangs 1685 der jüngere Otto von Schwerin betraut wurde, um die schwebenden Unstimmigkeiten mit dem Wiener Hofe zu klären. Dabei wurden auch die Ansprüche erneut geltend gemacht, die Brandenburg aufgrund von Erbverträgen mit den Piasten auf die schlesischen Herzogtümer Brieg, Liegnitz und Wohlau sowie auf das Fürstentum Jägerndorf erhob. Für das letztere bot Wien eine Entschädigung an, die Abtretung der drei Herzogtümer wurde mit der Begründung verweigert, sie widerspreche dem böhmischen Kroneid des Kaisers und sei daher unmöglich. Wien entsandte seinerseits den Baron Freitag oder Fridag von Goedens nach Berlin, der nicht nur am 22. März 1686 einen geheimen Allianzvertrag zwischen dem Kurfürsten und dem Kaiser abschließen konnte, sondern anscheinend die schlesischen Ansprüche durch die Abtretung des Kreises Schwiebus aus dem schlesischen Herzogtum Glogau an Brandenburg für immer abfand.

Den Verzicht des Kurfürsten auf die schlesischen Ansprüche gegen die Abtretung von Schwiebus hatte Fridag mit ausdrücklicher Zustimmung des Kaisers durch einen Betrug erreicht. Mit Hilfe des Fürsten Johann Georg von Anhalt überzeugte er den Kurprinzen von der Notwendigkeit, den Allianzvertrag mit dem Kaiser nicht an der schlesischen Frage scheitern zu lassen. Als Ausweg wurde von Fridag ein Revers vorgeschlagen, der den Kurprinzen verpflichtete, nach seiner Thronbesteigung den Kreis Schwiebus an das Haus Habsburg zurückzugeben. Dieser Revers wurde tatsächlich – um ihn sowohl vor dem Kurfürsten und seinen Räten, wie vor den Spionen Rébenacs geheimzuhalten – in einem Zimmer des Fürsten von Anhalt im Potsdamer Stadtschloß am 28. Februar 1686 von Friedrich unterschrieben. In der Geschichtsschreibung ist umstritten, wer von den Beteiligten wieviel über die entscheidenden Tatsachen wußte und welche mehr oder weniger ehrenwerten Motive für sie maßgebend waren; die offenbar unvermeidlichen »Gratifikationen« waren natürlich auch wieder mit im Spiele. Dieser Streit der Historiker ändert aber nichts an der Tatsache, daß in jedem Falle der Kurfürst bedenkenlos betrogen wurde. Die in einer modernen Darstellung dazu enthaltene Anmerkung »Geschadet hat es niemanden« läßt übrigens jede Vorstellung von dem vermissen, was die Schwiebuser Protestanten bei der Rückgabe des Kreises an das Haus Habsburg erwartete, die 1695 tatsächlich stattfand. Hier interessiert allerdings nur die

Frage, welcher zwingende Grund Friedrich zur Beihilfe zum Betruge an seinem Vater bestimmen konnte. Die Antwort ist weder auf dem Gebiet politischer Rücksichten, wie Friedrich entschuldigend meinte, noch auf dem materieller Vorteile, die man in Österreich gern hervorhob, zu suchen, sondern nur im Bereich nackter Existenzangst.

Mit großer Wahrscheinlichkeit ist die Unterschrift Friedrichs unter dem Revers auf die einfache Überlegung zurückzuführen, daß der Kaiser sein Leben und seine Thronfolge schützen müsse, wenn der Revers mehr sein solle, als ein wertloses Stück Papier. Die Angst vor einem Giftanschlag ging ständig um. Vor einem Mordversuch konnte der Kaiser Friedrich freilich nicht bewahren, wohl aber ihm im Falle einer Flucht – zu der es 1687 dann auch gewissermaßen kam – notfalls Asyl bieten. In der Frage der Thronfolge kam dem Kaiser die entscheidende Rolle zu. Friedrich wußte spätestens seit 1680, daß sein Vater unter Bruch der Hausgesetze des Recht der Primogenitur zumindest in Frage gestellt hatte. Daß die Vollstreckung des Testaments Ludwig XIV. übertragen worden war, mußte die schlimmsten Befürchtungen in Friedrich wecken, der aus dem Verhalten Rébenacs unschwer darauf schließen konnte, daß Ludwig XIV. längst die Partei der Kurfürstin genommen hatte, weil die Zerstückelung Brandenburgs durchaus in seinem Interesse lag. Darüber hinaus, berichtete Fridag am 21. Januar 1686 an den Kaiser, hatten Rébenac und der französische Gesandte in Polen, Graf Béthune, öffentlich geäußert, daß »(ihr) König bereits mittel in händen hette durch die aufgetragene execution (des Testaments) den künftigen Churfürsten nach belieben zu regiren«. Rébenac habe »sich nicht gescheuet, dem H.Churprintzen hierauff zu weisen«. Fridag habe »selbsten auß dem munde des H.Churfürstens nicht alleine, sonder auß des besag. Graffens von Rébenac ... öffters anhören müßen, daß ... Franckreich sich die hoffnung gemacht ... dieses Churhauß ... craft tragender execution [des Testaments] ... in irreconciliable Verwirrungen zu bringen, daß ... gefährliche desseins [Pläne] ... gegen Ew. Kay. May. befördert werden mögten.«

Die Testamentsvollstreckung durch Ludwig XIV. war deshalb wohl nachgerade auch dem Kurfürsten selbst unheimlich geworden, obwohl er die Stirn hatte, gegenüber den Vorstellungen Fridags zu behaupten, er könne »sich nicht ... erinneren, daß er der Cron Frankreichs in seinem Testament gedacht hette, Er wolle gleichwohlen zur mehreren sicherheit daßelbige nachsehen«. Tatsächlich wurde durch das letzte Testament des Kurfürsten vom 16. Januar 1686 die Vollstreckung desselben entsprechend dem Reichsrecht wieder dem Kaiser übertragen, im übrigen aber der Inhalt durch Bestimmungen geändert, die »mehr einen Nachteil als einen Vorteil für [den künftigen Kurfürsten]« enthielten (Ranke). Ob nun Friedrich über diese Änderungen im einzelnen unterrichtet war oder nicht: Er wußte genug, um einen Kampf um die Thronfolge befürchten zu müssen, in dem der Kaiser das entscheidende Wort haben würde. Der Bericht Fridags an den Kaiser vom 12. März 1686 spricht insoweit eine deutliche Sprache: »Der Churprintz hatt mich verbindlich machen wollen ... ihme auch ein gegen Revers zu geben, dass E.K.M. ihme gegen seine Brüder in fall von noth beystehen würden.«

Zumindest unter dem Gesichtspunkt vermeintlicher Notwehr ist es schwer möglich, die Unterschrift Friedrichs unter dem Revers moralisch zu verurteilen.

Der von Fridag ausgehandelte Allianzvertrag war einer der ersten Mosaiksteine einer Entwicklung, die sich jetzt nach und nach anbahnte, die große Koalition der Seemächte mit dem Reich, die endlich Frankreich in seine Schranken zurückweisen sollte. Ein weiterer Schritt auf diesem Wege war ein Treffen in Kleve und Nymwegen im August 1686 zwischen Wilhelm III. von Oranien und dem Kurfürsten. Erstaunlicherweise gelang es diesmal noch nicht einmal Rébenac, etwas über den Inhalt der Gespräche zu erfahren. Die Parole »London und Amsterdam« am Vorabend des Todes des Kurfürsten und der Sturz der Frankreich verbundenen katholischen Stuarts durch die »Glorious Revolution« macht es heute leichter, zu erraten, was selbst ein Rébenac nicht wußte.

Die Reise nach Kleve hatte zu ernsten Spannungen zwischen Vater und Sohn geführt. Hier hatte sich Rébenac wieder voll unterrichtet gezeigt und am 22. Juni 1686 gemeldet:

> Der Kurprinz, der Statthalter von Kleve ist, sah es als Affront an, daß er nicht an der Reise teilnehmen sollte und beklagte sich hierüber offen ... der Kurfürstin ihrerseits wäre es wohl lieber, die Reise käme nicht zustande, als diese beiden Prinzen dabei zu sehen, die in der Lage wären, ihre Hoffnung zunichte zu machen, ihrem Sohn, dem Prinzen Philipp, die Pfründe des Prinzen von Oranien zu erhalten.

Ob Rébenac wirklich so gut unterrichtet war, wie er sich zeigte, darf bezweifelt werden. Das erwartete oranische Erbe konnte schließlich nur von den Söhnen der Oranierin und nicht von denen der Stiefmutter in Anspruch genommen werden. Wahrscheinlicher ist, daß der Kurfürst den Kurprinzen, den er auch sonst von allen Staatsgeschäften fernhielt, nicht einmal in der Nähe streng geheimer Verhandlungen wissen wollte. Dieses Motiv scheint auch das spätere Verhalten des Kurfürsten während der sogenannten »Flucht« des Kurprinzen bestimmt zu haben. Immerhin kennzeichnet Rébenacs Bericht die Einschätzung der Absichten der Kurfürstin in den Berliner Hofkreisen hinreichend.

Die sogenannte »Flucht« des Kurprinzen war zunächst nichts weniger, als eine Flucht, sondern ein Kuraufenthalt in Karlsbad, mit dem er sich und seine junge Frau der immer unerträglicheren Atmosphäre in Berlin zu entziehen suchte. Wie weit sich Kurfürst und Kurfürstin in ihrer Ablehnung des Thronfolgerpaares verstiegen hatten, macht selbst Rébenac, dem nicht viel Sympathien für den Frankreich abgeneigten Kurprinzen nachgesagt werden können, mit seinem Bericht vom 28. Juni 1687 deutlich:

> Einen tatsächlicheren und viel berechtigteren Grund zur Klage hat der Kurprinz im Zusammenhang mit seiner Frau Gemahlin. Diese Prinzessin [Sophie Charlotte], die über alle guten Eigenschaften verfügt, mit denen Schönheit und Geist ausgestattet sein können und, die darüber hinaus unendlich viel Sanftmut und Tugend hat, hat das Mißgeschick, dem Kurfürsten und der Kurfürstin zu mißfallen, für die sie jedoch nur jede mögliche Ergebenheit gezeigt

> hat. Sie wird so unwürdig behandelt, daß auch die unehrenhafteste aller Frauen es unerträglich fände. Dem Anschein nach hat sie und ihren Mann die Tatsache bewogen, daß der Kurfürst auf die freudige Nachricht des Kurprinzen, die Prinzessin sei in anderen Umständen, entgegnete, daß seine Schwiegertochter wohl in anderen Umständen sei, aber Gott wisse, von wem. Seitdem drehen sich seine ganzen Gespräche nur um dieses Thema, und man berichtete mir gestern, daß er anfing, den Namen des angeblichen Vaters zu nennen. Dies ist eine Sache, die die Prinzessin sehr betrübt, die jedoch in keinerlei Weise irgendwelche Konsequenzen haben kann. Ihr Lebenswandel ist so einwandfrei, und die Sache so wenig wahrscheinlich, daß man sich nicht genug über die Äusserungen des Kurfürsten wundern kann.

In diese Zeit einer förmlich explosiven Spannung fiel am 7. April 1687 der plötzliche Tod des jüngeren Bruders des Kurprinzen aus der ersten Ehe des Kurfürsten, des Markgrafen Ludwig. Rébenac bezeichnet die Todesursache als »une fièvre pourprée«, also als »Purpurfieber«; mit hoher Wahrscheinlichkeit hat es sich um Scharlach gehandelt, von dem die Medizin der damaligen Zeit wenig oder gar nichts wußte. Infolgedessen lag für jedermann und erst recht für den Kurprinzen der Verdacht nahe, daß der Vorletzte auf dem Weg zum Thron durch die »Berliner Agrippina« beiseite geschafft worden sei. In einem langen Bericht vom 12. April 1687 weist Rébenac den Giftmordverdacht zurück:

> Bei all diesen Giftbeschuldigungen zum Tode des Markgrafen, Sire, gibt es jedoch keine, die nur die geringste Wahrscheinlichkeit hätte. Ich habe den Krankenbericht und die Anzeichen, die man in seinem Körper gefunden hat, von sehr tüchtigen, französischen Chirurgen prüfen lassen. Sie haben hier keine Ursache festgestellt, die nicht natürlicher Art wäre und gar viele, die nicht auf Gift schliessen lassen.

Der gleiche Bericht enthält allerdings auch eine geradezu schockierende Darstellung der Entfremdung zwischen dem Kurfürsten und dem vorletzten Sohn seiner ersten Frau:

> Dieser junge Prinz hatte viele gute Eigenschaften, sein Unglück war jedoch, seinem Vater zu mißfallen, so daß er nur schlecht behandelt und ständig mit Haß bedacht wurde ... Als Besonderheit ist festzuhalten, daß der Prinz einen Tag vor seinem Tode nach seinem Vater schicken liess, um ihn um seinen Besuch zu bitten und ihm beteuerte, falls er zögere, ihm diese Ehre zu erweisen, würde er niemals mehr die Freude haben, ihm die Hände zu küssen, da er wohl fühle, daß er sterben werde. Der Kurfürst war so sicher, seine Erkrankung sei lediglich Einbildung, daß er, anstatt ihn aufzusuchen, ihm Vorwürfe wegen seiner Schwäche und albernen Furcht zu sterben machen liess ... Schliesslich, Sire, ist er drei Zimmer entfernt von seinem Vater gestorben, ohne daß er ihn ein einziges Mal noch gesehen hätte, bevor er seinen letzten Atemzug tat. Man kann hier dem Kurfürsten nicht vorwerfen, kein Gefühl gezeigt zu haben. Der tiefe Schmerz, den er hierüber verspürt hat, und sein Kummer sind hierfür der unwiderlegbare Beweis.

Vom Vorwurf der Giftmischerei ist die Stiefmutter Friedrichs sicherlich freizusprechen. Die gegen die Söhne aus der ersten Ehe aufgereizte, gehässige Stimmung ist dagegen zumindest von ihr mit zu verantworten. Daß Friedrich auf den Tod des Bruders geradezu mit Panik reagierte, ist unter diesen Umständen nicht weiter verwunderlich.

Er beschloß zunächst, von Karlsbad nicht nach Berlin zurückzukehren, sondern reiste über Leipzig nach Hannover zu seinen Schwiegereltern. Von Leipzig aus teilte er seinem Vater mit, daß er beabsichtigte, als Statthalter von Kleve nach dahin weiterzureisen. In der Tat war, wie der allwissende Rébenac ein Jahr zuvor zu melden wußte, dem Kurprinzen eine Reise nach Hannover und Holland als Ersatz für seine Zurückweisung bei der Reise des Kurfürstenpaares im August des vorigen Jahres in Aussicht gestellt worden. Davon war jetzt keine Rede mehr. War der Welfenhof für sich allein dem Kurfürsten schon suspekt genug, so wollte er den Kurprinzen, wie Ranke schreibt, »am wenigsten ... in Cleve sehen, in der Nähe der Niederlande, wo sich ... die Fäden der europäischen Politik auf eine der allgemeinen Direktion, die er genommen, nicht entsprechende Weise verschlingen konnten«. Schlicht ausgedrückt: Der Kurfürst befürchtete, daß der bewußt in politischer Unkenntnis gelassene Kurprinz in irgendeiner Weise in das Netz der vor einem Jahr mit Wilhelm von Oranien angeknüpften Beziehungen stolpern könnte.

Von einer Ausnahme abgesehen, sah die Außenwelt das Schauspiel aber keineswegs unter politischen Aspekten, sondern teilte durchaus Friedrichs Verdacht. Liselotte von der Pfalz, die Herzogin von Orléans, schrieb am 19. Juli 1687 an die Herzogin Sophie: »Es ist auch woll ein groß glück, daß I.L. der Churprintz so glücklich von dem poudre de succession* eschapirt sein«, und die Herzogin Sophie hatte am 6. Juli eine Freundin wissen lassen:

> Der gutte Courprins bekombt aber ein hauffen böße brif von Dero Herr vatter, welger I.L. verfluchen wollen, wan sie nicht widerum nach Berlin gehen, welches I.L. gern thun wolten, wan die poudre de succession* nicht ... schwang ging undt I.L. schon selber in gefhar tharvon weren gewessen, aber doch durch ein hauffen contrepoison** sein errett worden undt sich nun gottlob recht wohl befinden. Der arme Markgraf [Prinz Ludwig] hatt aber so elendig sterben müssen undt ist nun zu Berlin verbotten, man solte nicht mer tharvon sprechen, so daß es kein wunder ist, daß I.L. der Courprins gern in ein ort sein, da sie sicher vor gift können sein, dan solges ihm von seine besten fründen ist geratten worden.

Den politischen Aspekt aber fürchtete ein anderer offenbar noch mehr als der Kurfürst. Während dieser in heftigstem Zorn den Sohn mit seinem väterlichen Fluch bedrohte, falls er das ihm völlig unverständliche Verbot der Reise nach Kleve übertrete, formulierte der königliche Tartuffe in Versailles ein wahres Meisterwerk der Maskierung egoistischen Interesses mit den hehrsten Grundsätzen. Ludwig XIV. ließ Rébenac wissen:

* Erbschaftspulver, d.h. Gift
** Gegengift

> Ihr urteilt richtig, daß das Entweichen des Kurprinzen meinen Interessen sehr entgegensteht. Ihr müsst daher alles in Eurer Macht stehende tun, um ihn davon abzubringen und ihm zu erkennen zu geben, daß es weder seiner Pflicht, noch seinem wahren Interesse entspricht, seinen Vater, den Kurfürsten, in einem so fortgeschrittenen Alter zu verlassen und ihm so Verdruss zu bereiten, der ihn Entscheidungen entgegen seinem väterlichen Wohlwollen und seiner Zuneigung treffen lassen kann.

Rébenac wurde also angewiesen, massiv zu drohen, falls die moralischen Vorhaltungen ihren Zweck verfehlen sollten.

Vorerst hatte Rébenac aber dazu keine Gelegenheit. Friedrich und Sophie Charlotte nahmen zunächst einmal bei Friedrichs Schwager aus seiner ersten Ehe, dem Landgrafen Carl von Hessen, in Kassel Quartier, während die Wogen in Berlin noch hoch gingen. Wie meistens in solchen Fällen, erinnerte sich der Kurfürst offenbar nicht mehr daran, daß er sich 1637 seinem Vater gegenüber in genau der gleichen Situation befunden hatte und erst durch die Androhung der Entziehung des Unterhalts zur Heimreise aus den Niederlanden bestimmt werden konnte. Ein Abgesandter Friedrichs, der dem Vater die Motive des Sohnes erläutern sollte, wurde noch nicht einmal vorgelassen; Zornesausbrüche des Kurfürsten wechselten mit Tränenausbrüchen ab. Ein gewisser psychischer Abbau des seit langem schwerkranken Kurfürsten ist hier ebensowenig zu verkennen, wie bei seinen haltlosen Verdächtigungen Sophie Charlottes. Der Kurprinz verlangte persönliche Sicherheitsgarantien, der Kurfürst verstand nur, daß ihm Bedingungen gestellt werden sollten, »was er nimmermehr dulden könne«.

In dieser verfahrenen und für das Staatswesen nicht ungefährlichen Situation taten die Geheimräte des Kurfürsten ihr Bestes. Sie wandten sich an Eberhard Danckelmann, den früheren Mentor und jetzigen Vertrauten des Kurprinzen, der nicht nur in Berlin geblieben war, sondern von einer Reise abgeraten hatte; er war deshalb in den Augen des Kurfürsten nicht kompromittiert. Danckelmann reiste zum Kurprinzen nach Kassel und erreichte, daß das Thronfolgerpaar anfangs November

1687 nach einer Abwesenheit von sechs Monaten wieder nach Berlin zurückkehrte. Nach einer langen Aussprache versuchten Vater und Sohn das Vergangene zu vergessen; Friedrich durfte jetzt endlich auch an den Sitzungen des Geheimen Rates teilnehmen. Beide spürten im Grunde trotz allen gegenseitigen Mißtrauens, daß jede weitere Auseinandersetzung vor der Schwelle zur Ewigkeit sinnlos geworden war. Schon fünf Monate später, am Sonntag, den 29. April nach der alten und am 9. Mai 1688 nach der neuen Zeitrechnung schied Friedrich Wilhelm, der Große Kurfürst, zwischen neun und zehn Uhr aus der Zeitlichkeit.

Von dieser Stunde an aber war der zeit seines Lebens Gefährdete, Mißachtete und Gedemütigte unwiderruflich verwandelt in

FRIEDERICH VON GOTTES GNADEN
MARGGRAF ZU BRANDENBURG, DES HEIL. RÖMISCHEN
REICHS ERTZ-KÄMMERER UND CHURFÜRST

Souverainer Printz von Oranien, Neufchatel und Valangin, in Geldern, zu Magdeburg, Cleve, Jülich, Berg, Pommern, der Cassuben und Wenden, zu Mecklenburg, auch in Schlesien zu Croßen Hertzog, Burggraf zu Nürnberg, Fürst zu Halberstadt, Minden, Cammin, Wenden, Schwerin, Ratzeburg, Ost-Frießland und Moers, Graf zu Hohenzollern, Ruppin, der Marck Ravensberg, Hohenstein, Tecklenburg, Lingen, Schwerin, Bühren und Lehrdam, Herr zu Ravenstein, der Lande Rostock, Stargard, Lauenburg, Bütow, Arlay und Breda
etc., etc., etc.

Seine eigene Frau nannte ihn mit gebildeter Herablassung »meinen buckligen Äsop«, seine Berliner aber, weit weniger gebildet, doch nicht ohne Sympathie, den »schiefen Fritz«.

Äsop, dem ein Buckel angedichtet wurde, galt als Verkörperung des gesunden Menschenverstandes. Ob Sophie Charlotte nur die Mißbildung oder auch den Verstand ihres Mannes meinte, bleibt eine offene Frage. Immerhin bezeugt ihre Mutter, die intelligente und kritische Herzogin Sophie dem Schwiegersohn einen »gutten Verstandt«. Des Urteils der Herzogin bedarf es allerdings nicht, um aus der Fülle schriftlicher Zeugnisse und der von ihm getroffenen Entscheidungen auf eine sicher nicht brillante Intellektualität, aber eben doch auf gesunden Menschenverstand zu schließen. Das Urteil

> Seine Seele glich den Spiegeln, die jeden Gegenstand zurückwerfen. Er war äusserst bestimmbar. Daher konnten diejenigen, die einen gewissen Einfluß auf ihn genommen hatten, seinen Geist nach Gefallen erregen oder beschwichtigen ... Er verwechselte Eitelkeit mit echter Größe ... Er begehrte [die Königskrone] nur deshalb so heiß, weil er seinen Hang für das Zeremonienwesen befriedigen und seinen verschwenderischen Prunk durch Scheingründe rechtfertigen wollte.

erweist sich daher nur als weiteres Beispiel der Überheblichkeit, die brillante Intellektualität so oft dem gesunden Menschenverstande gegenüber an den Tag legt. Sophie Charlotte hatte sie ihrem Enkel, dem großen Friedrich, vererbt, aus dessen »Denkwürdigkeiten zur Geschichte des Hauses Brandenburg« die zitierten Sätze stammen. »Das ist, mit Respekt, ein oberflächliches Urteil.« (Haffner)

Die Oberflächlichkeit des bis heute in den Köpfen nachwirkenden Urteils zeigt sich doppelt: Es wischt alle dazu nicht passenden Tatsachen unter den Tisch und verkennt das Motiv der sogenannten »Eitelkeit« in äußerer und innerer Beziehung. Auf die für die Entwicklung der Dinge entscheidenden Tatsachen wird in der Folge der Ereignisse einzugehen sein; das Grundmotiv der »Eitelkeit« Friedrichs – auf dessen kritiklose Hervorhebung bisher nur wenige Darstellungen verzichtet haben – erfordert vorab Differenzierung.

Zunächst darf nicht übersehen werden, daß zwischen der Niederschrift der »Denkwürdigkeiten« (1748) und der Thronbesteigung Friedrichs sechzig Jahre lagen, in denen sich die Bedeutung höfischen Zeremoniells in der allgemeinen Anschauung ständig abgeschwächt hatte. Der französische Königskult durch Zeremoniell, Inszenierungen aller Art und Verherrlichung des Monarchen durch Künstler und Schriftsteller war seit dem Beginn der Alleinregierung Ludwigs XIV. (1661) systematisch ausgebaut und verfeinert worden. Zur Zeit des Regierungsantritts Friedrichs hatte er seinen Höhepunkt erreicht. Ezechiel von Spanheim, der brandenburgische Gesandte am Versailler Hof, beschrieb ihn 1690 in seiner *Relation de la cour de France* ebenso, wie der Herzog von Saint-Simon in seinen Memoiren, in denen er die Rituale »die äussere Hülle des Lebens des Monarchen« nannte. Erst mit dem Niedergang des Sonnenkönigs verlor das System mehr und mehr an Bedeutung. Es hatte längst seinen Höhepunkt überschritten, als der deutsche Gelehrte Johann Christian Lünig 1719/20 die Notwendigkeit seines Handbuchs der Zeremonialwissenschaft (*Theatrum Ceremoniale*) noch damit begründete, daß »die meisten Menschen, vornehmlich aber der Pöbel ... von solcher Beschaffenheit (sind), dass bei ihnen die sinnliche Empfindung und Einbildung mehr als Witz und Verstand vermögen«.

Prachtentfaltung hatte zur Zeit Friedrichs politische Funktion. Sie verlieh dem Herrscher »éclat«, die Fähigkeit, einen Eindruck hervorzurufen, »wie Blitz und Donner« (Burke). Selbst Montesquieu äußerte noch die Auffassung, daß Prunk und Glanz, der Könige umgebe, Teil ihrer Macht sei. Diese Auffassung wurde in der zweiten Hälfte des siebzehnten Jahrhunderts von jedermann – erst recht von den großen und kleinen fürstlichen Standesgenossen – ebenso selbstverständlich geteilt, wie kein Heutiger die Notwendigkeit und Wirksamkeit des Werbefernsehens zu bestreiten wagen würde. Auch Friedrichs Vater, der Große Kurfürst, hat beeindruckende Prachtentfaltung für eine Notwendigkeit gehalten und ist deshalb von keinem Historiker getadelt worden. Friedrich gegenüber wiederholt sich dieser Tadel durch die Jahrhunderte.

Burke, ein moderner Forscher auf dem Gebiet dieser historischen Phänomene, urteilt: »Die Zyniker, die sich weigern, Mythos, Zeremoniell und Anbetung als Reaktionen auf psychische Bedürfnisse in Betracht zu ziehen, sind in Wirklichkeit borniert.« So kann das Urteil des Enkels über den Großvater nach einem zeitlichen Abstand von sechzig Jahren allerdings auch bezeichnet werden.

Wurde eine umfassende zeremonielle Prachtentfaltung der Herrscher aber allgemein als Notwendigkeit angesehen, so bleibt nur der merkwürdige Vorwurf, Friedrich habe das Notwendige als Bedürfnis und bei seiner Ausübung Freude empfunden – obwohl diese subjektive Seite bei keinem anderen Fürsten seiner Zeit jemals kritisch betrachtet worden ist. Zugang zur inneren Seite läßt sich über die Bemerkung Friedrichs gewinnen, seine Dignität sei ihm lieber als sein Leben. Bis zu seiner Thronbesteigung war seine Menschenwürde immer und immer wieder mit Füßen getreten worden; es verwundert daher nicht, daß er eine besonders ausgeprägte Sensibilität gegenüber wirklichen oder auch vermeintlichen Würdeverletzungen entwickelt hatte. Auf die gleichen Ursachen ist sicherlich das unverkennbare Kompensationsbedürfnis zurückzuführen, wie es sich schon in der Stiftung des Ordens de la generosité durch das Kind Friedrich gezeigt hatte. Ein gesunder Menschenverstand in den Grenzen seiner seelischen Verletzungen – so läßt sich Friedrich charakterisieren, ohne die Psychologie mehr als nötig zu bemühen. Dieser Charakter erweist sich in der Geschichte seiner Regierung immer wieder als bestimmend. Seine traumatische Seite sollte Friedrich auf die Höhe der königlichen Würde und in die Tiefen menschlichen Versagens führen.

Eine Woche nach dem Tode des Großen Kurfürsten tagte der Geheime Rat zum ersten Male unter dem Vorsitz des neuen Landesherrn. Gegenstand der Tagesordnung war die Eröffnung und Verlesung des väterlichen Testaments. Vermutlich wurde sein Inhalt von Friedrich wenigstens soweit mit Erleichterung aufgenommen, als er nicht entscheidend von dem abwich, was ihm mündlich mitgeteilt worden war und worauf er sich in Beratungen mit Danckelmann vorbereitet hatte. Auch der bekannte Inhalt – die Errichtung von fünf, nach dem Tode des Markgrafen Ludwig vier Sekundogenituren – war aber unannehmbar, weil er einen vollständigen Bruch mit der staatsrechtlichen Entwicklung bedeutete, die sich in Jahrhunderten vollzogen hatte. Von der Behandlung von Land und Leuten als fürstlichem Privateigentum hatte das Hausgesetz des Kurfürsten Albrecht Achilles von 1473, insbesondere aber der Geraische Hausvertrag von 1598 – obwohl nicht immer beachtet –, zum Bewußtsein eines einheitlichen und unteilbaren Staatswesens geführt. Das Testament Friedrich Wilhelms versuchte, kraft der vom Testator behaupteten souveränen Machtvollkommenheit, mit einem einzigen Satz diese Jahrhunderte alte Entwicklung außer Kraft zu setzen und zu Verfügungen des privaten Erbrechts zurückzukehren. Charakteristisch ist dafür nicht nur der Satz, daß auf die Hausgesetze »vorjetzo nicht reflectirt werden« könne, sondern ebenso die unterschiedslose Zusammenfassung von »Land, Leuten ... Städten, Festungen, Schlössern, Dörfern« mit »Pferden, Schildereien, Tapeten, Silberwerk [und] Pretiosen«, wie der Hinweis an die Erben, »von weme Sie so viel stattliche Lande und Leuthe geerbet«. Der Mann, in dem die Geschichtsschreibung den Schöpfer des brandenburgisch-preußischen Staates erblickt, hatte in der Tat am Ende wie ein Hausvater testiert, der seine Vermögensgegenstände gerecht und daher gleichmäßig unter seinen Lieben aufzuteilen sucht. Die Leibniz zugeschriebene Bemerkung, das genüge, um dem Kurfürsten den Beinamen »der Große« wieder abzuerkennen, war nicht ganz grundlos.

Das Testament schließt mit der Warnung, allen darin enthaltenen Anordnungen zu entsprechen, um »der schweren Straffe und Züchtigung« zu entgehen, »die Ihnen als Übertretern und Verbrechern des ... Gottseligen Willens ... wiederfahren würde«.

Der gesunde Menschenverstand Friedrichs ließ sich von dieser halben Verfluchung nicht beeindrucken. Er sah den Vater in seinen letzten Jahren vor sich: Gealtert, von schwerer Krankheit gezeichnet und ständig unter dem Einfluß einer Frau, der ihre Kinder alles bedeuteten, der Staat nichts. Diesem Vater gegenüber beruft er sich auf das staatsmännische Urteil, das der Große Kurfürst auf der Höhe seines Lebens mutmaßlich gefällt haben würde:

> Weil (die) Fundamentalgesetze Unsers Hauses, wie Unsere Ehre und Gewissen, sammt dem wahren Interesse Unsers Hauses und der von Gott uns anvertrauten Lande und Leute uns dazu anweisen, fest zu inhäriren [an ihnen festzuhalten]; keineswegs aber denjenigen grund- und Eckstein, worauf mehrbemeltes [mehrfach erwähntes] Unser churfürstl. Haus vornehmlich gegründet ist, und wodurch dasselbe zu seiner gegenwärtigen elevation [Erhöhung], Macht und Ansehen gediehen, während dieser unsrer Regierung zu verrücken oder umzureißen, nicht zweifelnd, hocherwähnte, unsers Herrn Vaters Gn[aden], welcher die gloire und das agrandissement nicht allein für sich selbst allemal so sehr gesuchet, sondern uns auch in solchem tramite [Wege] eifrig zu continuiren, in eben diesem ihrem letzteren Willen und sonst so oft und beweglich anbefohlen, wie Sie bei denen übrigen während ihrer schweren, verworrenen Regierung allemal gehabten vielfältigen hohen Amtsgeschäften von der eigentlichen Bewandtniß dieser Sache sich recht hätten informieren können, ein weit anders disponiret und veranlasset haben würden.

In der Tat wäre die Ausführung des Testaments auf eine Zersplitterung und damit auf eine Störung, ja Zerstörung des sich bildenden Staatswesens hinausgelaufen. Daß sie Friedrich verhindert hat, ist sein und sicherlich Danckelmanns unbestreitbares Verdienst.

Friedrich hatte ursprünglich die Absicht, das väterliche Testament aus ebenderselben Machtvollkommenheit aufzuheben, mit der der Vater die Hausgesetze beiseite schieben wollte. Die einflußreichsten Räte seines Vaters, Fuchs und Meinders, sowie den Oberhofmarschall von Grumbkow, wollte er darüber hinaus bei seinem Regierungsantritt entlassen, weil er sowohl das Testament, als auch die Streitigkeiten mit seinem Vater auf ihre Mitwirkung zurückführte. Danckelmann riet ihm zu einem subtileren und rechtlich unangreifbaren Vorgehen. Sein Rat war, »das Unrecht, so ihm als Kurprinz widerfahren, zu vergessen« und nur den Weg des Rechts und des Staatsinteresses zu beschreiten.

Die Testamentseröffnung schloß daher mit der Aufforderung des neuen Kurfürsten an die Geheimräte Fuchs, Meinders und Rhetz sowie an Danckelmann, sich als Rechtsgutachter einzeln und schriftlich zu der Frage zu äußern, ob das Testament mit den Hausgesetzen vereinbar und für den Nachfolger verbindlich sei. Alle vier Gutachten kamen zu dem Ergebnis, daß das Testament nichtig und seine Vollziehung im Hinblick auf das Staatsinteresse unvertretbar sei.

Die dementsprechend mit den vier Stiefbrüdern und ihren Beratern aufgenommenen Verhandlungen zogen sich bis 1692 hin, während die Kurfürstinwitwe, die das Testament am zähesten verteidigte, schon 1689 starb. Der Erbvergleich mit Markgraf Philipp vom 3. März 1692 spricht aus, daß der buchstäbliche Inhalt des Testaments »wieder die Grund-Gesetze dieses Churfürstl: Hauses inspecie wieder das Testamentum Alberti Achilli und den sogenannten Gerawischen Vertrag läuffet, das ernstliche Verboht aller Zertheilungen von Land und Leuthen, so darin mit so vielen und theuern Worten begriffen ist, und worauf die Macht, das Ansehen und Splendor (Glanz) des Chur- und Fürstlichen Hauses Brandenburg eintzig und allein gegründet, welches auch nun mehr über die 200 Jahr in dem Hause Brandenburg pro lege fundamentali heilig und unabbrüchig observiret ... worden«.

Markgraf Philipp bezog sich seinerseits auf die »Väterliche Vermahnung« vom 19. Mai 1667, »einem mit eigener hoher Hand von ... Unsers Herrn Vatern Gd. [Gnaden] beschriebenes und pro Instructione aeterna ... hinterlassenem Monumentum« mit dem »gezeiget worden, wie höchst schädlich seine Gd. [Gnaden] Zertheilung und tranferirung von Land und Leuten geachtet«. Ob nun der Große Kurfürst von 1667 denselben Kurfürsten von 1686 in den Augen seiner Nachkommen ad absurdum geführt oder die Garantie der Apanagen in der Höhe, die den Einkünften aus den Sekundogenituren entsprach, mehr Überzeugungskraft hatte, bleibt offen. Beides zusammen ge-

Eberhard von Danckelmann, Kupferstich von Peter Schenck.

nügte jedenfalls, um die Stiefbrüder zum Nachgeben zu bewegen. Brandenburg-Preußen blieb ungeteilt; Friedrich hatte den »Schritt vom Wege« zum Einheitsstaat wieder gutgemacht.

Auf die Testamentseröffnung folgte unmittelbar als eine der ersten Regierungshandlungen Friedrichs die Berufung seines Mentors Danckelmann an die Spitze seiner Regierung. Mit Bestallungsurkunden vom 20. Mai 1688 wurde Danckelmann zum Wirklichen Geheimen Estats- (Staats-) und Kriegsrat sowie zum Lehensrat ernannt. Die letzte Ernennung machte Danckelmann zum Mitglied der Lehenskanzlei, einer Behörde, die für die Erneuerung von Zunftbriefen und damit für die staatliche Gewerbepolitik zuständig war. Ob mit der Ernennung zum Lehensrat vorwiegend eine sachliche Aufgabe oder nur eine finanzielle Zuwendung beabsichtigt war, läßt sich nicht mehr beantworten. Wahrscheinlich gehörte sie zu den vielen Glücksgütern, die der dankbare Friedrich wie aus einem Füllhorn über den einzigen ausschüttete, der seit 25 Jahren über ihn gewacht hatte und ihm in den dunkelsten Stunden treu geblieben war. Die Ernennung zum Wirklichen Geheimen Staatsrat hatte dagegen ganz anderen Charakter. Verbunden mit dem Recht der »Distribution der Sachen« – der Festsetzung der Geschäftsverteilung – bedeutete sie den Vorsitz im Geheimen Rat und damit die Funktion des Oberpräsidenten, wie sie einst Otto von Schwerin innegehabt hatte. Den Titel eines Oberpräsidenten lehnte Danckelmann ebenso ab, wie die Erhebung in den Adelsstand. Er wußte, warum.

Sein Vorgänger, Otto von Schwerin, hatte ihn auf dem Sterbebett gesegnet und ihn als einen der zwei denkbaren Nachfolger bezeichnet. Das bewahrte ihn allerdings nicht vor dem stillen Zorn der Geheimräte, die er soeben vor der Entlassung geschützt hatte und die ihm nun grollten, weil sie sich in den Hintergrund gedrängt sahen. Daß Danckelmanns sechs Brüder im brandenburgischen Staatsdienst standen, machte ihn noch verdächtiger, obwohl alle sechs noch vom verstorbenen Kurfürsten dahin berufen worden waren. Am allerwenigsten aber verzieh der Schwarm adliger Höflinge, die von der Gnade des Herrn lebten, einem sittenstrengen und unbestechlichen bürgerlichen »Hauslehrer« seine Schlüsselstellung – eine Schlüsselstellung im buchstäblichsten Sinne des Wortes. Da half es wenig, daß es in der Ernennungsurkunde hieß:

> Ob auch gleich unser Wirklicher Geheimer Estats- und Kriegs-Raht nicht belieben haben möchte, den Adelsbrief anzunehmen, so wollen wir doch aus sonderbaren [besonderen] Gnaden, daß solches seinem Rang nicht präjudiciren, sondern Er selbigen gleich einem adelichen Wirklichen Geheimen Rath haben, ihm auch das Prädicat Vetter aus unseren Kanzleien gegeben und Er sonsten in Allem wie ein Adelicher tractiret werden solle.

Die Geheimräte fühlten sich weit mehr durch einen anderen Abschnitt derselben Urkunde provoziert, der lautete:

> Absonderlich aber haben wir ihm gnädigst aufgetragen, Alles, was von uns zu unterzeichnen ist, zu Verhütung aller Irrungen, so dabei vorgehen könnten, und fürnehmlich, daß Uns nichts so eines dem anderen zuwider oder Unserer Intention und Willen nicht gemäß ist, zur Unterschrift präsentiert werde, zu kontrasignieren.

Die Gegenzeichnung des dem Fürsten verantwortlichen Ministers als Voraussetzung der Wirksamkeit eines Regierungsaktes schien den Minister noch mächtiger zu machen und des Fürsten Macht zu schmälern – dergleichen wurde in Brandenburg weder begriffen noch gebilligt.

Das überlieferte Charakterbild des neuen ersten Mannes im Staate gleicht merkwürdig dem üblichen Klischee des Prototyps eines Preußen: verschlossen, ernst, selbstbewußt, schroff, überaus tüchtig, pflichtbewußt, unbestechlich und sittenstreng. Diesem »Urpreußen« an der Wiege Preußens scheinen die Feen im übrigen eine zumindest nützliche Eigenschaft nicht mit auf den Lebensweg gegeben zu haben: Fähigkeit und Bereitschaft zum Kompromiß. Die Weigerung, den Titel eines Oberpräsidenten und die Nobilitierung anzunehmen, zeigt mehr als deutlich, daß der scharfe Verstand Danckelmanns von Anfang an erkannt hatte, wie gefährdet seine Stellung war. Dieses Bewußtsein läßt er auch in den folgenden Jahren immer wieder erkennen. Trotzdem hat er erst kleine Kompromisse gesucht, als es zu spät war; mit Kompromissen zu leben, war ihm offenbar unmöglich. Dessenungeachtet konnte er Wirkung erzielen und erzielte sie, solange er Friedrichs unbedingtes Vertrauen besaß – aber eben nur so lange.

Die Berufung Danckelmanns war nicht allein Friedrichs Entschluß. Bereits in den letzten fünf Monaten der Zusammenarbeit im Geheimen Rat, die dem Tode des Vaters vorausgegangen waren, wurden Friedrich und Danckelmann – und nur sie – vom Großen Kurfürsten in das Staatsgeheimnis eingeweiht, das der Parole »London und Amsterdam« zugrunde lag.

Nach der Wiederherstellung des englischen Königtums im Jahre 1660 war Karl II. seinem hingerichteten Vater Karl I. auf den Thron gefolgt. Er hatte die Tendenz seines Vaters zur Annäherung an den Katholizismus fortgesetzt, war aber selbst erst auf dem Sterbebett nach einem schweren Schlaganfall auf Betreiben seines Bruders Jakob »konvertiert worden«. Karls Schwester Henriette wurde 1661 mit Philipp von Orléans vermählt und damit Schwägerin Ludwigs XIV.; sie vermittelte den Geheimvertrag von Dover (1. Juni 1670), mit dem sich Karl verpflichtete, zusammen mit Ludwig XIV. Holland anzugreifen und alles zu tun, um die Vereinigten Provinzen als europäischen Machtfaktor zu vernichten. In einer weiteren Klausel dieses Vertrages hatte sich Karl verpflichtet »unablässig und ehrlich mit allen verfügbaren Mitteln zu versuchen, seine Untertanen zum katholischen Glauben zurückzuführen ... Auf jeden Fall standen nicht nur französische Gelder, sondern auch Truppen bereit, die englische Monarchie gegen die Widerspenstigkeit des Parlaments oder im Falle einer Revolte der Nation abzusichern« (Churchill). Die Religions-Klausel wurde selbstverständlich sorgfältig vor den englischen Ministern verborgen gehalten; der Bruder und Nachfolger Jakob kannte und begrüßte sie »mit unbeschreiblicher Freude«. Ebenso selbstverständlich sickerten aber trotzdem Gerüchte in die englische Öffentlichkeit, die zunehmend erregter wurde. Der 1672 öffentlich zum Katholizismus übergetretene Bruder des Königs mußte 1679 auf Verlangen des Parlaments ausgewiesen werden, durfte aber 1682 zurückkehren und wurde am 6. Februar 1685 als Jakob II. mit dem Tode seines Bruders König von England. Als er nunmehr offen die Wiederherstellung des Katholizismus betrieb, riefen führende Parlamentarier seinen Schwiegersohn, den Protestanten Wilhelm von Oranien, zu Hilfe, der 1674 nach dem französischen Überfall auf die Niederlande von 1672 Erbstatthalter derselben geworden war. Die Bereitschaft Wilhelms, seinen katholischen Schwiegervater vom Throne Englands zu stürzen, war das Geheimnis der Parole »London und Amsterdam«.

Friedrich, dem Neffen Wilhelms von Oranien, und Danckelmann, dem Sohn eines oranischen Landrichters, war die Unterstützung Wilhelms zugleich politische Notwendigkeit und Herzenssache. Die politische Notwendigkeit gebot die gemeinsame Abwehr der ständigen Übergriffe Ludwigs XIV.; sie setzte das protestantische England voraus. Gelang Jakob II. die Rekatholisierung Englands, so waren die politisch-militärischen Opfer Ludwigs und der Protestantismus als solcher gleichermaßen in höchster Gefahr. Friedrich hatte deshalb sofort nach dem Tode seines Vaters Wilhelm von Oranien gebeten, einen Vertrauensmann in der Person desjenigen zu entsenden, der ohnehin nach Berlin kommen würde, um die Kondolationen und gleichzeitig die Glückwünsche zur Thronbesteigung auszusprechen. Wilhelm entsandte seinen persönlichen Freund, Baron Bentinck, der Friedrich und Danckelmann über die englischen Staatsstreichpläne unterrichtete und um Truppenhilfe bat. Im Juli verhandelte Bentinck unter strengster Geheimhaltung in Celle mit dem Geheimrat von Fuchs; am 5. August wurde vereinbart, 4 800 Mann zu Fuß und 1 200 Reiter den Holländern zur Verfügung zu stellen, um die Truppen zum Teil zu ersetzen, mit denen Wilhelm von Oranien in England eingreifen wollte.

Ehe es aber dazu kam, begann Ludwig XIV. erneut, den Frieden zu gefährden. Er suchte sich zunächst Kölns mit derselben Taktik zu bemächtigen, die ihm Straßburg in die Hände gespielt hatte. Franz Egon von Fürstenberg hatte ihm 1681 als Bischof von Straßburg die Tore der Reichsstadt geöffnet. Dessen Bruder und Nachfolger als Bischof von Straßburg, Wilhelm Egon von Fürstenberg, war nun Kandidat für den kurkölnischen Erzstuhl und sollte ihm Köln verschaffen. Fürstenberg erreichte bei der Wahl zwar die einfache, aber nicht die Zweidrittelmehrheit, die nach dem Reichsrecht erforderlich war, weil Fürstenberg ein anderes Bistum innehatte. Der Gegenkandidat, Clemens von Bayern, berief sich auf das Reichsrecht und die päpstliche Bestätigung, Fürstenberg auf seine einfache Mehrheit. Ludwig XIV. betrachtete Fürstenberg als gewählt, ließ die Festungen des Kölner Erzstifts Bonn, Rheinberg und Kaiserswerth besetzen und durch seinen Residenten in Köln die französische Besetzung für den Fall ankündigen, daß »fremde« Truppen in Köln aufgenommen würden.

Am 12. September rückte der Marschall Schomberg – ein Hugenotte – mit brandenburgischen Truppen auf Friedrichs Befehl in Köln ein. In Versailles ließ Friedrich erklären, die kölnische Frage sei eine innere Angelegenheit des Reichs, die den König von Frankreich nicht berühre, der ja im übrigen stets versichere, in Reichsangelegenheiten nur den gütlichen Ausgleich zu suchen. Fürstenberg flüchtete in die Festung Bonn. Rheinberg kapitulierte am 16. Mai, Kaiserswerth am 26. Juni, Bonn wurde eingeschlossen und erst am 12. Oktober 1689 gestürmt. Friedrich hatte Köln das Schicksal Straßburgs erspart. Bei den Belagerungen von Kaiserswerth und Bonn zeigte er übrigens in vorderster Linie, daß er durchaus über physischen Mut verfügte.

Eine Woche nach der Besetzung Kölns durch die Brandenburger, am 20. September 1688, traf eine Nachricht in Versailles ein, die Ludwig XIV. zutiefst beunruhigen mußte: Belgrad war gefallen, ein Friedensschluß Wiens mit den Türken schien bevorzustehen und damit die Wahrscheinlichkeit des Einsatzes der auf dem Balkan nicht mehr gebundenen kaiserlichen Heere an der Westgrenze des Heiligen Römischen Reiches deutscher Nation. Am 24. September unterzeichnete Ludwig das Kriegsmanifest und ließ am 3. Oktober auf dem Regensburger Reichstag die Versicherung abgeben, er werde den bevorstehenden Waffenstillstand mit dem Reich als Frieden gelten lassen, wenn er nicht daran gehindert werde, die Ansprüche seiner Schwägerin Liselotte – Gemahlin Philipps von Orléans in zweiter Ehe – auf die Pfalz durchzusetzen. Gleichzeitig überrannten Frankreichs Heere die Pfalz und verwüsteten sie, wie es »seit den Tagen Attilas nicht geschehen« war (Pufendorf).

Gleichzeitig ließ Ludwig XIV. durch seinen Botschafter in Berlin, Gravelles, und gegenüber Spanheim in Versailles immer neue, verlockende Angebote um den Preis der Neutralität Brandenburgs unterbreiten. Friedrich ließ nicht nur Gravelles mitteilen, »dass er sich des Hofes zu enthalten habe« und Spanheim befehlen, Versailles zu verlassen, sondern brachte ein Verteidigungsbündnis der in Magdeburg versammelten Kurfürsten von Sachsen und Brandenburg mit dem Herzog von Hannover und dem Landgrafen von Hessen zustande.

Ranke urteilt:

> Kurfürst Friedrich muss doch wohl als der Mann betrachtet werden, der für die allgemeinen Beziehungen der Lage den umfassendsten Blick hatte. Er liess den Prinzen von Oranien ausdrücklich erinnern, wenn es ihm mit seinem Vorhaben gelinge, möge er vor allem darauf denken, England zur Teilnahme an dem Kriege gegen Frankreich zu vermögen. Mit der Expedition des Prinzen, der nun wirklich in See ging und am 5. November in England landete, war auch wieder insofern eine Gefahr verknüpft, als die religiöse Tendenz, die sie hatte, sehr dazu angetan war, den Wiener Hof in seinen katholischen Sympathien zu verletzen und der Sache der Verteidigung gegen Frankreich zu entfremden.

Entsprechend zwiespältig waren denn auch die Wiener Worte und die Wiener Taten. Der brandenburgische Gesandte, Nikolaus Bartholomäus Danckelmann, berichtete am 18. Oktober 1688 über die kaiserliche *Responsio ad manifestum Gallicum*, als deren Verfasser Leibniz vermutet wird. Ludwig XIV. wurde darin befohlen, sofort seine Truppen vom Boden des Reichs zurückzuziehen und für alle angerichteten Schäden Ersatz zu leisten. Der Tatendrang Wiens richtete sich dagegen nach Osten und nicht nach Westen. Der Kaiser hatte Ratgeber, »die sich nicht darum sorgten, ob ganz Deutschland zugrundegeht, wenn nur eine Hütte mehr in Ungarn erobert wird«. »Der Türke ist zum Frieden völlig bereit« wurde aus Wien berichtet »aber man gedenckt hier, Die Conquesten bis Constantinopel zu poussieren.« Zur Verteidigung der Westgrenze des Reichs werde auf »Brandenburg und die anderen dort armierten Puissanzen« gerechnet. Der Kaiser hoffte, »der Kurfürst (von Brandenburg) werde, wie er sich mit der Besetzung Kölns unsterblichen Ruhm erworben, so sich weiter der Defension des geliebten Vaterlandes annehmen«.

Das Wiener Unbehagen gegenüber einem Bündnis mit Wilhelm von Oranien, der die Rekatholisierung Englands mit seinem Staatsstreich verhindert hatte, wurde von einer Seite zerstreut, von der es am wenigsten zu erwarten war. Ludwig XIV. hatte sich mit der ständigen, herausfordernden Überbetonung seiner Rolle als Oberhaupt der Kirche Frankreichs unter Zurückweisung Roms den Heiligen Stuhl zum Gegner gemacht. Der Versuch der Durchsetzung Fürstenbergs als Erzbischof von Köln anstelle des vom Papst bestätigten Clemens von Bayern war nur ein Eingriff in die Rechte der Kurie unter vielen. Innozenz XI. war nicht der Mann, dergleichen hinzunehmen und klug genug, die Verfolgung der Hugenotten ebenso zu mißbilligen, wie die Rekatholisierungsversuche Jakobs II. Er ließ in Wien wissen, daß Jakob II. nicht im Dienste der Römischen Kirche, sondern in dem der Hegemoniebestrebungen Frankreichs stehe. Der päpstliche Zuspruch überwand die Wiener Bedenken gegen die protestantische »Usurpation« Englands; nach langen Verhandlungen kam am 12. April 1689 ein Allianzvertrag zwischen dem Kaiser und Holland zustande, dem England am 9. September 1689 beitrat.

Am 14. Februar 1689 hatte der Kaiser die Erklärung des Reichskrieges vollzogen; am 3. Juni erließ Friedrich das »Edict, betreffend den gegenwärtigen Krieg gegen Frankreich«, mit dem er förmlich die Reichskriegserklärung für Brandenburg vollzog. Die Kriegserklärung Spaniens erfolgte am 3., die Englands am 17. Mai 1689. Die Franzosen hatten daher ausreichend Zeit und Gelegenheit, am 18. Januar Heidelberg, am 3. März Mannheim, am 23. Mai Speyer und am 30. Mai Worms dem Boden gleichzumachen.

Die einzige Front, die gegen die Franzosen gehalten wurde, war die am Niederrhein, wo Friedrich am 22. Juni eingetroffen war. Die kaiserliche Politik hielt diesen Zeitpunkt und den Ort – das Lager vor Bonn – für angemessen, um ihm jetzt den 1686 ausgestellten, geheimen Revers zu präsentieren und die Rückgabe von Schwiebus zu fordern.

Friedrich blieb nichts übrig, als Danckelmann und Fuchs ins Vertrauen zu ziehen. Für den Fürsten war das Eingeständnis demütigend, für Danckelmann vermutlich nahezu unbegreiflich. Bis zu dieser Stunde beruhte sein Wirken, ja seine Existenz auf der unerschütterlichen Überzeugung, daß ihm kein Winkel in der Seele und im Leben seines ehemaligen Zöglings unbekannt geblieben sei. Er irrte, wie sich einst Rébenac mit seinem überheblichen Urteil geirrt hatte, Friedrich werde nie einen eigenen Entschluß fassen. Eine Lehre hat Danckelmann daraus nicht gezogen; der Gedanke, seine Überzeugungen von ihrer Wirkung auf andere abhängig zu machen, wäre ihm wahrscheinlich würdelos erschienen. »Sed Fridericus manebit Asinus – aber Fritz wird ein Esel bleiben« hatte er das Kind einst schreiben lassen und vermutlich dachte er sich bei der Eröffnung des Reverses das gleiche. Jedenfalls suchte er den ihm unbegreiflichen Fehler seines Schülers mit allen, ihm zu Gebote stehenden, diplomatischen Mitteln zu korrigieren, um die Rückgabe von Schwiebus zu verhindern.

Die politische Situation war dafür nicht ungünstig; das Haus Habsburg führte einen Zweifrontenkrieg zwischen Türken und Franzosen, der heute oder morgen dazu zwingen würde, die Hilfe Brandenburgs mit Konzessionen zu erkaufen. Danckelmann riet daher zunächst, den Revers mit der Begründung für nichtig zu erklären, Friedrich sei 1686 überhaupt noch nicht befugt gewesen, Verpflichtungen für Brandenburg einzugehen. Der Kurfürst wies diesen Rat »in harten und ungnädigsten expressiones« zurück. Danckelmann und Fuchs versuchten daher, die Rückgabe von Schwiebus von Gegenforderungen territorialer und anderer Art abhängig zu machen, insbesondere aber die Anerkennung der Ansprüche auf die schlesischen Fürstentümer zu erreichen, die 1686 durch die Abtretung von Schwiebus abgefunden worden waren. Die Verhandlungen zogen sich bis Ende 1694 hin. Die Schwiebuser Protestanten wehrten sich verzweifelt gegen die Rückgabe; in einer Bittschrift an den Kurfürsten vom 15. März 1690 heißt es: »Wir würden die Betrübtesten und Elendsten auf der Welt sein, wenn wir wieder unter kaiserliche Gewalt kommen würden.«

In der Tat brannte bereits in der Nacht nach dem Tage der Übergabe an die Vertreter des Kaisers die erste evangelische Kirche. Danckelmann sagte später aus, die Schwiebuser Sache habe ihm »tausend und tausend chagrins« (Kummer und Ärger) gemacht. Die Rückgabe des Kreises erfolgte schließlich gegen drei kaiserliche Zugeständnisse: die Berufung eines Reformierten in den Reichshofrat, die Anerkennung der Anwartschaft des Hauses Brandenburg auf Ostfriesland und die Anerkennung von Friedrichs Titel »Souveräner Herzog in-

Preußen«. International war die Souveränität Preußens bereits seit dem Frieden von Oliva im Jahre 1660 anerkannt; mit der Anerkennung des daraus von selbst folgenden Titels hatte sich Wien fünfunddreißig Jahre lang Zeit gelassen. Sie ist eines der beiden Motive für das zögernde und zwiespältige Verhalten Friedrichs in der Schwiebuser Sache; das andere ist sein 1686 gegebenes Ehrenwort. Beide Gründe schließen sich nicht aus – wie Pribram offenbar meint –, sondern sind auf den gleichen Urgrund zurückzuführen. »Weil ich einmahl meine parol engagiret« wird Friedrich später zum Anklagepunkt Schwiebus in die Prozeßakten Danckelmanns schreiben. Das unbedingte Festhalten an einer kaum verbindlichen Unterschrift entspringt der gleichen Quelle, wie das Streben nach der über drei Jahrzehnte verschleppten Anerkennung eines Titels, der einen Schritt auf dem Wege zur Königskrone bedeutete: dem elementaren Würdegefühl, das der Schutzmantel des Ungeliebten der Welt gegenüber war.

Am Tage der Übergabe des Kreises, dem 10. Januar 1695, trafen sich die kaiserlichen Bevollmächtigten unter Führung von Graf Kolowrat und die brandenburgischen Vertreter unter Geheimrat von Fuchs im Rathaus von Schwiebus, um das »Retraditionsinstrument« (den Übergabevertrag) zu unterschreiben. Dabei kam es zu heftigen Szenen, weil der Vertrag auf den seinerzeitigen Verzicht hinwies, den der Große Kurfürst auf die schlesischen Fürstentümer gegen die Abtretung von Schwiebus geleistet hatte. Das widersprach ganz und gar der Auffassung Danckelmanns: »Wenn die praetensiones von vorgegebener erheblichkeit seyn, so würde es hiernächst den successoribus in dem Churhause Brandenburg nicht an Gelegenheit ermangeln, dieselben so rechtmässige Praetensionen doch geltend zu machen.« Fuchs bestand daher »mit Unwillen« auf der Streichung dieser Klausel, weil mit der Rückgabe von Schwiebus der Verzicht gegenstandslos und die Ansprüche auf Schlesien wieder offen seien. Graf Kolowrat gab nach und der Vertrag wurde neu gefaßt. Den Nachfolgern (successoribus) ermangelte es in der Tat nicht an Gelegenheit: Fast genau sechsundvierzig Jahre nach seiner Unterzeichnung marschierte Friedrich der Große mit 22 000 Mann in Schlesien ein.

So wahrscheinlich es ist, daß Friedrich die Anerkennung des preußischen Herzogtitels bereits mit dem Blick auf die Königskrone zu erreichen suchte, so wenig konnte er hoffen, durch allgemeines politisches Wohlverhalten gegenüber dem Hause Habsburg an das Ziel seiner Wünsche zu gelangen. Ganz im Gegenteil: Je sicherer die Wiener Politik sich des Kurfürsten glaubte, desto weniger nahm sie irgendeine Rücksicht auf Brandenburg. Das gilt insbesondere für den ersten, noch geheimen, Abschnitt der Verhandlungen über Schwiebus, als die demütigende Veröffentlichung des Reverses, ja selbst die Drohung, Schwiebus einseitig zu besetzen, vom Hause Habsburg als geeignete Druckmittel angesehen wurden.

Im Juli 1689 wurde Friedrich, ohne daß er zuvor aus Wien irgend etwas darüber erfahren hätte, im Lager vor Bonn durch Kurmainz davon verständigt, daß er im August zur Wahl des zwölfjährigen Kaisersohnes Joseph zum deutschen König in Augsburg zu erscheinen habe. Auf die Einhaltung aller reichsrechtlichen Voraussetzungen für die Einberufung einer Versammlung der Kurfürsten glaubte Wien verzichten zu können; weder lag die Zustimmung aller Kurfürsten vor, noch war die Frist der Einladung angemessen, noch war der Gegenstand der Versammlung formgerecht bekanntgemacht worden. Von einer »Wahlkapitulation«, der üblichen Festlegung der Bedingungen, unter denen der Wahl zugestimmt wurde, war überhaupt nicht die Rede. Die Begründung aller dieser Selbstherrlichkeiten durch den kaiserlichen Hofkanzler Graf Strattmann entbehrte nicht der Ironie: Es bedürfe dem Kurfürsten gegenüber nicht der Wahrung der rechtlichen Formen, weil Brandenburg durch den Allianzvertrag von 1686 zur Wahl Josephs verpflichtet sei – ebenjenes Vertrages, den Friedrich durch seinen unglückseligen Revers überhaupt erst möglich gemacht hatte. Ein Reskript Friedrichs vom 12. November 1689 an seine Gesandtschaft in Augsburg, die von Drohungen spricht, »wie man sie kaum gegen einen Reichsgrafen hätte thun mögen«, macht deutlich, wie tief sein Würdegefühl verletzt war. Er lehnte es daher ab, selbst an der Augsburger Versammlung teilzunehmen, deren Zeremoniell einmal mehr deutlich machte, welcher Rang den Kurfürsten in den Augen Habsburgs zukam.

Den Vertretern der Serenissima wurde der Vorrang vor den kurfürstlichen Gesandten eingeräumt, weil Venedig von 1489 bis 1573 das Königreich Zypern beherrscht hatte, dem Herzog von Savoyen das Prädikat »Königliche Hoheit« zugestanden, weil es Habsburgs Diplomatie eben gelungen war, ihn in das Bündnis gegen Frankreich zu ziehen. Das Streben des protestantischen Hannover nach dem neunten Kurhut weckte konkurrierende Ansprüche im katholischen Lager und schien darzutun, daß es nur im kaiserlichen Belieben stehe, durch die Verleihung weiterer Kurhüte das Gewicht der bisherigen acht Kurstimmen zu verringern. Brandenburg erfüllte dennoch mit der Wahl Josephs I. am 24. Januar 1690 seine Verpflichtung aus dem Allianzvertrage von 1686, aber Friedrich lernte aus der Erfahrung. Dabei erhielt er nicht nur vom Hause Habsburg, sondern auch vom eigenen Onkel Anschauungsunterricht. Bei einem Treffen mit Wilhelm von Oranien im Haag wurde er durch den früheren Baron Bentinck, jetzt Lord Portland, darauf aufmerksam gemacht, daß sich zuerst König Wilhelm auf einem Armstuhl zur Tafel setzen werde, während der Kurfürst an zweiter Stelle auf einem einfachen Stuhl Platz zu nehmen habe. Friedrich wird die gute Antwort zugeschrieben, diese Anordnung sei schwerlich mit der Tatsache zu vereinbaren, daß der Fürst von Oranien nur mit Hilfe brandenburgischer Truppen auf den englischen Königsthron gelangt sei. Die Zusammenkunft fand schließlich statt, ohne daß die Beteiligten sich setzten.

Die Rang- und Zeremonialfragen – die späteren Zeiten bedeutungslos und daher mehr oder minder lächerlich erschienen – waren zu jener Zeit Indikatoren der Machtstellung und hatten daher unmittelbare politische Bedeutung. Friedrichs Erfahrung eines trotz ihres Rechtes der Kaiserwahl zumindest drohenden Rang- und Machtverlustes der Kurfürsten mußte ihm mehr und mehr den Gedanken nahelegen, sich dieser Entwicklung zu entziehen. Dieser Gedanke sollte mit der politisch-militärischen Entwicklung zur Reife gelangen, die 1697 zum Zustandekommen des Friedens von Rijswijk führte.

Die Waagschalen des Kriegsglücks schwankten heftig, neigten sich aber in den folgenden Jahren weder der einen noch der anderen Seite endgültig zu. Holländer und Engländer siegten unter Waldeck am 25. August 1689 bei Walcourt über die Franzosen unter Humières, während Waldeck ein knappes Jahr später, am 1. Juli 1690 bei Fleurus gegenüber dem Marschall und Herzog von Luxembourg den kürzeren zog. Zur See besiegte Tourville zehn Tage später bei Beachy Head die Engländer und Holländer, während am nächsten Tage, dem 11. Juli 1690, Jakob II. in Irland an der Boyne vernichtend von Wilhelm von Oranien geschlagen wurde; der Sieg kostete dem Marschall Schomberg das Leben. Der Herzog von Savoyen, der sich am 4. Juli 1690 mit dem Kaiser verbündet hatte, erlitt bereits am 18. August 1690 durch den Marschall Catinat die Niederlage bei Staffarda. Am 8. Oktober 1690 eroberten die Türken Belgrad zurück, am 18. und 19. August 1691 brachte ihnen Markgraf Ludwig von Baden – der »Türkenlouis« – bei Szalankemen eine schwere Niederlage bei; 6000 Brandenburger unter dem General Barfus hatten entscheidenden Anteil am Sieg.

Friedrich hatte sich mit Vertrag vom 24. Dezember 1690 dazu verpflichtet, dieses Truppenkontingent zu stellen und trat am 12. März 1691 der »Großen Allianz« vom 12. April 1689 bei »pur und simpliciter, um auch anderen ein Exempel gleicher Facilität zu geben«. In Wien wurden des Kurfürsten »genereuse Proceduren« gelobt und Brandenburg durch eine Defensivgarantie der Seemächte vom 23. März 1691 »gesichert«, damit »es nicht geneigt sei, zur eignen Erhaltung seine Truppen zurückzurufen«.

Die »anderen«, denen Friedrich »ein Exempel gleicher Facilität« geben wollte, waren davon kaum beeindruckt. Das Haus Braunschweig-Hannover, das Friedrich meinte, betrachtete die neunte Kurwürde als wesentlich wichtigeres politisches Ziel, als die Verteidigung des Reichs gegen Franzosen und Türken. Am 19. Dezember 1692 wurde die neunte Kur tatsächlich errichtet, weil es das Haus Hannover »mit hervorragender Gewandtheit und Dreistigkeit« (Droysen) verstand, Wien vor die Alternative zu stellen, entweder der neunten Kurwürde zuzustimmen oder aber das Ausscheiden Hannovers aus dem Kriege und die Bildung einer dritten, neutralen Partei zu gewärtigen. In einer kaiserlichen Erklärung dazu heißt es: »Seyı bekannt, was für artificia und französische Intriguen bei diesem fürstlichen Hause zur Bildung einer dritten Parthey im Reiche sich gezeiget, welche nicht anders als durch Gewinnung dieses fürstlichen Hauses (Hannover) können gewonnen werden.«

Friedrich begrüßte die neunte Kur aus doppeltem Grund: Sie verstärkte wieder das protestantische Element des Kurfürstenkollegiums und sie war ein Herzenswunsch Sophie Charlottes, die ihrem Elternhaus weit mehr verbunden war, als dem aus Gründen der Staatsraison angetrauten Ehemann und seinem Land. Trotzdem wird Friedrich kaum übersehen haben, daß die neue Kurwürde ein Bruch mit Jahrhunderte altem Reichsrecht und damit grundsätzlich eine Schwächung und Gefährdung des Gewichts der alten Kurstimmen war.

Auf den Kriegsschauplätzen trug das Jahr 1692 Ludwig XIV. die Eroberung der Festung Namur (5. Mai) und den Verlust eines wesentlichen Teils seiner Flotte unter Tourville ein, den die Engländer unter Russell am 29. Mai in die Brandung jagten und damit dem Streben Ludwigs XIV. nach Vorherrschaft zur See ein Ende bereiteten. Die Seeschlacht am Kap de La Hogue war »das Trafalgar des 17. Jahrhunderts« (Churchill). Im folgenden Jahr neigte sich das Kriegsglück wieder zur französischen Seite. Im Mai 1693 hatten die Franzosen Gelegenheit, die Überreste von Heidelberg bis zur Öffnung der Gräber zum zweiten Male zu zerstören; ausgenommen blieb nur die Kirche der Kapuziner. Der Herzog von Luxembourg besiegte Wilhelm von Oranien am 29. Juli bei Neerwinden und am 4. Oktober der Marschall Catinat bei Marsaglia zum zweiten Male den Herzog von Savoyen.

Wilhelm von Oranien gelang zwar am 2. September 1695 die Rückeroberung der Festung Namur, aber je länger der Krieg dauerte, desto deutlicher wurde es, daß die Mauer mehr und mehr Risse zeigte, die den zähen Willen des stets sprungbereiten, königlichen Raubtiers in Versailles bändigen sollte. Das hatte verschiedene Ursachen. Als Anhänger Jakobs II. unter Führung von Sir John Fenwick die Ermordung Wilhelms von Oranien am 15. Februar 1696 beim Themse-Übergang von Turnham Green planten, zeigten sich Persönlichkeiten ersten Ranges in Wien so gut unterrichtet, daß der englische Gesandte empört erklärte, sein König werde einen Separatfrieden mit Frankreich erwägen müssen. Den ersten Separatfrieden schloß allerdings im gleichen Jahre nicht England, sondern der von Catinat zermürbte Herzog von Savoyen. Bei den Deutschen kam »zu den Nationalfehlern des Überlegens und Schreibens, des Disputierens und Streitens über Kleinigkeiten, des Knauserns und Sparens an der unrechten Stelle und der Erbärmlichkeit der Junker und kleinen Fürsten noch ewige Zwietracht der Anführer« hinzu (F.C. Schlosser). Wilhelm von Oranien war daher für die von Ludwig XIV. Ende des Jahres 1696 ausgestreckten Friedensfühler nicht unempfänglich.

Sehr im Unterschied zu den Wiener Katholiken, denen die Rekatholisierung Englands und die Ermordung des protestantischen »Usurpators« offenbar Herzenssache war, ließ Ludwig XIV. als erster Jakob II., den katholischen Prätendenten auf Englands Thron, bedenkenlos fallen. Seine unbekümmerte Abwendung vom Schicksal seines bisherigen Schützlings im Exil von Saint-Germain wurde allerdings unausgesprochen besiegelt: Ludwig war bereit, Wilhelm von Oranien als rechtmäßigen Herrscher der drei vereinigten Königreiche anzuerkennen und sich zu verpflichten, »ohne jede Ausnahme« keinen Feind derselben zu unterstützen. Verbunden mit der französischen Bereitschaft, alle seit dem Frieden von Nymwegen (1679) geraubten Gebiete (Reunionen) wieder herauszugeben, waren damit die Kriegsziele Wilhelms von Oranien erreicht. Anfangs des Jahres 1697 wurden deshalb von ihm die Verhandlungen mit den Franzosen in Rijswijk zwischen Haag und Delft aufgenommen. Am 20. September führten sie auf der Grundlage der französischen Angebote zum Friedensschluß zwischen England, Holland, Spanien und Frankreich.

Im Februar 1697 – als die Verhandlungen in Rijswijk noch unbemerkt geführt wurden – hatte sich ein Vorfall ereignet, der die Beziehungen zwischen Brandenburg und dem Kaiserhause schwer belastete, ohne daß Brandenburg dafür unmittelbar verantwortlich war. Die Linie Mecklenburg-Güstrow war ausgestorben, der Herzog von Mecklenburg-Schwerin forderte Güstrow für sich, der Herzog von Mecklenburg-Strelitz wünschte die Teilung des Erbes. Wien erblickte darin eine hervorragende Gelegenheit, die kaiserliche Machtvollkommenheit zu demonstrieren und ließ durch den kaiserlichen Kommissarius beim niedersächsischen Kreise, Graf Eck, Güstrow besetzen. Die sogenannten Kreisdirektoren (Brandenburg, Celle und die Schweden als Landesherrn von Bremen) protestierten und Schweden ließ den Worten die Tat folgen. Der schwedische Oberst Klinckowström ließ den kaiserlichen Kommissarius auf einen Stuhl setzen und durch Grenadiere auf freies Feld vor der Stadt tragen, wo er wieder abgestellt wurde. In Wien war man außer sich. Dem brandenburgischen Gesandten, Nikolaus Bartholomäus von Danckelmann wurde vom Grafen Kinsky nahegelegt, Wien zu verlassen. Danckelmann reiste ohne Abschiedsaudienz nach Rijswijk.

Es hat den Anschein, daß der Vorfall von Güstrow die kaiserliche Diplomatie dazu verleitete, in den nun bevorstehenden Verhandlungen in Rijswijk die kaiserliche Dominanz gegenüber den Reichsfürsten, insbesondere gegenüber Brandenburg, in einer Weise zu behaupten, die die Grenzen der Demütigung überschritt. Seit August nahmen die Vertreter des Kaisers von den Verhandlungen zwischen England, Holland, Spanien und Frankreich Kenntnis. Am 1. September teilten die Holländer das erzielte vorläufige Ergebnis mit. Die französischen Vertreter – dazu von Wien inspiriert oder nicht – erklärten, daß sich ihre Vollmachten nur auf Kaiser und Reich, nicht etwa auf eine Reichsdeputation oder gar auf einzelne Reichsstände bezögen, die dem Kriege beigetreten waren. Die brandenburgischen Gesandten forderten eine Vollmacht der Franzosen zum Friedensschluß mit Brandenburg, da schließlich eine Kriegserklärung Brandenburgs an Frankreich vorgelegen habe. Weder die Franzosen noch die Vertreter des Kaisers sahen dazu einen Anlaß. Im Gegenteil: Die Vertreter Habsburgs erklärten, daß überhaupt nur je ein Vertreter eines Kurfürsten anerkannt werden könne. Die Zulassung zweier Vertreter in Münster, Osnabrück und Nymwegen sei ein Gnadenakt gewesen, der nicht zur Regel werden dürfe. Im übrigen stehe den Vertretern der Kurfürsten keinesfalls die Anrede »Excellenz« zu. Friedrich schrieb an seinen neben Danckelmann Bevollmächtigten von Schmettau: »Es kann uns nichts so empfindlich sein, als daß wir so, wie es allem Anschein nach die Kaiserlichen vorhaben, vor den Augen von ganz Europa beschimpft werden.«

In der Sache selbst zeigte sich die kaiserliche Diplomatie weit weniger beweglich und erfinderisch, als in Formfragen. Frankreich hatte in den Friedenspräliminarien angeboten, entweder die vorderösterreichischen Plätze Breisach und Freiburg im Breisgau oder aber die Reichsstadt Straßburg zurückzugeben; es hielt sich daran bis zum 31. August gebunden. Als die Vertreter Habsburgs sich darüber nicht schlüssig werden konnten oder – wahrscheinlicher – wollten, erklärten die Franzosen die Option für erloschen und weigerten sich nunmehr, Straßburg herauszugeben. Am Ende hatte sich die kaiserliche Diplomatie völlig um den eigenen Verhandlungsspielraum gebracht. Engländer, Holländer, Spanier und Franzosen hatten am 20. September unterschrieben und den Kaiserlichen blieb nichts übrig, als am 30. Oktober 1697 die Bedingungen so zu akzeptieren, wie sie die Vertreter der Seemächte ausgehandelt hatten. Die Engländer meinten dazu, daß die Deutschen sich nur selbst anzuklagen hätten.

Der Friede von Rijswijk nahm von der Rückgabe der sogenannten Reunionen seit dem Frieden von Nymwegen ausdrücklich das Elsaß und die Reichsstadt Straßburg aus; im deutschen Volksmund wurde er deshalb nicht zu Unrecht der »Reiß weg-Friede« genannt. Der Kardinal von Fürstenberg, der – dank Friedrich vergeblich – versucht hatte, Köln das Schicksal Straßburgs zu bereiten, wurde in alle Rechte als Reichsstand wieder eingesetzt und die Unterdrückung des Protestantismus in den vormals reunierten Gebieten durch die berüchtigte Rijswijker Klausel verewigt. Obwohl bei der Ratifizierung des Vertrages durch das Reich am 26. November 1697 erklärt wurde, es solle bei den Bestimmungen des Westfälischen Friedens sein Bewenden haben, wurde sie zum Anlaß fortdauernder Religionsverfolgungen.

Das Haus Habsburg hatte dem reformierten Kurfürsten von Brandenburg nachhaltig deutlich gemacht, was ein Kurhut selbst dann wert oder vielmehr nicht wert war, wenn er über militärische und politische Macht verfügte. Friedrich, der als Erster die Verteidigung des Reichs in die Hand genommen hat-

te, der Köln vor dem Schicksal Straßburgs bewahrt und dem protestantischen Parlamentarismus Englands den Rückweg in den katholischen Absolutismus erspart und schließlich das Haus Habsburg gegen die Türken verteidigt hatte, wurde in demütigender Form jede ernsthafte Mitwirkung beim Friedensschluß mit der Begründung verweigert, daß ein Kurfürst darauf eben keinen Anspruch habe. Er hatte sich mit dem von den Seemächten ausgehandelten Artikel VII des Rijswijker Friedens zu begnügen, wonach es für Brandenburg bei den Bestimmungen des Friedens von Saint-Germain-en-Laye verblieb, an dem schon sein Vater gescheitert war; immerhin bot der Artikel einen gewissen Schutz vor neuen Angriffen Ludwigs XIV. Die sogenannte Rijswijker Klausel verurteilte dagegen den Sohn des Schutzherrn der Protestanten dazu, ihrer weiteren Verfolgung untätig zuzusehen.
Friedrich schrieb an Lord Portland:

> Ich sehe wohl, daß der ganze Erfolg, welcher mir dieser unglückliche Friede bringt, darauf beschränkt sein wird, daß ich in denselben eingeschlossen werde; ich wundere mich nicht, daß Frankreich die Absicht gehabt hat, mir wehe zu tun; meine Hingebung, mein Eifer für den König von England haben keine andere Wirkung haben können; aber, was mir weher tut, ist, mich von denen so unwürdig behandelt zu sehen, für die ich das Blut meiner braven Soldaten und das Vermögen meiner Untertanen daran gesetzt habe.

Stepney, der Gesandte Wilhelm von Oraniens, berichtete über eine Äußerung des Kurfürsten, daß die Erfahrungen von Rijswijk »should be a warning to him for the future not to be to hasty in offering his offices to the allies, but to wait till they shall engage him by solid conditions«.

Rijswijk hat Friedrich aber nicht nur Allianzen aus mehr oder minder altruistischen Motiven fürchten gelehrt, sondern zuerst und zuletzt die Abhängigkeit vom Hause Habsburg. Der schon seit längerem von ihm erwogene Gedanke der Königskrone im souveränen Preußen verfestigte sich damit in ihm endgültig zur Überzeugung von dessen politischer Notwendigkeit.

Der Weg zur Krone

Die Feldzüge der Jahre 1688 bis 1697 erzielten kein politisches Ergebnis. Sehr im Gegensatz zu den Feldzügen des Vaters und des Enkels erreichte aber weder jetzt noch später unter Friedrichs Herrschaft die Kriegsfurie seine Länder, die Grenzgebiete ausgenommen. So ging nicht nur das Leben in Berlin seinen ungestörten Gang, sondern entwickelte sich zu einer Zeit kultureller Hochblüte. »Friedrichs Verdienste auf kulturellem Gebiet sind allein schon wegen ihrer Vielfalt und Quantität unbestreitbar. Er baute das noch ganz mittelalterlich geprägte Berlin zu einer prächtigen barocken Residenzstadt aus ... Seine Regierungszeit gehört zu den reichsten Epochen der brandenburgischen Kulturgeschichte, durch seine großzügige Förderung entwickelte sich das bis dahin provinzielle Berlin zu einem Kulturzentrum von europäischem Rang« (Hutter). Noch beim Regierungsantritt Friedrichs hatte sich der schwedische Architekt Nicodemus Tessin d.J. – der Erbauer des Stockholmer Königsschlosses – notiert:

> In Berlin siehet man von gebaeüden nicht das geringste artiges, wie sehr auch sich der Sehl. Churfürst darumb hat bemühet. Im Schloss wird repariret ... hinten wurde eben im hoffe gebaut, alwor es zwar mit arcaden wird, aber von einer sehr slechten Ordonnance.

Das sollte sich sehr bald ändern. Am 3. April 1691 wurde der von der Harmonie Palladios beeinflußte Johann Arnold Nering zum »Oberbaudirektor aller unserer Gebäude« bestellt. Er baute 1692 die Lange Brücke, die später das berühmte Reiterdenkmal des Großen Kurfürsten tragen sollte, das Andreas Schlüter in den Jahren 1695 bis 1697 modellierte. Im Jahre 1694 beginnt Nering mit der Errichtung des Zeughauses und 1695 mit dem Bau der Parochialkirche. Im gleichen Jahre 1695 schenkt Friedrich seiner Sophie Charlotte das Gut Lietzow

Schloß Charlottenburg, Gartenseite.

oder Lützow, auf dessen Grund Nering sofort mit dem Bau eines Schlößchens beginnt, das den Kernbereich des heutigen Schlosses Charlottenburg bildet. Der erst sechsunddreißigjährige Nering stirbt schon am 21. Oktober 1695 am Ende des ersten Baujahres. Der Bau wird später von Eosander von Göthe fortgesetzt, der für Sophie Charlotte das »Orakel in allen Bauangelegenheiten« war. Er sollte 1707 als Oberbaudirektor einer der Nachfolger Nerings werden. Zwischen Nering und Eosander aber leitet zwischen 1699 und 1706 der größte Genius seiner Zeit als Bildhauer und Baumeister den einzigartigen künstlerischen Schöpfungsprozeß im kargen Brandenburg: Andreas Schlüter. »Sein Wirken übertrug Maß und Gehalt der römischen Antike, Michelangelos und Berninis in den Norden.« Am 2. November 1699 verfügte Friedrich:

> Wir Friedrich III von Gottes Gnaden Markgraf und Kurfürst zu Brandenburg ... Urkunden und fügen hiermit zu wissen. Demnach unser bisheriger Hofbildhauer Andreas Schlüter den bei Unserm hiesigen Kurfürstlichen Residenz-

> schlosse angefangenen Bau bisher zu Unserem gnädigsten Vergnügen geführt, und wir dabei dessen in dem Bauwesen erlangte gute Wissenschaft, wie nicht weniger seinen bei solchem Wercke bezeigten sonderbaren Fleiß und Sorgfalt in gnädigste Consideration gezogen, daß wir dannenhero bewogen worden, denselben zu Unserem Schloßbau-Direktor in Unserer hiesigen Residenz zu bestellen und anzunehmen.

Damit war die Schöpfung eines – später von Eosander und Böhme abgeschlossenen Gesamtkunstwerkes eingeleitet, von dem einer der bedeutendsten Nachfahren, Karl Friedrich Schinkel, in seiner Denkschrift zur Denkmalpflege von 1817 urteilte:

> Das Schloß ... welches in seiner Würde und Pracht ... den ersten Gebäuden Europas in jeder Hinsicht gleichgestellt werden kann ... ist unantastbar. In architektonischer Hinsicht muß unsere Zeit demüthig das Talent unsers großen Künstlers und Landsmannes Schlüter anerkennen und gutheißen, was ein solcher Meister geordnet.

Es sollte erst 1950 dem Haß vulgärer Ideologen auf die Geschichte des eigenen Volkes zum Opfer fallen.

Gleichzeitig mit der Neugestaltung des Berliner Schlosses entstanden vom Jahre 1701 an die Dome auf dem Gendarmenmarkt, 1703 das Schloß Monbijou und viele andere Ausbauten und Verschönerungen von Schlössern in der Mark.

Nur am Rande sei erwähnt, daß ein anderer Großer des deutschen Barock, Fischer von Erlach, in Berlin 1704 den Entwurf eines »Gegenversailles« präsentierte. Wie in Wien war es auch »in Berlin nicht möglich, die riesige Anlage zu bauen, da alle Kräfte durch das Stadtschloß Schlüters gebunden waren, das noch nicht vollendet war. In Paris, Wien und in Berlin hatte sich derselbe Vorgang bei den Stadtschlössern vollzogen. Der Louvre, die Hofburg und das Berliner Schloß waren aus verschiedenen Gebäuden, die von früheren Herrschern hinterlassen worden waren, zu einem einzigen, das absolute Königtum repräsentierenden Bau zusammengefaßt worden. Berlin trat durch das Genie Schlüters recht eigentlich erst in diese europäi-

Portal I des Berliner Schlosses.

sche Entwicklung ein, in der aus den einfachen Residenzen der groß gewordenen Dynastien das repräsentative Königsschloß wurde.« (Wiesinger)

Hand in Hand mit der Förderung der bildenden Künste förderte Friedrich das Geistesleben durch die Berufung zahlreicher Gelehrter und Künstler, durch die Stiftung der Universität

Halle (1694), der Akademie der Künste (1696), der Akademie der Wissenschaften (1700) nach den Plänen und unter dem Präsidium von Leibniz sowie durch den umfassenden Ausbau der Kurfürstlichen, später Königlichen Bibliothek.

Die Kehrseite dieser glänzenden, mäzenatischen Medaille war eine Beanspruchung der öffentlichen Mittel, der die Leistungsfähigkeit des Landes nicht gewachsen war. Danckelmann sagte später aus, daß »ungeachtet aller unterthänigen Erinnerungen, die deshalb geschehen seien, die Ausgaben sehr zugenommen (hätten) und an Kleinodien, Erkaufung von Gütern, Bauten nicht Tausende, sondern Tonnen Goldes angewendet (worden seien), welches ohne Beschwerung der Kassen nicht (habe) geschehen können«.

Moderne Historiker pflegen sich diesem Gesichtspunkt eingehend mit der Darstellung der soziologischen Bedingungen zu widmen. Ihre Betrachtungsweise ist zwar akribischer, aber kaum neuer, als die der Zeitgenossen. Bereits Friedrich der Große spricht in seinen »Denkwürdigkeiten« vom »asiatischem Prunk« seines Großvaters, »während sein Volk im Elend schmachtete«; das Elend des Volkes unter der Geißel der drei Schlesischen Kriege hat der Historiker Friedrich dagegen nicht der Betrachtung der Nachwelt überliefert. Längst vor dem ersten und dem zweiten Friedrich hatte der Kardinal Mazarin den jungen Ludwig XIV. beschworen: »Sire, Ihr Ruhm wird mehr nach dem Wohlstand des Landes, als nach dem Ausmaß von Versailles beurteilt werden.« Friedrich Sieburg hat diesen Satz nüchtern mit den Worten kommentiert: »Das klingt ebenso ernst, wie vernünftig, hat sich aber schließlich doch als falsch erwiesen.« In der Tat: die Erinnerung an Ludwig XIV. wird durch Versailles bestimmt, während die Erinnerung an den ersten preußischen König – wenn es sie überhaupt noch gibt – nur auf dem erbarmungslosen Verdikt des eigenen Enkels beruht; niemand verbindet Friedrichs Namen mit einer Hochblüte des deutschen Barock. Die Erinnerung an das Elend des Volkes bleibt in beiden Fällen den Soziologen vorbehalten.

Am Hofe Friedrichs war das Füllhorn fürstlicher Großzügigkeit einem in tiefster Seele zuwider: Eberhard von Danckelmann, dem Cato seiner Zeit. Er brachte es fertig, dem Kurfürsten beim Kauf von Juwelen zu bedeuten, daß er sich auf den für seine persönlichen Ausgaben vorgesehenen Betrag zu beschränken habe und verweigerte seinem Landesherrn die Reisekosten zum beabsichtigten Besuch einer Messe in Frankfurt/Oder mit der Begründung, daß kein Geld für solche Ausgaben in den Kassen sei. Der Kurfürstin Sophie Charlotte schlug er die erbetene, verhältnismäßig geringfügige Zulage von jährlich 100 Talern für ihre, nicht eben großzügig honorierten Hofdamen rundweg ab. Stepney, der britische Sondergesandte, berichtete nach dem Sturz Danckelmanns über eine Äußerung Sophie Charlottes, sie werde mit dem weißen Stab der Bettlerinnen das Land verlassen müssen, wenn es Danckelmann gelingen sollte, wieder in Gnaden aufgenommen zu werden. Als Friedrich daher zum ersten Male den – später von ihm so formulierten – Gedanken aussprach, »Wan ich alles habe, was zu der Königlichen Würde gehöret, auch noch mehr als andere Könige, warumb soll ich dan auch nicht trachten, den Nahmen eines Königes zu erlangen«, fürchtete Danckelmann vor allem – wie sich später zeigte, mit Recht – eine unverantwortliche Steigerung des Repräsentationsaufwandes. Er sprach deshalb sicherlich die Wahrheit, als er später im Verhör erklärte: »Allem was in der Sache wegen der königlichen Dignität passiret sei, dem habe er völlig contradicirt.«

Die *Memoires sur la vie du Roi Frédéric I de Prusse … par le Comte de Podewils*, die der Zeitzeuge Friedrichs I. für Friedrich II. entwarf, behaupten,

> dass Danckelmann, so oft der Kurfürst ihm von dem grossen Gedanken gesprochen habe, der seinen Geist vorzugsweise beschäftigte, denselben stets auf das lebhafteste bekämpft habe; er habe nicht nur von Seiten des kaiserlichen Hofes, sondern auch von der Republik Polen Hindernisse befürchtet; er habe geglaubt, dass Friedrichs III. Neigung zu Pracht und Luxus mit der Annahme der Krone nur wachsen werde, die Unterhaltung der Truppen erschwert werden könne; so würde Friedrich statt eines sehr mächtigen Kurfürsten ein höchst mittelmäßiger, um nicht zu sagen, sehr kleiner König werden; dazu komme, dass,

> wenn die anderen Mächte die Anerkennung der neuen Würde verweigerten, man gezwungen sein würde, den Verkehr mit ihnen abzubrechen, wodurch man sich nur lächerlich machen werde. In ähnlichem Sinne hätte sich die Mehrzahl der anderen Geheimen Räthe ausgesprochen; aber der Kurfürst habe auf seinem Plane beharrt, und da er die Schwierigkeiten und den Widerspruch, denen er überall begegnete, vorzugsweise der Opposition seines ersten Ministers zugeschrieben habe, so sei von da ab eine Abneigung gegen Danckelmann in ihm entstanden ... (Bresslau)

Diese Darstellung des Grafen Podewils zielt zwar in die richtige Richtung, verkürzt aber wie ein Zeitraffer die viel kompliziertere Entwicklung in unzulässiger Weise.

Der Gedanke einer Rangerhöhung des brandenburgischen Kurfürsten durch Verleihung der Königskrone war ursprünglich – eine Ironie der Geschichte – ein Köder, den die habsburgische Diplomatie neben der Abtretung von Schwiebus als Gegenleistung für den Verzicht auf die schlesischen Ansprüche 1686 dem Großen Kurfürsten vorgehalten hatte. Der brandenburgische Geheimrat Rüdiger von Ilgen berichtete jedenfalls später, man habe »auch noch Hoffnung gemacht ... dass man ihn zum König machen würde, ohne gleichwohl ... einige Versicherung geben zu wollen«.

Selbstverständlich war dieser Köder ebensowenig ernst gemeint, wie die Abtretung von Schwiebus. Es ist aber keineswegs auszuschließen, daß es gerade jetzt und hier die kaiserliche Diplomatie war, die Friedrich – der ja durch seinen unseligen Revers in diese Verhandlungen einbezogen worden war – erstmals auf diesen Gedanken gebracht hat. War die Königskrone dem Vater 1686 sicherlich – um mit einer sehr viel später gefallenen Äußerung des Geheimrats von Fuchs zu reden – als ein »chimériques Ding« (eine Chimäre) erschienen, so wurde sie dem Sohn von seinem Regierungsantritt an zur selbstgestellten Lebensaufgabe; er hat die Erwerbung der Krone in einer Weisung an seine Räte vom 22. November 1700 selbst so bezeichnet. Wer sich Friedrichs Schicksal bis zu seinem Regierungsantritt vergegenwärtigt, wird das nicht verwunderlich finden.

Die Auffassung, daß die königliche Würde ein »chimériques Ding« und eine »pur lautere Unmöglichkeit« sei, hat der Geheimrat von Fuchs noch in einer Denkschrift von 1698 vertreten, als er – auf völlig falscher Spur – noch glaubte, Danckelmann damit belasten zu können; danach hat er seine Meinung sehr schnell geändert. In seiner Denkschrift von 1698 erwähnt Fuchs ein »weitläufiges Scriptum«, mit dem er bereits 1692 dargelegt habe, wie unmöglich es sei, »die königliche Würde beim Kaiserhofe suchen zu lassen«. Die Brüskierung des Kurfürsten in Rangfragen bei seinem Besuch im Haag durch Wilhelm von Oranien fällt in das Jahr 1691. Friedrich hat anscheinend daraufhin zum ersten Male Danckelmann, Fuchs und Meinders beauftragt, sich gutachtlich zu äußern. Obwohl die Gutachten übereinstimmend gegen das Königsprojekt Stellung bezogen, befahl Friedrich, alle erforderlichen Maßnahmen so vorzubereiten, daß sie bei Eintritt einer geeigneten politischen Konstellation sofort eingeleitet werden konnten.

Von diesem Zeitpunkt an – Ende 1692 oder Anfang 1693 – hat sich offenbar Eberhard von Danckelmann dem Wunsche seines Landesherrn gefügt; jedenfalls betrachtete ihn Friedrich selbst in dieser noch streng geheimen Sache als federführend. Er wies seinen Vertreter in Wien, Nikolaus von Danckelmann an, »mit äußerstem Geheimnis zu verfahren, nie in seinen Depeschen und Berichten der Sache zu gedenken, sondern alles an seinen Bruder Eberhard von Danckelmann zu berichten und die in dessen Handschreiben enthaltenen Weisungen als Befehle des Kurfürsten anzusehen«.

In den acht Jahren zwischen dem Frühjahr 1692 und dem Frühjahr 1700 versucht Friedrich mit stiller Zähigkeit – teils auf diplomatischem Wege, teils mit Hilfe erbetener und unerbetener Vermittler – immer wieder neue Anläufe zur Durchsetzung seines wichtigsten politischen Zieles. Sie haben stets den gleichen Erfolg: Wien benutzt sie, um die mörderische Blutmühle der Türkenfeldzüge aufzufüllen und läßt jede Gegenleistung dafür mehr oder minder im Unverbindlichen versanden.

Im April 1692 hatte Friedrich ein brandenburgisches Hilfskorps persönlich bis Crossen geführt, ohne daß ein kaiserlicher Bevollmächtigter zur Übernahme erschien. Friedrich fühlte sich brüskiert und drohte mit dem Rückmarsch der Truppen, wenn ihm Wien nicht in den schwebenden Verhandlungen über Schwiebus und die Anwartschaft auf Ostfriesland entgegenkomme. Die Truppen marschierten weiter, nachdem sich Wien in der Protokollfrage entschuldigt hatte; Friedrich begab sich nach Karlsbad, um dort seinen Wiener Gesandten, Nikolaus von Danckelmann, zu empfangen. Damit setzen die diplomatischen Bemühungen um die Königskrone ein. Nikolaus von Danckelmann wurde vom Kurfürsten selbst über seine Absicht unterrichtet, »sich zur königlichen Würde zu erheben und sie auf sein souveraines Herzogtum Preußen zu gründen«. Vorerst erreichten die Verhandlungen in der Schwiebuser Sache aber nicht mehr, als die Anwartschaft auf Ostfriesland, die von Wien seit dem Frieden von Oliva über fast vier Jahrzehnte verschleppte Anerkennung des preußischen Herzogstitels und eine Zusage, die heute im Wirtschaftsverkehr als »Meistbegünstigungsklausel« bezeichnet werden würde. Statt der Krone erhielt Friedrich das Versprechen des Kaisers, »in allen nach der Goldenen Bulle zustehenden Rechten und Vorzügen ihn zu erhalten und keinem Fürsten oder Republik einen Vorzug zu gewähren«.

Bevor es 1695 zum Abschluß der Verhandlungen in der Schwiebuser Sache kam, war die Königsfrage zum ersten Male auf den Tisch der Wiener »Staatsconferenz« gelangt. Friedrich hatte angeboten, in die sogenannte Readmission Böhmens (Zulassung des habsburgischen Kronlandes Böhmen zu den Reichskollegien) einzuwilligen, »wenn ihn der Kaiser seinerseits ein Meritum genießen lasse«. Die »Relatio Conferentiae vom 23. July 1694, betreffend die von C.Br. suchende Königswürde« trägt den eigenhändigen Vermerk Leopolds I. »weilen dieses des Churfürsten von Brandenburg praetension eine Sach von weiterem außsehen und übler consequentien ist, Sollte selbige in alle weeg divertiert werden«.

Nicht die entschiedene Ablehnung durch den Kaiser ist von besonderem Interesse, sondern das hier dokumentierte Angebot Friedrichs, gegebenfalls den Titel dreißig Jahre hindurch nicht zu führen. Friedrich stand damals im 37. Lebensjahr. Die Annahme seines Angebotes hätte ihn daran gehindert, vor dem

67. Lebensjahr die Königswürde für sich in Anspruch zu nehmen; eine Lebenserwartung, die in der damaligen Zeit nur wenige haben durften. Es ist daher kein überzeugenderer Beweis dafür denkbar, daß Friedrich die staatliche Notwendigkeit im Blick hatte und persönliche Eitelkeit, die ihm als einziges Motiv geradezu penetrant durch die Jahrhunderte nachgesagt wird, sehr wohl um der Sache willen zurückstellen konnte. Kein Historiker hat es bisher der Mühe wert gefunden, diese evidente Feststellung zu treffen.

Außer dieser nach dreihundert Jahren gewonnenen Erkenntnis hat Friedrich sein erster diplomatischer Anlauf offenbar nichts eingebracht als tiefstes Mißtrauen in Wien. In seinem Bericht vom 30. Juni 1698 legt der Geheimrat von Fuchs dar, daß Friedrichs Vorstoß von 1694 dem Kaiser Anlaß gegeben habe, zu glauben »alß hette (der Kurfürst) eine unersättliche ambition und gedachten immer weither hinauß, weßhalb man (seine) macht vielmehr mindern und schwächen, als vermehren müsthe, daher es dann auch guthen theiles gekommen, daß man eine zeith hero am Keyserhofe S. Churf. Durchl. fast in allem zuwieder geweßen ...«.

Die Abkühlung der Beziehungen zum Kaiserhofe führte anfangs des Jahres 1697 durch die bereits geschilderte Güstrower Affäre – die Brandenburg kaum zugerechnet werden konnte – bis zum Gefrierpunkt. Nikolaus von Danckelmann wurde vom böhmischen Hofkanzler, dem Grafen Kinsky, bedeutet, daß er gut daran tun werde, sich bei Hofe nicht mehr sehen zu lassen.

Zumindest bis zur Mitte des Jahres 1695 ist nicht anzunehmen, daß es Friedrich zum Bewußtsein kam, daß die von ihm und den Brüdern Danckelmann vertretene Politik im Bündnis mit Wien und den Seemächten, in der Königsfrage und in der – von Friedrich selbst verursachten – Schwiebuser Frage im Grunde wenig erfolgreich war. Jedenfalls folgte Friedrich am Tage nach seinem achtunddreißigsten Geburtstag (11. Juli 1695) einer Einladung Eberhard von Danckelmanns in dessen Haus und bat ausdrücklich, auch dessen zufällig in Berlin anwesende Brüder mit zur Tafel zu bitten. Bei Tisch erhob sich der Kurfürst und hielt eine Laudatio auf Eberhard von Danckelmann in »gar zu gnädigsten und avantageusen Expressiones«, an deren Ende er Danckelmann überraschend – nun auch formell – zum Oberpräsidenten und ersten Minister ernannte. Am 23. Juli wurde ihm in feierlicher Sitzung des Geheimen Rates vom Kurfürsten ein Kästchen mit den Siegeln »aller Collegia« überreicht. Am 27. Juli folgte ein Zirkularreskript an die Regierungen aller kurfürstlichen Länder und die Gesandten, »den von Danckelmann vor Unseren Ober-Präsidenten und das Haupt aller Unserer ... Collegien zu erkennen und zu respectiren«. Danckelmann wird hier mit dem Adelsprädikat bezeichnet; das kaiserliche Diplom zur Erhebung in den Reichsfreiherrenstand soll schon am 26. Februar 1690 ausgefertigt worden sein.

Daß Danckelmann die formale Rangerhöhung nicht gesucht hat, bringt die Bestallungsurkunde vom 23. Juli 1695 selbst zum Ausdruck:

> Danckelmann, der von unserem ganzen Estat und Interesse eine vollkommene Wissenschaft und Erfahrung erlangt hat und dessen Treue, Redlichkeit, Capacität, große Application und Desinteressement uns von unserer Wiege an dergestalt bekannt ist, daß wir von nichts mehr und besser als eben davon persuadirt sind; wir hätten ihm auch vorlängst solche Function conferirt, wenn er nicht aus einer sonderbaren Modestie ihn damit zu verschonen, vielfältig und unablässig gebeten hätte.

In mehreren, mehr oder weniger verbürgten Anekdoten ist überliefert, daß Danckelmann auf seine Rangerhöhung mit tiefer Depression reagiert und die Ungnade des Kurfürsten, ja selbst die Einziehung seines Vermögens vorausgesagt habe. Es ist nicht mehr festzustellen, ob hier nur rückprojiziert wurde oder ob sich Danckelmann mehr und mehr der wachsenden Schar seiner offenen und heimlichen Gegner und zugleich der Unvereinbarkeit seines Charakters mit dem seines früheren Zöglings bewußt wurde. Für die Biographie Friedrichs ist das auch letzten Endes gleichgültig; ihr genügt die Feststellung, daß Friedrich jedenfalls bis zum Jahre 1695 die Mißerfolge der Außen- und Innenpolitik, vor allem aber in der Kronfrage, nicht Danckelmann zur Last legte. Es bleibt daher nur die Frage, ob und was sich daran zwischen 1695 und dem Sturz Danckelmanns Ende 1697 entscheidend änderte. Darauf wird im nächsten Kapitel einzugehen sein, während hier Friedrichs Weg zur Krone weiterverfolgt werden soll.

Der nächste Schritt auf diesem Wege war ein Geheimartikel in einem Ende 1696 mit dem Kurfürsten von Bayern geschlossenen Vertrage, mit dem sich beide Kurfürsten zu gegenseitiger Unterstützung bei dem Versuche verpflichteten, die Königskrone zu erwerben – zu einem praktischen Ergebnis hat dieser Vertrag bekanntlich nicht geführt. Ebensowenig von Bedeutung war die Zusage des am 27. Juni 1696 zum polnischen König gewählten sächsischen Kurfürsten – Augusts des Starken –, gegebenenfalls die preußische Krone anzuerkennen.

Es ist deshalb kennzeichnend, daß ernsthafte Bemühungen, die Kronfrage wieder aufzugreifen, erst nach dem Sturz Danckelmanns im November/Dezember 1697 erneut einsetzen. Der erste Ansatz ist der schon zitierte Bericht des Geheimrats von Fuchs vom 30. Januar 1698, mit dem Fuchs den gestürzten Gegner durch den Vorwurf belasten wollte, er habe durch ein »chimériques Ding« – das Streben nach der Königswürde – den Kurfürsten dem Kaiser entfremdet. Es ist erstaunlich, daß Fuchs bis zu diesem Zeitpunkt offensichtlich noch immer nicht begriffen hatte, daß sein Vorwurf nicht den Gegner, sondern seinen Landesherrn traf. Als Friedrich im November 1698 seine Geheimräte – jetzt ohne Danckelmann – zum zweiten Male aufforderte, sich wie im Herbst 1692 gutachtlich zur Königsfrage zu äußern, hielt Fuchs noch immer an seiner ablehnenden Auffassung fest. Inzwischen hatte er allerdings endlich begriffen, daß er damit nicht eine »Chimäre« Danckelmanns, sondern das erste politische Ziel seines Fürsten verurteilte. Mit einem Schreiben vom 25. Dezember 1698 bat er den Kurfürsten um die schriftliche Versicherung, ihn wegen seines unerwünschten Gutachtens nicht bestrafen zu wollen; seine Angst kann nicht gering gewesen sein.

Der Vorgang stimmt nachdenklich. Fuchs war einer der fähigsten und bewährtesten Diplomaten Brandenburgs. Bei der Erstattung seines Gutachtens vom November 1698 hatte er – was ihn ehrt – bewußt die fürstliche Ungnade in Kauf genommen. Daß er aber im Januar des gleichen Jahres noch glaubte, seinen Gegner Danckelmann mit dem Vorwurf einer Politik belasten zu können, die das oberste Ziel seines Fürsten war, läßt nur einen Schluß zu: Friedrich hatte offenbar aus den Erfahrungen seiner Jugend gelernt, seine tiefsten Wünsche hinter einer schwer durchschaubaren Maske zu verbergen. Vermutlich hatte sie auch Danckelmann – wie einst Rébenac – zu Fehleinschätzungen verführt. Auch das ist aber Gegenstand des nächsten Abschnitts.

Die beiden anderen Gutachter waren im Gegensatz zu Fuchs neue Köpfe im inneren Kreise des Berliner Hofes. Heinrich Rüdiger von Ilgen, auf den Leibniz aufmerksam geworden war, führte den Titel eines Staatssekretärs und war die rechte Hand des nach Danckelmanns Sturz einflußreichsten Mannes in Berlin, des Reichsgrafen Kolbe von Wartenberg. Sein Gutachten war ein Meisterstück diplomatischer Talente; »man könnte (es) am besten mit den Aussprüchen des delphischen Orakels vergleichen. Man kann aus demselben herauslesen, was man will« (Pribram). Der dritte Gutachter war ein junger Mann – noch nicht dreißig Jahre alt –, dessen im Verwaltungsdienst bewiesene Talente 1698 zu dem Entschluß geführt hatten, mit ihm den 1697 abgebrochenen diplomatischen Verkehr mit dem Kaiserhof wieder aufzunehmen: Christian Friedrich von Bartholdi. Ebenso im Unterschied zur Unbeweglichkeit von Fuchs, wie zur Unverbindlichkeit Ilgens, sprach er sich dem Grunde nach zwar gegen die angestrebte Rangerhöhung aus und wagte sogar die Formulierung, daß »Begierde nach Titeln bisher die Puppe italienischer Fürsten« gewesen sei. In der Frage der Durchsetzung nahm er jedoch die entscheidende Gegenposition zu seinen Mitgutachtern ein: Er hielt den gegenwärtigen Augenblick zur Verwirklichung des Königsprojekts für geeigneter, als jeden künftig vorstellbaren. Das gelte sowohl für die Möglichkeiten der Einflußnahme auf Kaiser Leopold, wie für die politische Weltkonstellation überhaupt: Die Frage der spanischen Erbfolge begann sich am Horizont abzuzeichnen.

Jetzt kann von einer Maske Friedrichs nicht mehr die Rede sein. In handgeschriebenen Thesen setzt er sich mit »denen puncten oder aufsatz des von Fuchs wegen der Königlichen

Würde« auseinander. In seiner Äußerung zu »pag. 16« (den Seitenzahlen des Fuchs-Gutachtens) nimmt er die Argumentation Bartholdis auf:

> Ich glaube, daß es jetzo mehr als jemahlen zeit sey, die Sache mit dem Keyser vohrzunehmen, dan derselbe ist alt und meinem Hause wegen vieler Ihm geleistete Dienste Gewogener als vielleicht der Römische König nicht sein wirdt, er hat auch meiner assistens in der Spanischen succession nöhtig, und weil der Keyser bey solcher succession gantze Königreiche gewinnen will Ich Ihm auch dabey so viel dienste als einig ander Potentat in der Weldt leisten kan, So kan Ich nicht anders urtheilen, als daß dieses eine solche conjunctour ist den Kayser zu obligieren und etwas guhtes dargegen vohr Mich wieder auszubedingen, daß wan ich dieselbe eschappieren lasse dergleichen in vielen seculis oder weinigstens Bey Meiner regierung nicht wieder kommen wird und von welcher ich also nohtwendig profitiren mus umb zu meiner intention zu kommen.
> Wan ich auch diese occasion verseume und der Keyser erlanget durch die Spanische succesion mehr Reiche und Macht, so wird er nachgehendts alle anderen Potentaten und Mich in specie nicht allein weiniger achten als jetzo, Sondern auch den Anwachs meiner würde und autorität mehr hindern als früer.

Friedrichs völlig realistischer Einschätzung habsburgischer Politik läßt sich kaum widersprechen.
Die Frage der Souveränität behandelt er unter »pag.21«:

> Wan ich die Königliche Dignitet auf meine Brandenburgsche Landen nehmen will, so bin ich kein souverainer König sondern ein Lehn König und werde ich deshalb mit dem gantzen Reich zu thun haben und bekommen, wan Ich aber wegen Preußen die Königliche Dignitet annehme, so bin ich ein independanter König.

Die Stellungnahme zu »pag. 28« spricht schließlich deutlich aus, warum Friedrich die Königswürde für unverzichtbar hält:

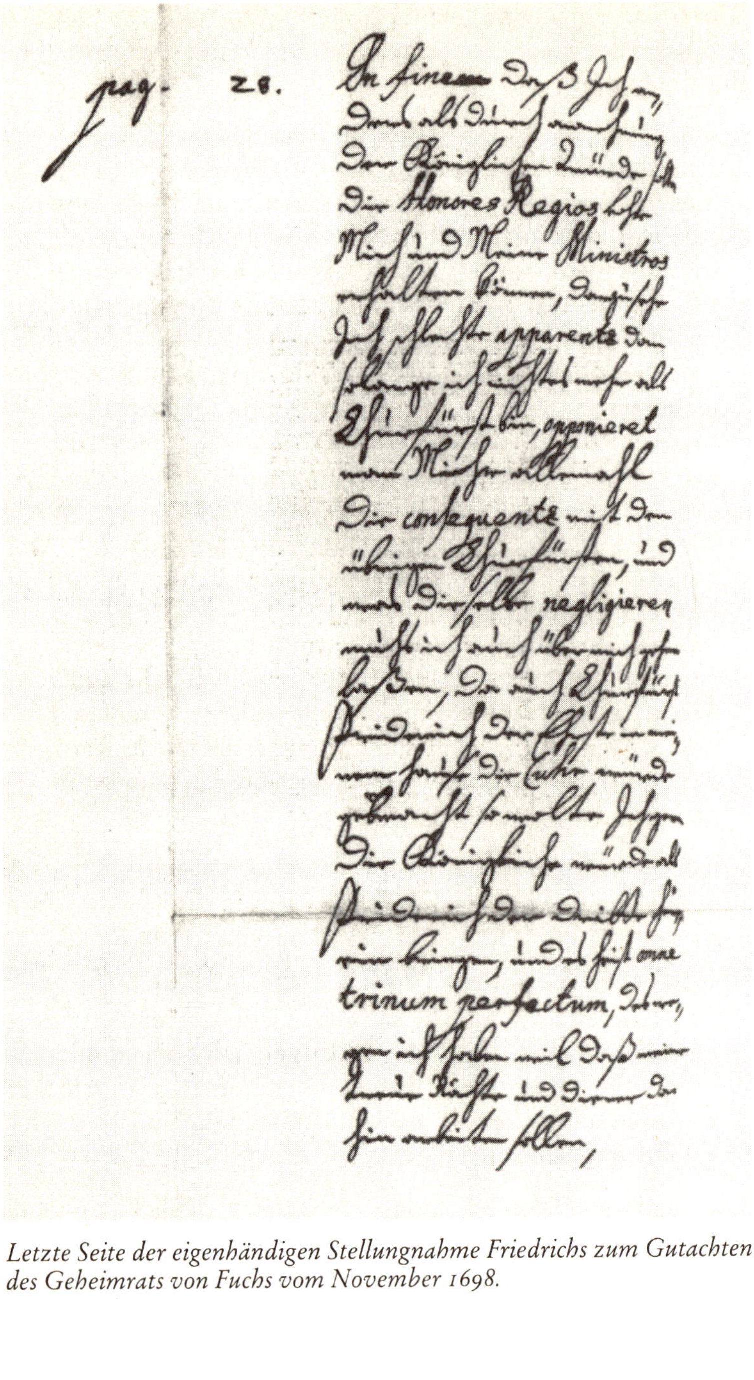

Letzte Seite der eigenhändigen Stellungnahme Friedrichs zum Gutachten des Geheimrats von Fuchs vom November 1698.

In finem daß ich anders als durch annehmung der Königlichen würde solte die Honores Regios vohr mich und Meine Ministros erhalten können, darzu sehe Ich schlechte apparentz. Dan solange ich nichtes mehr als Churfürst bin, opponieret man Mihr allemahl.

Die Worte »und meine Ministros« (Gesandten) sollten hier nicht überlesen werden. Friedrich redet hier von den faktischen Möglichkeiten seiner diplomatischen Vertreter bei der Durchsetzung seiner politischen Ziele.

Diesen zum Teil mehr, zum Teil weniger überzeugenden Argumentationen Friedrichs zu folgen, ist aufschlußreich. Weit aufschlußreicher ist aber die Tatsache der eigenhändigen Auseinandersetzung mit dem Fuchsschen Gutachten als solche. Hatte Friedrich sich offenkundig bis zum Sturze Danckelmanns mit seiner eigenen Überzeugung so sehr zurückgenommen, daß er einen Fuchs – im doppelten Wortsinn – zu täuschen vermochte, so setzt er sich jetzt mit Fuchs so nachhaltig auseinander, daß Fuchs nicht nur in Angst gerät, sondern sich ein Jahr später – allerdings unter einer veränderten Konstellation – Friedrichs Standpunkt in der Königsfrage zu eigen macht. Die vermeintliche »Spiegelseele« Friedrichs warf nicht zurück, was seine Räte ihr vorhielten. Hier liegt einer der Zugänge zum Verständnis von Danckelmanns Sturz.

Bartholdi kehrte Ende 1699 nach Wien zurück. Seine Instruktion vom 16. Dezember 1699 enthielt jedoch noch keine Weisung, die Kronfrage dem Kaiser selbst vorzutragen, sondern beauftragte Bartholdi nur mit Fühlungnahmen im Kreise der führenden Mitglieder des Wiener Kabinetts, insbesondere mit dem Reichsvizekanzler, Grafen Dominik Andreas Kaunitz.

Von diesem Zeitpunkt an begannen sich die Wege der amtlichen Diplomatie auf sonderbare Weise mit merkwürdigen Nebenwegen zu überkreuzen. Kaunitz sah vor dem Hintergrund der unausweichlichen Auseinandersetzung über die spanische Erbfolge die Notwendigkeit, sich der militärischen Hilfe Brandenburgs zu versichern. Zu persönlicher Vermittlung war er dennoch nicht bereit; es wird vermutet, daß er das Mißtrauen Leopolds nicht herausfordern wollte, der die Motive seiner Minister oft in den üblichen »Gratifikationen« suchte – sicher nicht immer zu Unrecht. Der bündige Rat des Reichsvizekanzlers war daher, keine Seitenwege zu beschreiten, sondern dem Kaiser auf offiziellem Wege durch Bartholdi Friedrichs Wünsche und Friedrichs Bereitschaft zu entsprechenden Gegenleistungen vorzutragen. Bartholdi gab diesen Rat nach Berlin weiter. Dabei ereignete sich einer jener Treppenwitze der Weltgeschichte, die als Werk eines mäßigen Romanschriftstellers eingeschätzt werden würden, wenn sie nicht tatsächlich dokumentiert wären.

Bei der Dechiffrierung von Bartholdis Bericht, die Sache durch ihn dem Kaiser vortragen zu lassen, wurde der Zahlencode zur Bezeichnung Bartholdis – die Chiffre 160 – mit der Chiffre 161 verwechselt. Sie bezeichnete einen Jesuitenpater, Friedrich, Baron von Lüdinghausen, genannt Pater Wolff. Friedrich kannte ihn, denn es war Wolff, der 1686 als Geheimkurier die Korrespondenz zwischen dem Kurprinzen und dem Wiener Hof in der Schwiebuser Sache übermittelt und die unverzichtbare »Gratifikation« überbracht hatte. Seine geheimdienstlichen oder richtiger geheimdiplomatischen Künste hatten ihn bis in den Kreis der Berater des Kaisers geführt und zum Vertrauten Leopolds gemacht, »einer Stellung und Bedeutung ..., welche er seinen Fähigkeiten nach gewiss nicht hätte beanspruchen können« (Pribram). Aber »er war Kaysers Vergnügung, weil sein annehmlicher umgang diesen Potentaten manche stunde frölich machte« (Rinckh). Friedrich mag daher der von seinem Wiener Gesandten übermittelte, vermeintliche Rat des Grafen Kaunitz gar nicht so seltsam vorgekommen sein. Um so verblüffter waren Kaunitz und Bartholdi, als sie in der Antwort Friedrichs vom 17. Februar 1700 lasen, »weil Graf Kaunitz geraten, die Sache durch den Pater Wolff an den Kaiser zu bringen«, so lasse er es sich gefallen und habe einen eigenhändigen Brief an denselben geschrieben«. Beide zogen letzten Endes auch eine inoffizielle Fühlungnahme durch einen engen Vertrauten des Kaisers einer offiziellen Konfrontation vor und hielten daher die überraschende Weisung aus Berlin für ganz vernünftig.

Pater Wolff zeigte sich über die ihm so unerwartet widerfahrene Ehre hoch erfreut. Mit hoher Wahrscheinlichkeit war der

Grund dieser Freude weder Eitelkeit, noch die Erwartung materieller Vorteile – er hat die Annahme von Geldgeschenken durch Bartholdi ausdrücklich abgelehnt –, sondern die Hoffnung, dem römischen Stuhle einen entscheidenden Dienst leisten zu können. Mit der Konversion Augusts des Starken waren von den nunmehr neun Kurstimmen nur noch zwei, die Brandenburgs und Hannovers, protestantisch; die Aussicht, die Protestanten künftig überhaupt von der Mitwirkung bei der Kaiserwahl auszuschließen, war zum Greifen nahe. Die politisch-militärische Stoßkraft der Gegenformation hatte sich mit dem Westfälischen Frieden erschöpft, den Innozenz X. vergeblich für nichtig erklärt hatte. Ihre politisch-diplomatischen Kräfte entfalteten aber weit darüber hinaus noch Wirkungen, die gegen Ende des Jahrhunderts ihren Höhepunkt erreichten. Die Rückführung des Hauses Stuart in die Römische Kirche, die beinahe zur Rekatholisierung ganz Großbritanniens geführt hätte, die Zwangskonvertierung oder Vertreibung der Hugenotten, die Konversion einiger welfischer und pfälzischer Fürsten, vor allem aber die des Erben der Schutzherrn der Reformation, Augusts des Starken, um der polnischen Königskrone willen, waren Meilensteine dieser Entwicklung. Sie wäre mit einem Übertritt des letzten protestantischen Mitglieds des Kurkollegiums in seiner Jahrhunderte alten Zusammensetzung gekrönt worden. Rom nahm seit Jahrhunderten für sich in Anspruch, allein die kaiserliche und königliche Würde verleihen zu können; was lag also näher, den lockenden Glanz der Krone in Preußen ebenso für den römischen Stuhl zu nutzen, wie es in Polen geschehen war. Die polnische Krone hatte der gegenreformatorischen Diplomatie ihren bisher größten Erfolg in Deutschland verschafft: der am 2. Juni 1697 in Baden bei Wien vollzogene Übertritt Augusts des Starken zum Katholizismus.

Als Beichtvater war dem neuen Katholiken ein italienischer Jesuit, Maurizio oder Moritz Vota, an die Hand gegeben worden, der allen Anforderungen genügte, die an einen Höfling zu stellen waren. Umfassende Weltklugheit, geschmeidige Ansichten und eine außergewöhnliche Begabung zu geistvoller Unterhaltung werden ihm nachgerühmt. Dieser Pater Vota taucht nach erfolgreichem Wirken in Wien und Dresden im

September 1700 in Berlin auf, um die geistvoll brillierende und über die Enge konfessionellen Denkens erhabene Hofgesellschaft der Kurfürstin Sophie Charlotte zu bereichern. Bei Hofe zugelassen und eingeführt, benutzt er eine Gelegenheit, um dem Kurfürsten ein Gutachten zur Kronfrage zu überreichen. In seinem Gutachten ist von den Bedenken, wie sie des Kurfürsten Geheimräte vortragen, nicht die Rede; die Erwerbung der Königskrone ist nach Votas Auffassung nicht nur Friedrichs Recht, sondern Friedrichs Pflicht. Drei Wege dahin werden von Vota untersucht: Die Anerkennung der Würde durch die Untertanen, die Übertragung durch den Kaiser und die Verleihung durch den Papst. Das Recht desselben zur Erhebung von Königen stehe außer Frage, ja, der Papst sei auch in der Lage, einen von ihm zur Würde erhobenen »König der Vandalen« im gegebenen Falle zum Kaiser zu krönen. Von einer Bekehrung ist dabei überhaupt keine Rede, sondern nur von der Wiedervereinigung der getrennten Christenheit, wie sie schon oft genug geplant und ohne das gegenseitige Mißtrauen leicht möglich gewesen sei. Das Gutachten endet mit den Worten: »Dergestalt wird man, wenn man katholisch wird, das Gute ohne das Böse haben. Man wird die Freundschaft und Unterstützung des Papstes haben, ohne etwas von dem Seinen zu verlieren.«

Vota wurde sozusagen durch einen Wettbewerber aus dem eigenen Lager vom Ansitz weggedrängt. »Dass ihm die Sache aus den Händen geraten war und seine Einfädelungen ohne jeden praktischen Erfolg blieben, glaubte er dem ungeschickten Dazwischentreten des Bischofs Zaluski zuschreiben zu müssen, welcher rasch ernten wollte, was jener mühsam gesät« (Heyck). Die Jesuiten waren auch nach dem Verzicht Polens auf die preußische Souveränität im Frieden von Oliva in Preußen geduldet worden und setzten dort ihre Konversionsbemühungen fort, aufmerksam von den polnischen Bischöfen beobachtet. Einer von ihnen, Andreas Graf Zaluski, wechselte sogar aus dem Bistum Plozk in das rangniedere, aber Preußen unmittelbar benachbarte Bistum Ermland und Samland, um in die sich anbahnende Entwicklung seinerseits jederzeit eingreifen zu können. Der preußische Königstraum Friedrichs war ihm bekannt; der Traum des polnischen Bischofs war, Friedrich in Königsberg zu einem katholischen König zu krönen. Er reiste deshalb im Frühjahr 1700 nach Rom und kehrte Ende Mai mit einem an ihn gerichteten päpstlichen Breve zurück, in dem Innozenz XII. erklärte, er »werde Gott in unablässigem Gebet bitten, dass er Uns einst einen Weg weisen möge, auf dem Wir Unser Wohlwollen für jenen grossen Fürsten deutlicher bezeigen könnten. Du weisst durch ausführliche persönliche Gespräche, dass dieses für uns ein sehr erfreulicher Erfolg wäre.«

Nur ein Jahr später – als sich Friedrich 1701 ohne den eben noch aufgedrängten päpstlichen Segen zum König krönt – ist die Tonart Clemens' IX., des Nachfolgers von Innozenz XII., eine ganz andere. Der Papst protestiert gegen das »freche ... und unerhörte Sakrilegium«, durch das Friedrich »in schamloser Weise« sich denjenigen zugesellt habe, die das göttliche Wort verdamme. Diese »Schandtat« wolle der Papst nicht bemänteln, sondern das »freche und gottlose Attentat« öffentlich verdammen. Der Wechsel der Tonart läßt unschwer die Enttäuschung der Hoffnungen erkennen, die 1700 offenbar noch an Siegessicherheit grenzten.

Der von Innozenz XII. angestrebte »erfreuliche Erfolg«, die Krönung aller gegenreformatorischen Bestrebungen im Reich durch die vollständige Rückführung des Kurkollegiums in den Schoß der alten Kirche, war dem römischen Stuhle nicht beschieden. Die päpstliche Politik scheiterte an der »schwachen, abergläubischen Seele« Friedrichs, in der »eine außerordentliche Anhänglichkeit an den Calvinismus (lebte)« (Friedrich der Große). Ob die politische Stoßrichtung der Gegenreformation, die Friedrichs »schwacher, abergläubischer Geist« letztlich scheitern ließ, seinem Enkel Gelegenheit gelassen hätte, als »der Große« in die Geschichte einzugehen, ist eine andere Frage.

Die ironische Hypothese des Enkels, es sei anzunehmen, daß der Calvinist Friedrich alle anderen Bekenntnisse verfolgt hätte, »wären die Priester so schlau gewesen, die Verfolgungen mit Zeremonien zu verknüpfen«, entbehrt jeder Grundlage. Ein Bericht Ilgens über die Wiener Kronverhandlungen – in denen unter anderem die Zulassung von Jesuiten am Berliner Hof gefordert worden war – beweist das Gegenteil:

> Absonderlich wurde der Punkt der Religion sehr hart getrieben und ... [hat der Kurfürst] sich bald anfangs erklärt, dass [er] in diesem Stücke nichts, so [sein] Gewissen im geringsten drücken könne, einräumen, sondern ... lieber das ganze Werk fallen lassen und sich statt der irdischen mit der ewigen Krone begnügen wolle ...

Friedrich, der in seiner eigenhändigen Ausarbeitung von 1699 geschrieben hatte, daß er seine Religion »umb alle Krohnen der Welt nicht verwechseln werde«, hätte im Gegensatz zur Hypothese des Enkels lieber auf allen Glanz des Königtums und damit zugleich auf sein höchstes politisches Ziel verzichtet, als auf seine Überzeugung. Diese Haltung ist weder schwach noch abergläubisch; an ihr scheiterten alle römischen Einflüsse. Deren Intensität und Vielfalt machen aber deutlich, warum der durch die falsche Chiffre in das Spiel gelangte Pater Wolff seinen Auftrag mit Freuden übernahm.

Mit dem 17. Februar 1700 war das Handschreiben Friedrichs an Pater Wolff datiert; es kann also kaum vor Ende Februar in die Hände des Empfängers gelangt sein. Trotzdem berichtete Bartholdi bereits am 3. März über den Inhalt der Audienz, die Wolff sofort erbeten und erhalten hatte:

> Der Kaiser hat die Proposition mit großer Geduld angehört und wenigstens keinen Widerwillen blicken lassen, wiewohl er nur eine dilatorische Antwort und zwar dahin gehend gegeben: »es mache eine andere faciem in Europa und er müsse das Werk so überlegen, dass er und S.Kf.D. nicht mehr Schaden und Mühe daran hätten; er gönne E.Kf.D., so ihm allezeit zugethan gewesen, Alles Gute und wolle es bei allen Gelegenheiten erweisen.«

Der Bescheid des Kaisers entsprach ganz und gar den gewohnten und bewährten Traditionen habsburgischer Politik. Immerhin beauftragte der Kaiser den Reichsvizekanzler Grafen Kaunitz und den Oberhofmeister Ferdinand Bonaventura Grafen Harrach, mit Bartholdi über die Kronfrage zu verhandeln. Die Verhandlungen wurden vor dem Hintergrund der aufsteigenden Gewitterfront geführt, die sich im Spanischen Erbfolgekrieg entladen sollte, dem ersten der Weltkriege, die ganz Europa erschütterten. Ihr Verständnis setzt einen knappen Rekurs seiner Entstehungsgeschichte voraus.

Der Urenkel Karls V. – in der spanischen Geschichtsschreibung Karls I. – war Philipp IV. In seiner ersten Ehe mit Isabella, Tochter Heinrichs IV. von Frankreich, war ihm 1638 eine Tochter Maria Theresia geboren worden, die 1660 mit Ludwig XIV. verheiratet wurde und dabei auf ihre spanischen Erbrechte zu verzichten hatte. Aus der zweiten Ehe Philipps IV. mit Maria Anna von Österreich stammte der seit 1665 regierende Karl II., letzter spanischer Habsburger im Mannesstamm, und die Infantin Margarita Theresia, die mit Kaiser Leopold I. vermählt worden war. Aus dieser Ehe entstammten außer dem römisch-deutschen Thronfolger Joseph ein zweiter Sohn, Erzherzog Karl, und eine Tochter Maria Antonia, die 1685 mit dem bayerischen Kurfürsten Max Emanuel verheiratet wurde. Aus dieser Verbindung ging wiederum der am 28. Oktober 1692 geborene Kurprinz Joseph Ferdinand hervor. Der spanische König Karl II. war dagegen kinderlos, völlig degeneriert und dem Wahnsinn nahe. Die auf seinem baldigen Ende beruhenden Hoffnungen und Spekulationen wurden allerdings immer wieder von ihm enttäuscht.

Der Kaiser nahm die Erbfolge der deutschen nach den spanischen Habsburgern für seinen zweiten Sohn, Erzherzog Karl, in Anspruch, weil dessen Mutter Margarita Theresia keinen Erbverzicht geleistet hatte und der Kaiser selbst darüber hinaus durch seine Mutter Maria Anna ein Enkel Philipps III. von Spanien war. Die Frage des durch die Gemahlin Ludwigs XIV. geleisteten, durch die Gemahlin des Kaisers aber nicht geleisteten Erbverzichts war entscheidend, weil das spanische Recht grundsätzlich die weibliche Erbfolge beim Ausscheiden des Mannesstammes anerkannte; ein Erbverzicht bedurfte allerdings der Zustimmung der spanischen Stände (Cortes). Diese Zustimmung fehlte bei den Erbverzichten, die von Maria Antonia und für Joseph Ferdinand hinsichtlich des spanischen Erbes ausgesprochen worden waren.

Der von seiner Gemahlin Maria Theresia 1660 erklärte Erbverzicht war dagegen in den Augen Ludwigs XIV. unwirksam, weil er an die Zahlung einer Mitgift geknüpft war, die niemals ausbezahlt wurde. Aus diesem Wirrwarr der verwandtschaftlichen und rechtlichen Beziehungen ergaben sich demnach drei Prätendenten: Philipp von Anjou als Urenkel Philipps IV. und Erbe seiner Großmutter Maria Theresia, Joseph Ferdinand von Bayern, ebenfalls ein Urenkel Philipps IV. und Erbe seiner Großmutter Margarita Theresia und schließlich Erzherzog Karl, ein Enkel Philipps IV. und Erbe seiner Mutter Margarita Theresia und zugleich seiner Großmutter Maria Anna.

Damals, wie heute, hatten allerdings die faktischen und rechtlichen Gesichtspunkte in den Augen der europäischen Politiker nur die Bedeutung des Materials zur Begründung ihres politischen Handelns. Ludwig XIV. war entschlossen – und mußte es wohl sein –, unter keinen Umständen die Erneuerung des habsburgischen Zangengriffes um Frankreich zu dulden. Das Haus Habsburg betrachtete das spanische Erbe ganz selbstverständlich als Familienerbe, dessen Teilung überhaupt nicht und erst recht dann nicht in Betracht kam, wenn sie einen Gegner stärkte. Eine Äußerung Leopolds ist dafür kennzeichnend: »Status valde miserabilis si daremus Gallo quae peteret; esset potentior« (Wir gerieten in eine sehr elende Lage, wenn wir dem Franzosen gäben, was er verlangt; er würde dadurch nur stärker werden). Die Seemächte dagegen, vor allem England, waren an nichts weniger interessiert, als an einer Verschiebung des Gleichgewichts der Kräfte in Europa und am allerwenigsten an tatkräftigen Erben spanischer Überseegebiete.

Die militärische Lösung dieser Machtfragen – wie sie später zwölf Jahre hindurch Europa und die Welt erschüttert hat – schien niemandem erstrebenswert. Seit dem Frühjahr 1698 sondierte deshalb Lord Portland im Auftrage Wilhelms von Oranien in Paris die diplomatischen Möglichkeiten. Im September schien der Ausgleich aller Spannungen im Bereich des Möglichen zu liegen: Frankreich und die Seemächte verständigten sich im sogenannten ersten Partagetractat (Teilungsvertrag) darauf, Spanien und die Überseegebiete ungeteilt dem politisch und militärisch schwächsten Anwärter, dem sechsjährigen bayerischen Kinde, zu garantieren, Frankreich mit den spanischen Gebieten in Süditalien und den Erzherzog mit Mailand zu entschädigen.

Der Versuch, den Frieden zu erhalten, scheiterte. Der Kaiser lehnte empört den Gedanken ab, das Haus Habsburg mit einem Bruchteil seines spanischen Erbes abzufinden, und die spanischen Granden waren nicht weniger von dem Gedanken einer Teilung der spanischen Monarchie überhaupt empört. Sie bestimmten im Dezember 1698 ihren, im Escorial seinem Ende entgegendämmernden König, den kleinen Bayernprinzen zum Erben des ungeteilten spanischen Weltreiches einzusetzen. Das Schicksal wollte es anders: Zwei Monate später, am 6. Februar 1699, starb das Kind in Brüssel, wie man heute weiß, eines natürlichen Todes. Vierundzwanzig Schiffe hatten schon im Hafen von Amsterdam bereitgelegen, um den künftigen König nach Spanien zu geleiten. Sie liefen nicht aus; die Sternstunde des Hauses Wittelsbach war vorübergegangen.

Die Diplomatie beeilte sich, das zerrissene Netzwerk wieder zu flicken. Der habsburgischen Partei am spanischen Hofe, an ihrer Spitze die Königin, Anna-Maria von Pfalz-Neuburg, gelang es, den sterbenden König zur testamentarischen Einsetzung des Erzherzogs Karl als Erben und Nachfolger zu bewegen. Sie erfolgte unter der Bedingung der Bereitstellung kaiserlicher Truppen gegen einen französischen Angriff.

Im März 1700 unterzeichneten Frankreich und die Seemächte den zweiten Partagetractat, der nunmehr den Erzherzog als künftigen König Spaniens, seiner Überseegebiete und der spanischen Niederlande unter der Bedingung designierte, daß die letzteren niemals mit dem Reich vereinigt werden dürften. Philipp von Anjou bzw. sein Vater, der Dauphin Ludwig, sollte, wie bisher, die spanischen Besitzungen in Süditalien und dazu Mailand erhalten, das später gegen Lothringen ausgetauscht werden sollte.

Der Unterzeichnung des Traktats folgte unmittelbar die Aufforderung der drei Signatarmächte an den Kaiser, binnen drei Monaten dem Vertrage beizutreten. In Wien war man sowohl über den Inhalt des Vertrages, wie über die Form entrüstet, in der dem Kaiser der Beitritt angesonnen wurde. Des Testaments zu Gunsten des Erzherzogs glaubte man sich sicher, die Bereitstellung von Truppen in Spanien war nicht zuletzt eine fast unlösbare Kostenfrage, und der Ernstfall – der Tod

Karls II. – schien auch diesmal so fern, wie er schon oft genug vergeblich erwartet worden war. Die Wiener Politik setzte daher auf den ältesten und bewährtesten Verbündeten Habsburgs: die Zeit.

Anfang März 1700 hatte der Kaiser dem Pater Wolff die erste Audienz in der Kronfrage gewährt; am Ende desselben Monats wurde der zweite Partagetractat unterzeichnet und notifiziert. Die Seemächte ließen keinen Zweifel daran, daß sie eine Überfahrt des Erzherzogs Karl nach Spanien zu verhindern wissen würden, falls der Kaiser dem Partagetractat nicht binnen der gesetzten Frist beitrete. Das eben verbot sich für das Selbstverständnis des Hauses Habsburg von selbst. Erst am 18. August ließ der Kaiser die Seemächte wissen, daß er sie »ersuche, sich nicht mit der Ernennung eines Erben der spanischen Monarchie zu bemühen«. Frankreich gegenüber fiel die Antwort etwas weniger brüsk aus. Der Kaiser ließ Ludwig XIV. wissen, daß »es ... ihm nicht schicklich (scheine), sich auf Engagements über die Erbschaft eines teuren Verwandten, der noch von jungen Jahren und bei guter Gesundheit sei, einzulassen«. Wien ließ sich Zeit.

In der preußischen Frage wurde nach Art der Echternacher Springprozession verhandelt. Bartholdi wurde zwar schon am 16. März die erste offizielle Audienz durch den Kaiser gewährt; er erfuhr dabei aber nicht mehr, als er ohnehin schon durch den Pater Wolff wußte und wurde an Kaunitz und Harrach verwiesen. Der erste Erfolg des Verhandlungsauftrages an die beiden Grafen war der Hinweis von Kaunitz auf sein Risiko; Graf Königseck habe im Falle der neunten Kur zur Minderung seines Risikos 100000 Taler von Hannover erhalten. Selbstverständlich wurde auch Kaunitz Risikovorsorge gewährt. Harrach wiederum wollte sich der Sache entziehen, solange der Jesuit Wolff im Spiele sei und verschleppte damit die Verhandlungen. Mit Mühe konnte Bartholdi Konsultationen zur Herbeiführung weiterer Bedenken verhindern. Die staats- und verfassungsrechtlichen Bedenken äußerte der Kaiser selbst. Am 31. März berichtete Bartholdi, daß er dem Kaiser habe versichern müssen, daß Friedrichs Stellung im Reich unverändert bleibe, für die Polen unverändert der Vertrag von Wehlau gelte und etwaige Ansprüche des Deutschen Ordens nicht durch den Wechsel des Titels eines Herzogs oder Königs verändert werden könnten.

Mit diesem Austausch von Rechtsansichten hatte es vorerst sein Bewenden. Kaunitz vertrat ganz offen den Standpunkt, daß die Zeit für einen Abschluß noch nicht reif sei. Die spanische Frage werde ihn möglicherweise erzwingen; deren Lösung sei aber noch in weiter Ferne. Erreiche der Kurfürst jetzt schon, was er wolle, so werde er Zeit und Gelegenheit haben, sich etwaigen Gegenleistungen zu entziehen. Die Entwicklung der nächsten sieben Monate sollte genau zu dem umgekehrten Ergebnis führen.

Friedrich begann, wie aus seiner Weisung an Bartholdi vom 4. Mai 1700 hervorgeht, durch das Wiener Katz-und-Maus-Spiel gereizt zu werden: »Wir fangen aber an, diese Finessen zu merken und werden, sofern nun nicht mit dem ersten eine raisonable Resolution erfolgt, unsere mesures darnach zu nehmen wissen.« Solche »Maßnahmen« konnten nur auf eine eigenständige Erhebung zur königlichen Würde ohne Anerkennung durch den Kaiser hinauslaufen. Für einen derartigen Akt der Souveränität außerhalb der Grenzen des Reichs konnte das Staatsrecht des Reiches zumindest keine unmittelbar entscheidende Bedeutung haben. Er würde aber – darauf hat insbesondere Ilgen hingewiesen – ohne internationale Anerkennung des Königstitels in die Sackgasse politischer Wirkungslosigkeit mit einem entsprechenden Gesichtsverlust geführt haben. Mit einer Anerkennung durch Ludwig XIV. war angesichts der bisherigen Haltung Brandenburg-Preußens ohnehin nicht zu rechnen. Die Zusagen der Anerkennung aus den 1696 mit dem Kurfürsten von Bayern und dem Kurfürsten von Sachsen und König von Polen geschlossenen Verträgen wogen wenig gegenüber der Haltung der Seemächte, Skandinaviens und vor allem des Hauses Habsburg in seinem spanischen und österreichischen Zweig. Wilhelm von Oranien hatte bereits 1696 in Kleve seinen Neffen und bewährten Verbündeten Friedrich wissen lassen, daß er des Kurfürsten Mittel für zu unzulänglich halte, um nach der Königskrone zu greifen; er werde sie ihm aber zugestehen, wenn sie der Kaiser anerkenne. Nach einem Bericht des brandenburgischen Gesandten von Tettau aus London wollte sich Wilhelm im April 1700 aber auch an diese halbe Zusage nicht mehr halten, schlug alles ab und ließ dem Kurfürsten von der weiteren Verfolgung der Königspläne abraten.

Dieser Zeitpunkt liegt nur um einen Monat nach dem Abschluß des zweiten Partagetractates, als Wilhelm von Oranien noch mit einer Zustimmung Wiens zu dem Übereinkommen zwischen Frankreich und den Seemächten über die Zukunft der spanischen Monarchie rechnen mochte. Die Entstehung eines neuen Königreiches in der Person des eigenen Neffen erschien ihm vermutlich vor diesem Hintergrund nur als potentieller Störfaktor für die erhoffte Einigung der Großmächte. Die völlig überraschende Veränderung des europäischen Kräftespiels in den nächsten sieben Monaten hat Wilhelm von Oranien offenbar ebensowenig vorhergesehen, wie sie in der Wiener Hofburg vorhergesehen wurde. Was aber immer die Motive Wilhelms von Oranien waren: Seine Haltung machte Friedrich deutlich, daß er ohne eine Anerkennung durch den Kaiser niemals mit einer Anerkennung durch die europäischen Großmächte rechnen könne und verwies ihn, allem Ärger zum Trotz, wieder auf das ihm verhaßte, in Wien aber zu hoher Kunst entwickelte »Marchandieren«, zu deutsch auf die Fortsetzung des Kuhhandels.

Er wurde mit einer Beratung zwischen Bartholdi, Kaunitz, Harrach und dem Sekretär Consbruch eröffnet, die mit Einwilligung des Kaisers am 10. Mai 1700 stattfand. Am 21. Mai beriet die Staatskonferenz die Aufforderung der Seemächte, sich dem zweiten Partagetraktakt anzuschließen; sie kam zu der Erkenntnis, daß gegebenenfalls Waffengewalt zur Durchsetzung der Ansprüche des Hauses Habsburg erforderlich sei, zugleich aber auch zu dem Entschluß, die weitere Entwicklung abzuwarten. Der erkannte Bedarf an militärischen Mitteln veranlaßte den Kaiser, eine zweite Beratung mit Bartholdi zu gestatten, die schließlich am 16. Juni stattfand. In ihr vertrat Bartholdi vor den kaiserlichen Räten eine merkwürdig modern anmutende, aber den sich eben durchsetzenden, naturrechtlichen Gedankengängen de Groots, Pufendorfs und Lockes entsprechende Auffassung: Der Ursprung aller Herrschaft auf Erden beruhe auf dem Willen des Volkes. Wolle das preußische Volk also den Königstitel, so sei sein Herrscher zur Annahme desselben berechtigt und verpflichtet.

Bartholdi suchte damit »die kaiserliche Creation« – die Erhebung zur Königswürde durch den Kaiser – von vornherein zu vermeiden, die Friedrich mit Recht als Zeichen der »Dependanz« (Abhängigkeit) ansah, »die wir bei dieser Sache ganz vermeiden wollen«. Das ist die gleiche Auffassung, die Friedrich in seiner eigenhändigen Stellungnahme von 1699 vertreten hatte: er wolle sich »des Keysers approbation versichern«, aber »wegen Preußen die königliche Dignitet annehmen«, um »ein independenter König« zu sein. Die – spätere – Wiener Formulierung, daß er zur Krönung ohne Approbation der »Kayserl. May. alß das allerhöchste oberhaubt der Christenheit ... nicht befugt« sei, änderte Friedrich in »nicht gemeint«: Er habe die Krönung ohne Zustimmung des Kaisers nicht beabsichtigt, ohne daß es derselben bedürfe. Pater Wolff hatte statt dessen geglaubt – wie aus einem Bericht Bartholdis vom 19. Juni hervorgeht – den Kaiser mit der Ansicht günstig zu stimmen, die Verleihung der Königswürde durch ihn bedeute die Erneuerung eines seit Jahrhunderten nicht ausgeübten kaiserlichen Rechtes. Die kaiserlichen Räte kamen indes zu dem Ergebnis, »daß die conferirung dieser newen königlichen Dignitet besser zu unterlassen ... und das beste seyn würde, wan der Churfürst von ... Ew. Kay. Mt. in suspenso gelassen werden könnte«.

Die eine Seite der Medaille, die die Räte ihrem Kaiser überreichten, war also wieder einmal das Wiener Allheilmittel: die Zeit. Die andere Seite war die Not, die den Räten langsam immer deutlicher bewußt wurde: »Wan Ew. Kay. Mt. sich jemahlen inskünfftig bewegen lassen solten, dem Churfürsten mit dem Titul zu willfahren oder ihn für einen könig in Preußen zu erkennen, es besser seye, dass Sie sich anjetzo darzu resolviren und diese gnade dem Churfürsten so theuer, alß möglich zu verkauffen suchen.« Damit waren die Räte beim harten Kern des »Marchandierens« angelangt, den sie dann auch gleich umschrieben:

- 10000 Mann statt der 1686 zugesagten 8000 Mann an Hilfstruppen;
- Einsatz dieser Hilfstruppen auch außerhalb des Reichs;

- Unterhaltung der Hilfstruppen auf eigene Kosten;
- Verzicht auf alle rückständigen Subsidien aus dem Vertrage von 1686;
- Zusage, in allen Reichsangelegenheiten stets die kaiserlichen Beschlüsse zu vollziehen, insbesondere bei Kaiserwahlen stets für einen Erzherzog zu stimmen;
- Erhebung zur Königswürde durch den Kaiser;
- Katholische Gottesdienste in Berlin;
- Zulassung von Jesuiten am Berliner Hofe.

Eine Beschreibung des Hin und Her bei dem nun einsetzenden Feilschen erübrigt sich; es stand, wie Bartholdi bei der Übermittlung der kaiserlichen Bedingungen bemerkte, unter der Devise »Iniqua petunt, ut aequa obtineant« (sie fordern das Übertriebene, um das Billige durchzusetzen). Zuweilen erzeugten auch noch Dissense zwischen Bartholdi und Berliner Erklärungen gegenüber dem kaiserlichen Vertreter in Berlin Gegenwirkung und Verwirrung. Als letztes Verhandlungsergebnis kann festgehalten werden, daß es hinsichtlich der Hilfstruppen bei dem ohnehin durch den Vertrag von 1686 bis 1706 zugesagten 8 000 Mann verblieb, die aber jetzt auch außerhalb des Reichs eingesetzt werden durften. Die Subsidien wurden mit jährlich 100 000 Talern im Kriegsfalle pauschaliert und auf die Rückstände verzichtet. Die Zusage eines der kaiserlichen Politik konformen Verhaltens wurde durch eine allgemeine und unverbindliche Erklärung ersetzt. Die letzten drei Punkte lehnte Friedrich rundweg ab; auf die letzten beiden Punkte bezieht sich der erwähnte Bericht Ilgens über die »sehr hart getriebene Religion«. Insoweit zog Friedrich den Schlußstrich mit seiner Weisung an Bartholdi vom 13. November 1700: »Wir bezeugen mit dem allwissenden Gott, dass wir deshalb in Ewigkeit nicht weiter gehen werden, als Ihr über diese Materie instruiret seid und sind keine Reiche und Kronen in der Welt capable, Uns hierunter relaschiren zu machen.« Das ist nicht die Sprache der Schwäche und des Aberglaubens.

Am 6. August hatte die Staatskonferenz den Beschluß gefaßt, den Seemächten zu erwidern, »solange der König (von Spanien) lebe, seie von einer succession nicht zu reden, noch zu handeln«, der der Note des Kaisers an die Seemächte vom 18. August zugrunde lag. Am gleichen Tag, an dem sich Wien zum Widerstand gegen die Teilung Spaniens entschloß, dem 6. August 1700, entschloß es sich auch, den Antrag Friedrichs grundsätzlich anzunehmen. Das Schreiben des Kaisers an Friedrich datiert vom gleichen Tage; die Frage nach dem Zeitpunkt und den endgültigen Bedingungen blieb dabei noch immer vorbehalten. Das zähe Feilschen um das Wann und Wie entwickelte sich zu einem furiosen Finale, das sich bis zur Bedrohung Bartholdis steigerte – bis ein Paukenschlag dem Ganzen ein Ende machte: Chronos, der Gott der Zeit, hatte seine Anbeter in Wien im Stich und einem anderen die Zeit zur Tat gelassen, die in Wien mit hoheitsvollem Schweigen verschenkt worden war.

Vom Augenblick der Ratifizierung des zweiten Partagetractates an

> wird die Arglist Ludwigs (XIV.) vollkommen offenkundig. Im Jahre 1700 bediente sich sein Botschafter in Madrid jedes erdenkbaren Mittels, insbesondere des Geldes, um den spanischen Hof für die Thron-Nachfolge eines französischen Prinzen zu gewinnen, während er selbst mit Wilhelm [von Oranien] verhandelte. Zu ein und derselben Zeit unterzeichnete er mit Wilhelm einen Vertrag, der den Erzherzog Karl begünstigte, förderte er eine Partei in Madrid, die für seinen Enkel eintrat, und verlegte nach und nach eine starke Armee an die spanische Grenze ... Er war entschlossen sich zu nehmen, was Fortuna ihm bot. (Churchill)

Französische Historiker (Erlanger) meinen, das treffe sicherlich nicht zu, weil sich Ludwig XIV. »gern an den Teilungsvertrag gehalten« hätte, aber eine Armee an die Pyrenäen entsenden mußte, »sobald er hörte, daß Karl II. jetzt dem Erzherzog sein Erbe versprach«. Diese Behauptung übersieht die geographische Tatsache, daß die Pyrenäen weder in Süditalien noch in der Nähe von Mailand liegen, während Spanien selbst ja gerade eben dem Erzherzog durch den zweiten Teilungsvertrag garantiert worden war. Die Mohrenwäsche Erlangers wird durch die eigene Schilderung des Vorgangs ad absurdum geführt, den Erlanger selbst mit Recht einen Staatsstreich nennt:

> Kardinal Portocarrero, Erzbischof von Toledo und fünf Granden aus dem obersten Rat beobachteten die Entwicklung und führten einen Staatsstreich durch ... Portocarrero und seine Verbündeten hatten ... die Möglichkeit, das deutsche Regiment in Madrid zu beseitigen und den pro-österreichischen Beichtiger des Königs durch einen ihnen ergebenen Mönch zu ersetzen. Sie liessen dem Mönch etwas Zeit, »sich zu verankern«, dann begaben sie sich in die königlichen Gemächer und sperrten der Königin den Zugang. Als Karl II. ihnen nun gnadenlos ausgeliefert war, machten sie ihm klar, dass einzig und allein Ludwig XIV. mächtig genug sei, die Teilung der Monarchie zu verhindern; sie beschworen ihn, seine Kronen Philippe von Anjou, dem zweiten Sohn des Dauphins zu vermachen. Karl zog die Theologen zu Rate und fand, dass sie diese Meinung teilten. Seine letzte Kraft zusammennehmend, bat er den Papst in einem Schreiben um seine Stellungnahme.
> Innozenz XII. ... näherte sich seinem Ende. Er haßte den Kaiser und glaubte, Italien einen letzten Dienst zu erweisen, wenn er die Habsburger von der Halbinsel fernhielt. Am 16. Juli antwortete er also der Katholischen Majestät, daß »die Gesetze Spaniens und das Wohl der Christenheit von ihm forderten, daß er das Haus Frankreich bevorzuge«.

Durch die Brille des Versailler Hofklatsches gesehen beschreibt die unvermeidliche Liselotte von Orléans den gleichen Vorgang in einem Brief an die Schwiegermutter Friedrichs, die Kurfürstin Sophie von Hannover, vom 13. November 1700:

> Ihro Kaiserliche Majestät ... hatten den beichtvater vom könig in Spanien selig gewonnen, welcher diesen König ein testament en faveur des erzherzogs hatte unterschreiben machen. Meinte also, seine sache ganz sicher zu haben und es wäre auch gewesen, wenn der beichtsvater den könig in Spanien nicht quittiert hätte. Dieser mönch aber wollte erweisen, wie wohl er sein handwerk wußte, ging zum cardinal de Portocarrero und sagte zu ihm, er könne dem König nun als erzbischof von Toledo die absolution geben,

denn er hätte Ihro Majestät seel in einen stand gesetzt, daß er selig abscheiden könnte. Der cardinal antwortete, weilen dem also seie, hätte der beichtsvater nichts mehr bei dem König zu tun, sollte ihn also gewähren lassen; ging damit zum König und sagte platt heraus, er könnte Ihro Majestät die absolution nicht geben. Der König fragte, weswegen. Der cardinal sagte: Weil Ihro Majestät dero rechtsmässigen Erben unrecht tun und einen erwählen, ihr königreich zu lassen, dem es nicht mit recht zukommt, als nämlich dem Erzherzog. Ihro Majestät reich gehört mit recht dem Dauphin und seinen Söhnen. Der König sagte: »Es ist wahr, daß ich ein testament vor den Erzherzog unterschrieben habe. Ich kanns aber nicht mehr ändern, denn ich bin in keinem stand, ein anderes zu machen«. Der cardinal sage, er hätte eines ganz fertig im sack. Der König sollte es nur unterschreiben, wenn er es ihm würde vorgelesen haben. Tat es gleich und der König unterschrieb es. Da gab er ihm die absolution und liess den beichtsvater nicht mehr in des Königs kammer. So ist es hergangen. Da sehen Euer Liebden wohl, dass es des Kaisers schuld nicht gewesen, denn der kaiser konnte nicht erraten, dass der beichtsvater sich als ein sot würde vom cardinal de Portocarrero attrapieren lassen. Es war ein dominikaner. Ich glaube, daß, wenn es ein jesuwit gewesen wäre, hätte er sich nicht so leicht attrapieren lassen.

Karl II. unterzeichnete sein drittes und letztes Testament zu Gunsten Philipps von Anjou, dem Enkel Ludwigs XIV. als Alleinerben der spanischen Monarchie am 7. Oktober 1700; das Testament zu Gunsten des Erzherzogs wurde vor den Augen des Sterbenden verbrannt. Am gleichen Tage galoppierten die Kuriere mit dem neuen Testament vom Escorial nach Versailles. Am 23. Oktober befahl Ludwig XIV. dem Marschall d'Harcourt, sich in Bayonne bereitzuhalten und mit der herbeigezogenen Armee die Grenzorte zu besetzen. »Der Kaiser mochte protestieren – seine Truppen waren fern.« (Erlanger)

Am 1. November 1700 wurde der letzte spanische Habsburger von seinem Martyrium erlöst. Die Nachricht von seinem Tode traf am 8. November in Fontainebleau ein, wo sich Ludwig XIV. aufhielt. Am 16. November »vollzog sich in Versailles das größte und ungewöhnlichste Theater, das jemals in Europa stattgefunden hat« (Marquis de Sourches). »Blicken Sie her«, befahl Ludwig XIV. dem spanischen Gesandten Castel dos Rios, »hier steht der König, den Spanien wünscht«; dos Rios beugte das Knie und küßte Philipp von Anjou die Hand. Die Türen wurden für den Hofstaat geöffnet, dem Ludwig XIV. verkündete:

> Meine Herren, dies ist der König von Spanien. Die Abstammung bestimmte ihn zu dieser Krone, der verstorbene König tat es durch sein Testament; die spanische Nation hat ihn ersehnt und inständig von mir erbeten. Es ist die Ordnung, die der Himmel wünscht, und ich habe mit Freuden zugestimmt.

Die Vorstellung der vom Himmel gewünschten Ordnung konnte in Versailles und Wien kaum verschiedener sein. Gerade zwei Wochen zuvor hatte der Oberhofmeister Graf Harrach Bartholdi gegenüber eine baldige Entscheidung mit der Begründung abgelehnt, es sei doch möglich, daß der König von Spanien mit Gottes Hilfe Ludwig XIV. überlebe. »Auf die Hilfe Gottes baute man überhaupt viel am Wiener Hofe« (Pribram). Immerhin beschloß die Staatskonferenz am 12. November, die Verhandlungen mit Bartholdi nicht abzubrechen. Dieser Entschluß ist vermutlich darauf zurückzuführen, daß der Botschafter des Kaisers in Madrid, Alois Thomas Raimund Graf Harrach, mit dem Datum des 1. Oktober gemeldet hatte, Karl II. werde zu Gunsten des französischen Prinzen testieren. Wann die Nachricht vom Tode Karls II. in Wien eintraf, ist umstritten. Pater Wolff spricht in einem Schreiben vom 17. November an Friedrich noch von »einer neuen Unpäßlichkeit I. Maj. des spanischen Königs«. Das Protokoll der Staatskonferenz vom 19. November beginnt mit den Worten »Bericht ... (des Pariser Botschafters) ... verlesen mit der Nachricht vom Tode des Königs von Spanien«, scheint also den Umweg über Paris anzudeuten.

Andererseits steht fest, daß die Meldung am 8. in Fontainebleau und – trotz der Erschwerung durch den Seeweg – am 15. in London und in München noch früher einlief. Diesen

Tatsachen gegenüber »wird man eine solche Saumseligkeit der österreichischen Gesandtschaft in Madrid bei einem so vitalen Interesse des Hauses Habsburg ... schwerlich annehmen dürfen« (Grossmann). Der genaue Zeitpunkt ist von Interesse, weil Bartholdi von Kaunitz für den Morgen des 16. November zur Unterzeichnung des Vertragsentwurfs eingeladen worden war. Der Termin wurde aber abgesagt, weil angeblich dem Kaiser über eine Meldung aus Berlin berichtet werden mußte, der Kurfürst gebe in der Frage der Subsidien nach, in der Bartholdi weitere Konzessionen verweigerte. Bartholdi wurde als »Chicaneur« beschimpft und unter Druck gesetzt, bis es – nun doch noch – am gleichen Tage zur Unterzeichnung des »erneuten Allianztractats« kam, der unter der Bezeichnung »Kontraktat« in die preußische Geschichte eingegangen ist. Mit einiger Sicherheit ist anzunehmen, daß Ursache der Absage des Termins, des Druckes auf Bartholdi und der überraschenden Erneuerung des Unterzeichnungstermins der Eingang jener Nachricht aus Madrid war, die geheimgehalten wurde, um Bartholdi nicht zu ermutigen.

Der entscheidende Artikel des Kontraktats lautete:

> Da der Kurfürst dem Kaiser vorstellen lassen, daß er aus verschiedenen Gründen die Absicht habe, seinem Hause den königlichen Titel zu erwerben, so habe der Kaiser, in Betracht des uralten Glanzes und Ansehens des Hauses Brandenburg und wegen der von dem jetzt regierenden Kurfürsten dem gemeinen Wesen bisher geleisteten großen Dienste resolviret, eine solche wohlverdiente Dignität dem Kurfürsten beizulegen, erkläre auch aus kaiserlicher Macht und Vollkommenheit, wenn der Kurfürst dieser erlangten Approbation zufolge sich wegen seines herzogthums Preußen zum Könige ausrufen und krönen lasse, daß er, der Kaiser, und sein Sohn, der römische König, auf erhaltene Anzeige ihn unverzögert in und ausserhalb des Reichs für einen König in Preußen ehren, würdigen und erkennen und ihm diejenigen Prärogative, Titel und Ehren erweisen wollen, welche andere europäische Höfe vom Kaiser und kaiserlichen Hofe erhielten.

In Wien hatte man einigen Grund, sich angesichts der drohenden Gefahr eines Weltkrieges mit diesem Artikel wenigstens einen Verbündeten zu sichern. Das Haus Habsburg war isolierter denn je. Die Haltung der Seemächte war nach dem spanischen Staatsstreich Ludwigs XIV. zumindest offen. Die Rijswijker Klausel, die vom Hause Habsburg geforderte und erreichte Konversion des sächsischen Kurfürsten, die Religionsverfolgungen in den kaiserlichen Erblanden und in Ungarn hatten das protestantische Deutschland zutiefst erbittert. Der katholische Kurfürst Max Emanuel von Bayern – und mit ihm sein Bruder, der Kurerzbischof Clemens von Köln – waren vollkommen in das französische Fahrwasser geraten, die Türkengefahr blieb latent und die Finanzen des Hauses Habsburg waren geradezu hoffnungslos zerrüttet. Die Nervenstärke der Wiener Politiker, mit der sie sich die brandenburgisch-preußische Allianz um den Preis der Anerkennung der preußischen Krone buchstäblich in allerletzter Minute sicherten, ist ebenso zu bewundern, wie ihr Gottvertrauen. Daß die Anerkennung zu keinem anderen Zeitpunkt und unter keinen anderen Umständen erreichbar gewesen wäre, liegt damit auf der Hand.

Am 24. November traf der Kurier mit dem Kontraktat in Berlin ein; Friedrich ratifizierte den Vertrag bereits am 27. November. Am gleichen Tage ergingen die Weisungen an die Gesandten in Paris, London, Den Haag und Warschau, die Zustimmung der fremden Mächte einzuholen. Am 4. Dezember ratifizierte der Kaiser. Mit einem Manifest vom 16. Dezember verkündete Friedrich seine Annahme der königlichen Würde.

Am 13. Dezember setzte sich in Berlin ein Zug in vier Abteilungen, deren erste allein 200 Karossen und Lastwagen umfaßte, mit dem gesamten Hofstaat und den Garden in Bewegung. Dreißigtausend Vorspannpferde brachten ihn in zwölf Reisetagen nach Königsberg in Preußen. Am 18. Januar 1701 krönte sich Friedrich im Königsberger Schloß – seinem Geburtshause – zum König. Der bis in sein drittes Lebensjahrzehnt Gequälte, Gedemütigte und Zurückgesetzte hatte in den dreizehn Jahren seiner Regierung sich und der Welt bewiesen, was er vermochte: Mit den ersten Tagen des neuen Jahrhunderts trat ein neuer Staat in die Geschichte ein – das Königreich Preußen.

Die Krönung am 18. Januar 1701, Gemälde von Franz Skarbina (Ausschnitt).

Der Staatsprozeß

Als Friedrich mit der Königskrönung sein Lebensziel erreichte, war der Mentor seines Lebens, Eberhard von Danckelmann, schon seit fast drei Jahren ein Gefangener in der Festung Peitz. Noch im Juli 1695 hatte Friedrich bezeugt, »dass dessen Treue (und) Redlichkeit ... uns von unserer Wiege an dergestalt bekannt ist, dass wir von nichts mehr und besser als eben davon persuadiert sind«, als er Danckelmann gegen dessen erklärten Willen zum Oberpräsidenten ernannte. Am 20. Dezember 1697 ließ er seinen ersten Minister verhaften; erst nach zehn Jahren hat Danckelmann seine Freiheit wiedererlangt, ohne zu Lebzeiten Friedrichs rehabilitiert zu werden. Was also hat sich in diesen zweieinhalb Jahren ereignet, das die vorangegangenen mehr als drei Jahrzehnte so vollständig auszulöschen vermochte? Die Darstellung der äußeren Tatsachen beweist nur, daß sie auch in ihrer Gesamtheit unmöglich entscheidend für den inneren Prozeß in der Seele Friedrichs gewesen sein können.

Da ist zunächst der Groll der Geheimräte, die schon dem Vater gedient hatten und die Danckelmann vor dem Zorn des Sohnes geschützt hatte. Sie verziehen dem »Hauslehrer« des neuen Herrn nicht, daß er sich an ihre Spitze gesetzt hatte und womöglich auch ohne ihre Weisheit auskommen konnte. Der Sohn Otto von Schwerins, der Eberhard von Danckelmann einst an den Berliner Hof gerufen hatte, gehörte schon seit 1676 dem Geheimen Rat an, entlud aber erst am 31. Januar 1698 seinen bis dahin stillen Zorn in einer Denkschrift, in der er das Witzwort eines fremden Gesandten zitierte, die Geheimräte hießen so, weil Danckelmann alles vor ihnen geheimgehalten habe. Danckelmann hatte sich den jüngeren Schwerin vor allem dadurch zum Feind gemacht, daß er sich weigerte, dessen Vergütung als Direktor des Schwiebuser Kreises nach dessen Rückabtretung weiter zahlen zu lassen.

Der Zorn der Geheimräte wurde in einem Punkt vom Zorn der Höflinge geteilt. Alle sechs Brüder Danckelmanns standen in den Diensten des Kurfürsten, der Älteste, Johannes, als Direktor der Marine, der Zweitälteste, Thomas Ernst, Nachfolger seines Vaters – als Landrichter in Lingen und Sylvester Jakob als Präsident des Kammergerichts in Berlin. Von den jüngeren Brüdern war Nikolaus Bartholomäus Gesandter in Wien, Daniel Ludolph Rat in Halberstadt und Kurator in Halle und Wilhelm Heinrich Kanzler in Minden. Alle sechs waren aber schon durch den Großen Kurfürsten berufen und nur zwei von ihnen – Sylvester Jakob und Daniel Ludolph – durch Friedrich III. befördert worden. Eine Denkmünze der damaligen Zeit – die Pleiaden-Medaille – feiert den uneigennützigen Dienst des »unbefleckten« Siebengestirns. Die Auftraggeber der Prägung sind unbekannt. Damals wurde behauptet, Eberhard von Danckelmann habe selbst die Münze schlagen lassen; das ist bei seiner immer wieder bewiesenen Scheu vor öffentlichen Ehrungen ganz und gar unwahrscheinlich. Die Annahme, daß der Auftrag aus den »conventikeln« kam, um damit in subtiler Weise Fried-

Die Pleiaden-Medaille auf das »Siebengestirn« der Brüder Danckelmann.

richs Eifersucht zu schüren, liegt sehr viel näher, zumal feststeht, daß die Münze von Christoph Dohna in Friedrichs Hände gespielt wurde.

Die »conventikel« waren heimliche Zusammenkünfte der frondierenden Höflinge, die sich seit 1690 um die Grafen Dohna zusammenfanden, um die »fratellanza« zu bekämpfen. Mit den Dohnas – Alexander und Christoph – bildeten der Oberkämmerer Kolbe von Wartenberg, der Feldmarschall Graf von Barfus, der Obermarschall Wylich von Lottum und viele andere eine »faktion« gegen Danckelmann. Heute würde man von einer Clique oder Kamarilla sprechen, deren gemeinsamer Nenner wirkliche oder vermeintliche Zurücksetzungen oder Kränkungen durch Danckelmann waren; man könnte allerdings ebensogut im Gegensatz zur Inschrift der Pleiaden-Münze von einem Bündnis der »Befleckten« reden. Einer der Dohnas hatte sich schon 1664 mit dem »Hauslehrer« duelliert, Barfus hatte sich 1690 um das Amt des Generalkriegskommissars beworben, das dann Daniel Ludolph von Danckelmann übertragen wurde, Lottum war durch die Mißwirtschaft der Hofstaatskasse bei Eberhard von Danckelmann aufgefallen und Kolbe von Wartenberg hatte einen sehr persönlichen Grund, Danckelmann zu hassen. Er hatte bis 1696 mit der jungen Witwe eines Kammerdieners namens Biedekamp zusammengelebt, die bis zu ihrer ersten Ehe die Rheinschiffer in der Kneipe ihres Vaters in Emmerich bedient hatte. Der sittenstrenge Danckelmann machte diesem Ärgernis durch einen kurfürstlichen Befehl ein Ende, der Kolbe zwang, die wenig standesgemäße Dame zu heiraten. Sie lohnte Danckelmann die Standeserhöhung, indem sie sofort lautstark den Vortritt vor der Frau des Oberpräsidenten beanspruchte.

Auf seine gefährlichste Feindin war Danckelmann aber nicht in der Statisterie des Hofes, sondern an seiner Spitze gestoßen. Sophie Charlotte, Kurfürstin von Brandenburg und später erste Königin in Preußen, hat es vor der Mit- und Nachwelt verstanden, den Ruf einer philosophischen Fürstin zu erwerben, die fern von jedem politischem Interesse sich nur den Künsten und Wissenschaften widmete. Das ist allerdings nur die halbe Wahrheit: Sobald es darum ging, Rechte ihres Elternhauses

Hannover-Braunschweig zu wahren, war Sophie Charlotte politisch sensibilisiert, ohne dies nach außen in Erscheinung treten zu lassen. Zwei gleichzeitige Dokumente aus späterer Zeit machen das besonders deutlich. Im Oktober 1701 schreibt die Kurfürstin Sophie, Mutter Sophie Charlottes: »Meine Tochter ist ihmer auf dem lant in ihr Lützenburg, kert sich an nichts, was bey hoff geschieht, den sten, den sich nicht heben kan, lest sie liegen.« Kaum mehr, als einen Monat später, am 2. Dezember 1701, stellt Sophie Charlotte eine Vollmacht für Leibniz aus, um in geheimen, hinter dem Rücken des Königs und seiner Minister zu führenden Verhandlungen »ein vollkommenes vernehmen Preußens mit dem Chur- und fürstlichen Hause Braunschweig (herzustellen), daraus sie entsprossen«.

Mit weitaus schlimmeren Folgen hatte aber Sophie Charlotte im August 1691 ihre Geheimpolitik hinter dem Rücken des Eheherrn und seines Kabinetts betrieben. Damals war ihr Vater, Herzog Ernst August, bestrebt, auf dem Weg zur Kurwürde die Hausgesetze des Hauses Braunschweig-Lüneburg zu ändern und das Recht der Primogenitur einzuführen, wie es in Brandenburg schon seit der »Dispositio Achillea« von 1473 bestand. Die jüngeren Söhne und die Nebenlinien wehrten sich mit allen Mitteln gegen die Enterbung und verweigerten den Eid auf das neue Familienstatut. Durch ihre Anhänger – darunter der Oberjägermeister von Moltke – versuchten sie, andere politische Kräfte für ihren Widerstand einzuspannen. Die brandenburgische Politik – wie sie Danckelmann verstand – mußte die Einführung des Primogeniturstatuts zur Stärkung des Hauses Hannover aus ebendenselben Gründen ablehnen, aus denen sie die Aufhebung desselben in Brandenburg 1688 abgelehnt hatte.

Danckelmann ermutigte daher die Fronde im Hause Hannover und sagte Hilfe zu. Sophie Charlotte unterrichtete hinter dem Rücken des Kurfürsten und Danckelmanns ihren Vater von diesen Geheimkontakten. Ernst August hatte 1691 genausowenig Hemmungen, jeden Widerstand auf dem Wege zum Kurhut zu brechen, wie er 1694 mit der Ermordung des Grafen Königsmarck, des Liebhabers seiner Schwiegertochter, etwaige Zweifel an der Thronfolge ein für allemal ausräumte. Er ging gegen die Frondierenden mit Staatsprozessen vor, die den Prinzen ihr Erbrecht, dem Oberjägermeister von Moltke aber den Kopf kosteten. Von dieser Blutschuld ist Sophie Charlotte nicht freizusprechen.

Danckelmanns Reaktion läßt sich daran ablesen, daß er Friedrich einmal ins Gesicht sagte, er gleiche Salomo, der sich von Weibern betören ließ. Sophie Charlotte nannte ihn »un homme qui à l'Electeur donnait des fort mauvais sentiments pour la maison de Bronswig« (einen Menschen, der dem Kurfürsten die schlechtesten Meinungen über das Haus Braunschweig eingegeben hat). Sie scheint sich nach und nach in einen wahren Haß gegen Danckelmann hineingesteigert zu haben, der durch die spartanische Rücksichtslosigkeit Danckelmanns noch angeheizt wurde: anfangs 1696 lehnte er eine verhältnismäßig geringfügige Zulage von jährlich 100 Talern, die Sophie Charlotte für ihre schlecht besoldeten Hofdamen erbat, rundweg ab. Einer der Briefe (vom 27.11.1697), die Sophie Charlotte nach Danckelmanns Sturz an ihre Mutter, die Kurfürstin Sophie, richtete, legt von ihrer seelischen Verfassung ebenso beredt Zeugnis ab, wie von ihrer Fähigkeit, das eigene Verhalten zu verdrängen:

> Er [der Kurfürst] hat ihn nun (Gott sei Dank!) so gut erkannt, daß er mir alle Verleumdungen anvertraut hat, die jener beständig gegen mich hervorbrachte ... indem er behauptete, ich sorgte mehr für das Haus, aus dem ich hervorgegangen bin, als für das, in das ich hineingeheiratet habe ... Ich fühle mich sehr erleichtert, nachdem ich 13 Jahre unter der Tyrannei dieses Menschen gestanden habe, der es durch seine Schliche soweit gebracht hatte, daß ich nicht einmal daheim in Hannover über seine Umtriebe gegen mich zu sprechen wagte.

Mögen Ereignisse, wie der Streit um die Erziehung des Kronprinzen im Jahre 1695 oder der um die Besoldung der Hofdamen und die Heirat Kolbes im Jahre 1696 dem glimmenden Zorn aller Gegner Danckelmanns auch immer wieder Nahrung gegeben haben, so war die Front gegen ihn als solche doch alt – und hat trotzdem Friedrich nie beeindruckt, wie die Erhebung zum Oberpräsidenten im Juli 1695 beweist. Etwas anderes könnte für die außenpolitische Entwicklung gelten, die sich nach 1695 mehr und mehr als völliges Scheitern der oranischen Bündnispolitik Danckelmanns erwies. Sie wurde eingeleitet mit der Kälte und Ironie, die der im Herbst 1696 in Kleve ausgesprochene Dank Wilhelms von Oranien gegenüber seinem Neffen und treuen Bundesgenossen war: Er sei der Ansicht, daß des Neffen unzulängliche Mittel für eine Königskrone nicht ausreichten. Sie setzte sich fort mit der sogenannten Güstrower Affäre im Februar 1697, die einen für Friedrichs Ziele gefährlichen Bruch mit dem Kaiserhause bedeutete und zumindest formal von Danckelmann zu verantworten war. Schlußpunkt der Entwicklung war der Friede von Rijswijk, in dem sich Wilhelm von Oranien unbekümmert um die Interessen seines Neffen mit Frankreich einigte und die kaiserliche Diplomatie Brandenburg zum Lohn aller seiner Anstrengungen um die Reichsverteidigung auf den Rang eines Nichts verwies, gerade noch vor dem Äußersten durch die Bezugnahme auf den für Brandenburg so unglücklichen Frieden von Saint-Germain-en-Laye bewahrt. Mit der Politik des oranischen Bündnisses hatte sich Brandenburg zwischen sämtliche Stühle gesetzt. Der Ansatz zu dieser Politik war aber vom Großen Kurfürsten – »London und Amsterdam« – ererbt worden und nicht nur Danckelmann, sondern auch Friedrich hatte sie gewollt. Obwohl auch das unter die Anklagepunkte aufgenommen wurde, erklärt ihr Scheitern also ebensowenig die auf den Frieden von Rijswijk folgende Verhaftung Danckelmanns, zumal ihre schon bis 1695 hervorgetretenen Mißerfolge Friedrich nicht gehindert hatten, Danckelmann durch die Ernennung zum Oberpräsidenten hervorzuheben. Wo also liegt der Schlüssel des Rätsels?

Er ist mit einiger Wahrscheinlichkeit in dem sonst völlig unbegreiflichen Verhalten des Geheimrats von Fuchs zu finden, über das schon berichtet wurde. Fuchs war einer der am besten Unterrichteten, wenn nicht der am besten unterrichtete Kopf im inneren Kreise der politischen Willensbildung am Berliner Hofe. Daß dieser Mann nach dem Sturz Danckelmanns noch im Januar 1698 davon überzeugt war, Danckelmann durch die Anklage belasten zu können, er habe durch das »chimérique Ding« – die Phantasievorstellung einer Königskrone – die Beziehung zum Kaiserhause gestört, wirft ein Schlaglicht auf das Geflecht der inneren Beziehungen der Beteiligten. Friedrich muß 1693 offensichtlich seine Vorstellungen Danckelmann gegenüber geäußert und (durch Danckelmann?) die Gutachten seiner Räte eingeholt haben, ohne erkennen zu lassen, daß er und nicht Danckelmann der Initiator sei. Nachdem Wien die kalte Schulter und Danckelmann wenig Neigung gezeigt hatte, die Sache weiter zu verfolgen, scheint in Friedrich mehr und mehr die Hoffnung einer Verwirklichung durch und mit Danckelmann geschwunden zu sein. Das Verhalten von Fuchs bezeugt jedenfalls, daß Friedrich davon nichts erkennen ließ. Eine Verwirklichung gegen die Auffassung Danckelmanns war Friedrich – der nach dem Sturze Danckelmanns den Willen seiner Geheimräte sehr wohl zu beugen wußte – offenbar unmöglich. Der schiefe Fritz – der immer ein Esel bleiben würde – stand hier dem übermächtigen Mentor gegenüber, der den Kurfürsten nach wie vor nicht als Landesherrn, sondern »en pédagogue« behandelte (Bresslau). Von Jahr zu Jahr fühlte der ehemalige Schüler mehr seine Ohnmacht, die eigene Zielsetzung gegen den Mentor durchzusetzen und ebenso sicher, daß er sie mit ihm nicht erreichen werde. Dieser innere Zwiespalt ließ ihn in die dritte Möglichkeit flüchten: Ohne Danckelmann zu leben. Der Mißerfolg der oranischen Bündnispolitik mit dem Frieden von Rijswijk war nur der geeignete Zeitpunkt, um diese Flucht vor sich selbst in die Tat umzusetzen. Im Sommer 1697, als die Verhandlungen in Rijswijk im Gange waren, flüsterte Friedrich dem Grafen Dohna zu: »Höre, ich will Dir etwas anvertrauen, aber wenn Du davon sprichst, lasse ich Dir den Kopf vor die Füße legen. Ich habe mich entschlossen …« und brach mitten im Satz ab. »Es war … als, ob er sich vor seinen eigenen Gedanken fürchte.« (Bresslau)

Auf den Wust der 290 Anklagepunkte des sogenannten Peitzer Protokolls wird noch einzugehen sein. Die Antwort auf die Frage nach dem tiefsten Grund der Einkerkerung Danckelmanns ist in den bezeichnenden Reaktionen des Täters und des Opfers auf einen einzigen der 290 Punkte enthalten:

Nach dem Protokoll über das Verhör Danckelmanns in der Festung Spandau am 22. Februar 1698 antwortete er auf die letzte Beschuldigung – er habe durch seine »chimériquen consilia« (chimärischen Ratschläge) in der Kronfrage die Beziehung zum Kaiserhaus gestört – mit den Worten: »Alles, was in der Sache wegen der Königlichen Dignität passiret ist, dem habe er völlig contradiciret.« Der Schlußvermerk des Protokolls lautet: »Bey Ablesung der articulorum zeigte er bis auf die letzte ein freyes und cordiales Wesen, verwunderte sich lachend über die meisten imputationes (Anklagepunkte); gegen die letzte aber änderte sich solches und merkte man Consternation.« Eberhard von Danckelmann hatte in diesem Augenblick den wahren Grund des ihm bestimmten Schicksals erkannt. Friedrich begriff das sofort. Am Rande dieses Anklageartikels ist von seiner Hand vermerkt: »Omittatur« (Unerwähnt lassen!).

Das Wort »Omittatur« ist wohl überhaupt der Schlüssel zum Verständnis eines Staatsprozesses, der weder zu einem Urteil führte, noch sonst zu einem Ende fand. Sein wirklicher Grund sollte nie erwähnt werden und nur ein Gefangener ist daran gehindert, zu erwähnen, was nicht erwähnt werden soll. Die Zahl der Scheingründe war dagegen Legion; Friedrich – der Herr des Prozesses – ließ sie durch ein recht ungewöhnliches Verfahren erzeugen, auf das noch einzugehen sein wird.

Danckelmann hatte seit seiner ihm aufgedrungenen Ernennung zum Oberpräsidenten im Juli 1695 mehrfach um seinen Abschied gebeten. Dafür mögen weniger die ihm später nachgesagten Vorahnungen bestimmend gewesen sein als die Einsicht, daß es auf die Dauer nicht möglich sei, gegen die ständigen Quertreibereien seiner vielen Gegner seine zahlreichen und verantwortungsvollen Aufgaben wahrzunehmen. Er habe sich – so hat er in der Haft erklärt – mehr und mehr aus der unmittelbaren Umgebung des Kurfürsten zurückgezogen, um sich entbehrlicher zu machen. Der Ablauf der Dinge spricht dafür, daß es diese Entlassung des Schülers Friedrich aus dem steten Blick des Lehrers Danckelmann war, die seinen Sturz einleitete. Der Friede von Rijswijk – der das vollständige Scheitern der oranischen Bündnispolitik Danckelmanns bedeutete – war am 30. Oktober 1697 unterzeichnet worden; das Reich ratifizierte ihn am 26. November 1697. Am 22. November reichte Danckelmann sein letztes Entlassungsgesuch ein, das am nächsten Tage mit einem kurfürstlichen Handschreiben angenommen wurde, das in gnädigster Form abgehalten war.* Am 26. wurde ihm der Entwurf eines ebenso gnädigen Abschiedspatentes zugeleitet, in dem sogar die Summe der Danckelmann verbleibenden Bezüge erheblich erhöht worden war und in dem ihm verschiedene Ämter belassen wurden.

Der Bote, der Friedrichs Handschreiben vom 23. überbrachte, verkündete bereits Unheil: Es war der Feldmarschall von Barfus, einer von Danckelmanns unversöhnlichsten Gegnern, der entweder das Vergnügen suchte, den Mächtigen im Augenblick seines Sturzes zu sehen oder den Zugang des Entlassungsschreibens sicherstellen wollte, vielleicht auch beides. »Mit ehrlich eingestandener Feigheit« (Heyck) verweigerte Friedrich »aus gar zu großer Sensibilität« die von Danckelmann erbetene Abschiedsaudienz. Wenn das Wort »Feigheit« hier überhaupt am Platze ist, kann es nur in einem ganz besonderen Sinne gelten: Der Schüler wußte, daß er dem Blick des Lehrers nicht gewachsen sein und deshalb seinen Weg zur Freiheit der eigenen Entscheidung wieder verfehlen würde.

Die Entfernung Danckelmanns aus dem Gesichtskreis des Kurfürsten verschaffte seinen Gegnern die ungestörte Gelegenheit, um nachzuweisen, daß Danckelmann nicht einen Tag länger in Freiheit bleiben dürfe. Danckelmann wurde beschuldigt, er habe »seine Dimission ... dergestalt notifiziret, als hätte er (dem Kurfürsten) den Stuhl vor die Tür gesetzt«, er verbrenne eine große Menge der Briefschaften und unterhalte weiterhin Beziehungen zu den »Ministros der fremden Potentaten«. Als Danckelmann, wie befohlen, mit Hilfe von zwei Archivbeamten dabei war, seine Akten zu ordnen, erreichte ihn am 12. Dezember zunächst der Befehl des Kabinettssekretärs Bergius,

* »Obschon er uns von unserer zarten Jugend an bis hierher in allen guten und bösen Zeiten mit sonderbarer Application gedient und obschon uns lieb gewesen wäre, wenn er dabei habe continuiren können, aber auf seine bei uns zu verschiedenen Malen geschehene Instanz und weil seine bei so vielen continuirlichen Arbeiten merklich abgenommene Gesundheit einige mehrere Ruhe nothwendig erfordert« usw.

sich nach Neustadt/Dosse zurückzuziehen. Am nächsten Tage reiste Danckelmann nach Neustadt ab. Es hat den Anschein, daß die Verbannung nach Neustadt nun ihrerseits zur Begründung des Verdachtes herhalten mußte, Danckelmann beabsichtige womöglich, außer Landes zu gehen. Jedenfalls wurde er in Neustadt am 20. Dezember 1697 morgens um fünf Uhr durch den Generalmajor von Tettau verhaftet und in die Festung Spandau abgeführt.

Am 4. Dezember – also eine Woche vor der Verbannung Danckelmanns nach Neustadt – schrieb Friedrich an seine Schwiegermutter, die Kurfürstin Sophie von Hannover:

> Ich will hoffen, dass solches [die Entlassung Danckelmanns] zu vielem nützlich sein werde. Dan ich gewiss nicht mehr herr, sondern diener war, und also höchst nöhtig hatte, dieses zu thun, ob es mir zwahr sehr schwehr ankahm, dass ich gegen meinen Eltesten diener eine solche harte Resolution faßen muste.

Dies ist – soweit erkennbar – die einzige, subjektiv aufrichtige Begründung; sie läßt sich mit allem vereinbaren, was sich aus den Zeugnissen der Zeit auf die Entwicklung des Verhältnisses zwischen Friedrich und Danckelmann schließen läßt.

Mit der Darstellung der Scheingründe ließ man sich von Anfang an Zeit; bezeichnend dafür ist ein Schreiben Sophie Charlottes an ihre Mutter vom 23. November, dem Tage, an dem der Kurfürst durch sein gnädiges Handschreiben Danckelmann den erbetenen Abschied gewährte:

> Vor allem möchte ich Eurer Kurfürstlichen Durchlaucht in diesem Briefe versichern, dass ich in dem Fall des Premierministers Danckelmann keineswegs voreingenommen bin; ich will mich indessen nicht darin rechtfertigen, sondern dies der Zukunft überlassen, die Ihnen zeigen wird, ob ich Unrecht getan habe oder nicht. Nehmen Sie es mir nicht übel, wenn ich diesmal nichts darüber schreibe, denn der Kurfürst will es noch nicht …

Vier Tage später, am 27. November, rechtfertigt Sophie Charlotte ihrer Mutter gegenüber ihren Haß auf Danckelmann im wesentlichen mit der angeblichen Vernachlässigung der Erziehung des Kurprinzen, findet aber, daß es zu »umständlich wäre ... zu erzählen«, daß »nicht eine einzelne Niederträchtigkeit dieses Menschen ... sondern eine ganze Reihe« den Sinneswandel des Kurfürsten bewirkt habe. Dieser recht kursorischen Darstellung folgt die bezeichnende Aufforderung, den Kurfürsten zu »beglückwünschen, daß er sich nicht mehr wie ein Kind gängeln lässt«. Friedrich schrieb am gleichen Tage seiner Schwiegermutter, daß ihn »die höchste noht ... gleichsahm bey denen haren herzu gezogen, und Sie werden sich verwundern, wan Sie alle Particularia erfahren werden«.

Das Bild des gegängelten Kindes, das in höchster Not – aus Angst, seinen Lieblingswunsch nicht verwirklichen zu können – nicht mehr Diener, sondern Herr sein will, spiegelt die innere Wahrheit dieses Psychodramas wider. Die Einzelheiten sollten dagegen später mitgeteilt werden; sie mußten erst redigiert werden, um sie zu einem Staatsverbrechen zu formen, das allein die Einkerkerung Eberhard von Danckelmanns rechtfertigen konnte. Die Redaktion eilte nicht, zumal das Urteil ohnehin schon vier Tage nach der ersten Anhörung des Beschuldigten in der Festung Spandau feststand. Am 26. Februar 1698 schrieb Friedrich an seine Schwiegermutter:

> Heute zu Spando lasse ich den v.Danckelmann auf seinem begeren noch zu Spando, morgen aber will ich Ihn nacher Peitz bringen lassen, et la il pourra passer le suites de ses jours (und dort mag er den Rest seiner Tage verbringen).

und am 19. März

> Er [Stepney] hat mich persuadieren wollen, den von Danckelmann wieder Lohs zu laßen. Da ich dan geantwortet, daß so lange, als ich lebte, nich daran zu gedencken were.

Mit der Beschaffung der Gründe für die Verhaftung – anders läßt es sich nicht bezeichnen – wurde einen Monat nach ihrer Vornahme begonnen. Zwischen dem 23. und dem 26. Januar 1698 verließen sechzehn Schreiben an höhere Hof- und Staatsbeamte das Berliner Schloß, in denen den Empfängern befohlen wurde, »auf Eid und Pflicht Alles und Jedes, was ihnen wissend, so Seiner Kurfürstlichen Durchlaucht hohem Interesse zuwider, entweder durch den Danckelmann selbst oder durch seine Connivenz und Versehen von Anderen geschehen sei, eigenhändig aufzusetzen und in des Kurfürsten eigene Hände einzuliefern«. Diese Aufforderung zur gefahrlosen Denunziation öffnete – mit einer rühmlichen Ausnahme – eine Schleuse, durch die sich ein Strom menschlicher Erbärmlichkeit auf den Gefangenen ergoß. Die Ausnahme war der Geheimrat von Rhetz – vormals Rechtslehrer in Frankfurt/Oder und Doktorvater von Christian Thomasius, seinerseits Begründer der Universität Halle und einer der bedeutendsten Köpfe seiner Zeit. Rhetz war Manns genug, am 5. Februar seinen Landesherrn kurz und bündig wissen zu lassen, daß er über Danckelmann nichts Nachteiliges mitzuteilen habe.

Die Skala der Beschuldigungen durch die restlichen fünfzehn Größen reicht von zumindest Erwägenswertem über perfide Verdächtigungen bis zur Groteske. Zu den erwägenswerten Themen gehört die Frage Schmettaus, ob Danckelmann nicht mehr dem allgemeinen Interesse des oranischen Bündnisses, als dem Eigeninteresse Brandenburgs gedient (»mehr auf das publican gesehen, als auf E.Ch.Durchl. privatinteresse«) und damit des Kurfürsten »hohe Meriten« um Holland und England verringert habe. In der Tat machte die Verhaftung Danckelmanns besonders auf Wilhelm von Oranien den schlechtesten Eindruck. Er schrieb bereits am 14. Dezember 1697 deswegen an Friedrich und bemerkte im Februar 1698 bei einer Audienz des brandenburgischen Gesandten von Dobrczenski: »Man lege ihm den Kopf vor die Füße, wenn er schuldig ist; aber des Kurfürsten Reputation leidet darunter, wenn er ohne Schuld als Verbrecher gestraft wird.« Am 6. März brach Friedrich seinerseits die dem Sondergesandten Wilhelms, Stepney, erteilte Audienz mit dem brüsken Verbot ab, weiter über diese Sache zu sprechen. Zwei Tage später schrieb Sophie Charlotte ihrer Mutter, daß Stepney ihr »keinen größeren Beweis seiner Freundschaft geben (könnte), als sich um Danckelmann nicht zu kümmern«. Schmettaus Hinweis war also nicht ganz unberechtigt und führte auch zu der vermutlich von Schmettau beabsichtigten Reaktion Friedrichs.

Unter den politischen Vorwürfen wurde auch die Güstrower Affäre dazu benutzt, Danckelmann die Schuld daran zuzuweisen, daß »der Kaiserliche Hof aigriert« worden sei; Danckelmann habe dafür von dem Herzog von Schwerin ein Präsent von 1 500 Ducaten genommen. Ebenso wurde der – völlig unsinnige – Vorwurf, Danckelmann habe die Rückgabe von Schwiebus nicht verhindert, mit der Behauptung verbunden, daß er »aus Privatabsichten die ... Avantage zu poussieren unterlassen, indem er ... vor sich ein Präsent von 10 000 Thlrn. erhalten«. Selbst der bayerische Vertrag von 1696, der im wesentlichen nur einer der Schritte auf dem Wege zur Krone war, wurde nun Danckelmann zu Last gelegt, weil »unnutzbar und dem nützlichen Recess mit dem Kayser zuwider«; offenbar war Danckelmann dafür verantwortlich, daß sich seither die Beziehungen zwischen Max Emanuel und dem Kaiser bedenklich verschlechtert hatten.

Auf die Unterstellung politischer Korruption folgte der Vorwurf, »daß er (Danckelmann) seinen Privatnutzen ... gesucht«, Provisionen genommen und Güter an sich gebracht habe, während die Hofstaatskasse von ihm nicht ausreichend gefüllt worden sei – was sicher ein Ding der Unmöglichkeit war. Sehr summarisch sind auch sonst die Anklagepunkte im Bereich der inneren Verwaltung, wie z.B., »daß unter seiner (Danckelmanns) Direktion cursus iustitiae verschiedentlich wäre gehemmet worden u. daß Holzschreiber Hundtens Acta lange Zeit bei ihm liegen blieben« oder »daß er die Scatoull-Rechnungen in die größte Konfusion (habe) geraten lassen«. Das gleiche gilt für den Bereich der Wirtschaft, in dem »durch des v. Danckelmann Schuld bei Einrichtung des Salzwesens ... über 2 Tonnen Goldes Schaden verursacht worden«; auch habe er »geschehen lassen, dass der Marinen-Kasse ... Capitalia in Gefahr gesetzt worden«.

Neben den Vorwürfen materiellen Inhalts wurden Danckelmann zahlreiche – offenbar strafbare – Formverletzungen angelastet. Schwerwiegend erschien, daß er zwei seiner Brüder zur Krönung des römischen Königs nach Augsburg entsandt habe, die durch die ihrem niedrigen Stande entsprechende Unkenntnis in Zeremonialfragen des Kurfürsten »Ansehen geschwächet und bei der Ankleidung (des Königs) Fehler begangen« hätten. Von großer Bedeutung war offenbar auch, »daß er zween der vornehmsten ... Ministrorum ... unhöflich angelassen« und sich mit Kolbe und Barfus um einen Sitzplatz in der Kirche gestritten hatte. Den Vogel schoß der strategische Blick des Feldmarschalls von Barfus ab, der entdeckt hatte, daß Danckelmann seinen strafbaren Ehrgeiz soweit getrieben habe, daß er bei der Gegenzeichnung amtlicher Schriftstücke immer näher an die Unterschrift des Kurfürsten herangerückt sei.

Diese wenigen Beispiele aus den später formulierten 290 Anklagepunkten kennzeichnen hinreichend das Gemenge aus außen- und innenpolitischen Sachfragen, offenen und versteckten Korruptionsvorwürfen, beleidigten Reaktionen gekränkter Zelebritäten und schlichten Albernheiten, das der Fleiß der fünfzehn bestellten Denunzianten wahllos zusammengerührt hatte.

Friedrich, der höchste Richter seines Landes, strich zwar einige offenkundig unrichtige Anklagepunkte, schied im übrigen aber keineswegs die Spreu vom Weizen. Mit seiner Notiz »Puncta, worüber der Oberpräsident zu befragen«, stellte er sich vielmehr in die Reihe der Ankläger.

Mit der ersten Frage »warum der von Danckelmann bei dem englischen Tractat (dem Frieden von Rijswijk) mein Interesse nicht besser prospicirt hat«, machte er sich Schmettaus Vorwurf zu eigen.

Der Protest Danckelmanns gegen Sophie Charlottes Hintertreppenpolitik findet seinen Niederschlag in der zweiten Frage, »ob es Recht sei, daß man zwischen Eheleuten Uneinigkeit sucht anzurichten, in dem er mich mit dem Salomon verglichen, der sich auch von Weibern hat bethören lassen«.

Sophie Charlottes Haß gegen Danckelmann entsprang zwar seiner nicht eben welfenfreundlichen Politik, entzündete sich aber bei allen möglichen Gelegenheiten neu, vor allem in der Frage der Erziehung des Kurprinzen Friedrich Wilhelm. Sie sorgte dafür, daß Graf Alexander Dohna, ein führendes Mitglied der »faktion«, im Februar 1695 zum Oberhofmeister des Kurprinzen bestellt wurde, dessen erster Kammerjunker der älteste Sohn Danckelmanns war. Im März 1695 bestellte

Danckelmann im Gegenzug einen Mann seiner Wahl, Johann Friedrich Cramer, zum eigentlichen Lehrer des Kurprinzen. Cramer hatte 1694 in einer Streitschrift die kritiklose Nachäffung französischer Sprache und Bildung angeprangert – Grund genug für Sophie Charlotte, ihn zu verabscheuen. Dazu kam der – zumindest für Sophie Charlotte merkwürdige – Vorwurf, Cramer habe keine Religion, weil er vom lutherischen zum reformierten Bekenntnis übergetreten war. Auseinandersetzungen zwischen Dohna und Danckelmann wurden damit zum Dauerzustand; Danckelmann beendete sie, indem er Dohna weder empfing, noch dessen Briefe beantwortete.

Sophie Charlotte stilisierte den Kampf der höfischen Parteien um die Prinzenerziehung in ihrem Schreiben an ihre Mutter vom 27. November 1697:

> Denn er [Danckelmann] hatte ihn [den Kurprinzen] einem Erzieher in die Hände gegeben, der ihn im Einvernehmen mit Danckelmanns Sohn vernachlässigte und alle Bemühungen des Grafen Dohna vereitelte. Anstatt ihn etwas Gutes zu lehren, bemühten sie sich beide, ihm alle schlechten Launen beizubringen und behaupteten dann, um die Schuld von sich abzuwälzen, mein Sohn wäre so bösartig veranlagt, daß man nicht zum Ziel kommen kann. In seinem Unterricht ist er so vernachlässigt worden, daß er vor acht Wochen noch nicht lesen und schreiben konnte.

Sie überschlug sich schließlich in einem weiteren Brief an die Kurfürstin Sophie vom 8. Januar 1698 mit der Behauptung, »Danckelmann (hat) meinen Sohn wie einen Tölpel groß werden lassen (wollen), zum Nutzen seiner eigenen Familie, in der er die Kurfürstenwürde vom Vater auf den Sohn vererben wollte«. Dieser wenig philosophische Ausfall der Philosophenkönigin findet sich im dritten Anklagepunkt Friedrichs wieder, »ob es recht, dass man sucht sein Privatinteresse dem des Herrn vorzuziehen, in dem er gern noch länger würde zugegeben haben, daß mein Sohn nicht wohl erzogen würde, und dazu den Cramer recommandiert«.

Die vierte Frage des kurfürstlichen Anklägers lautet, »ob es recht, daß der v. Danckelmann alle Collegien mit seinen Brüdern und Creaturen besetzet und so viele davon in den Geheimenrath gebracht«. Er hätte sie sich selbst beantworten, vor allem aber sich daran erinnern können, daß er selbst noch am 12. Juli 1695 das Siebengestirn zu sich gebeten hatte, um dessen Leistungen zu würdigen.

Es folgen noch die Behauptung, daß »alles, was ich befohlen, liegen geblieben und was er (Danckelmann) gewollt, ausgefertigt worden« und die Frage »ob es recht, daß man andere der Corruption beschuldige, da er dasjenige selber gethan und seinem Herrn eine méfiance (Mißtrauen) gegen alle seine Bedienten inspiriret«. In beiden Fällen unterstellt Friedrichs Anklage bereits den geführten Beweis; im letzten Halbsatz verrät sie sein Harmoniebedürfnis.

Aus den Anklagepunkten des Kurfürsten und den eingereichten fünfzehn Stellungnahmen wurden 31 Artikel kompiliert, der »Extractus status causae et gravaminum des gewesenen Oberpräsidenten von Danckelmann geführte Direktion und Ministerium betreffend«. Die Vernehmung Danckelmanns über diese 31 Artikel ordnete der Kurfürst mit einem »Commissorium« vom 21. Februar 1698 an, dessen Wortlaut erkennen läßt, daß Friedrich sich bereits entschieden hatte und die Anhörung des Angeklagten zur Sache nicht als Verfahrensvoraussetzung, sondern als eine Art Gnadenakt betrachtete:

> Obschon die nach seiner Dimission geführte Untersuchung seiner Conduite ihn zum höchsten graviret und die Indignation, so wir seithero gegen ihn gefaßt, und den von uns resolvirten Personalarrest genugsam meritiret, so wollen wir gleichwohl, ehe wir deshalb fernere Resolution nehmen und selbige der Welt kund machen, aus Liebe zur Gerechtigkeit und in Consideration seiner langwierigen uns geleisteten Dienste ihn zuvor darüber hören.

Die Vernehmung wurde am nächsten Tage in der Festung Spandau mehrere Stunden lang durchgeführt. Weder wurde Danckelmann ein Verteidiger gestattet, noch ihm Zeit zur eigenen Vorbereitung gelassen, noch auch nur eine Abschrift der 31 Artikel erteilt. Die Untersuchungskommission bestand aus dem Feldmarschall von Barfus, dem Oberhofmarschall von

Lottum – beide erbitterte Gegner Danckelmanns – und den Geheimräten von Schmettau und von Schwerin, die jedenfalls keine Freunde des Angeklagten waren. Bei dieser ersten Vernehmung war es, daß sich Danckelmann lachend über die meisten Anklagepunkte verwunderte und sich erst über den letzten konsterniert zeigte. Er enthielt den – irrigen – Vorwurf von Fuchs, Danckelmann sei es gewesen, der durch das »chimärische« Krönungsprojekt die Beziehungen zum Kaiserhause gestört habe. In diesem Augenblick muß Danckelmann klargeworden sein, daß seine eigene, ablehnende Haltung in dieser Frage Friedrich so nachhaltig gehemmt hatte, daß er sich durch einen Akt der Gewalt befreien zu müssen glaubte. Danckelmanns erschrecktes Erkennen kam zu spät – der wahre Grund seiner Tragödie wurde auf Friedrichs Weisung hin nicht mehr erwähnt. Fünf Tage nach der Vernehmung wurde Danckelmann in die weit genug von Berlin entfernte Festung Peitz gebracht, in der er die nächsten zehn Jahre seines Lebens verbringen sollte.

Mehr als ein Monat nach seinem Eintreffen in Peitz verging, bis er am 2. April eine Abschrift der 31 Anklagepunkte erhielt, über die er am 22. Februar in Spandau vernommen worden war. Da ihm ein Verteidiger nach wie vor verweigert wurde, machte sich Danckelmann selbst daran, in einem »Unterthänigste(n) Vorbericht bis zur völligen Beantwortung und Defension über die 31 Beschuldigungspuncta, derer Titul ist Extractus Causae etc.« auf mehr als 300 Folioseiten seine Verteidigung vorzutragen. Er reichte sie am 10. Juli 1698 ein und bat um Beschleunigung des Verfahrens; es sollte statt dessen zweieinhalb Jahre dauern, bis am 7. Dezember 1700 der nächste Untersuchungsbericht vorgelegt wurde.

Das lag zum Teil daran, daß nach Danckelmanns Verhaftung eine General-Untersuchungskommission eingesetzt worden war, die mit 25 Unterkommissionen die gesamte Verwaltung überprüfen sollte, ob und in welcher Weise das Staatsinteresse durch Danckelmann und seine Anhänger geschädigt worden sei. Die Leitung der Kommission wurde Kolbe von Wartenberg – dem Nutznießer von Danckelmanns Sturz –, seinen erklärten Gegnern Barfus und Lottum sowie dem Geheimrat von Fuchs übertragen. Die Herren Kommissare beschränkten ihre Tätigkeit auf ihre Leitungsfunktionen und überließen alle praktische Ermittlungsarbeit dem Hoffiskal (Staatsanwalt) Möller, der sehr bald die juristische Aussichtslosigkeit der ihm überbürdeten Sisyphusarbeit erkannte. Bereits in einem Schreiben vom 6. Juni 1699 bat er, ihn von seiner Aufgabe zu entbinden, die ein »Merkmahl für Sr.Ch.D. sonst berühmte Justiz« zu werden drohe. Am 22. November 1700 schrieb er verzweifelnd in sein Tagebuch: »Sancte Deus, juste Judex (Heiliger Gott, gerechter Richter), Artikul (Anklagepunkte) kann ich machen; aber woher soll ich die probationes (Beweise) nehmen? Ich habe ein corpus actorum (aktenmäßige Unterlagen) verlangt und nichts erhalten; Niemand will das Herz haben, den schlechten Zustand des Processes Sr.Ch.D. zu offenbaren, sondern derselbe soll continuiert werden, fiat in nomine Domini (es geschehe in Gottes Namen)!«

Seine Kurfürstliche Durchlaucht, nunmehr Seine Königliche Majestät in Preußen, wollte es wahrscheinlich auch gar nicht so genau wissen; jedenfalls bemerkte der Oberhofmarschall von Lottum – dessen Äußerungen gegenüber allerdings Vorsicht am Platze ist – am 8. Juli 1701 zum kursächsischen Gesandten, der König habe jeden für unehrlich und infam erklärt, der es wage, zu Danckelmanns Gunsten zu reden.

Im November 1699 wurde erstmals die Beiziehung von Akten gestattet, im Sommer 1700 schließlich Akten zur Verfügung gestellt und Zeugen vernommen; mit Reskript vom 22. Oktober 1700 wurde Möller plötzlich bei Androhung allerhöchster Ungnade und 2000 Dukaten Strafe befohlen, das Verfahren binnen vier Wochen zu beenden. Möller wich der persönlichen Bedrohung, gehorchte und verfertigte nunmehr 290 Anklagepunkte, indem er die Verteidigungsschrift Danckelmanns von 1698 völlig unbeachtet ließ. Es hat den Anschein, daß Möllers Kräfte damit überfordert waren; er starb im Oktober 1701. An seine Stelle trat der Hoffiskal Duhram.

Duhram vernahm in Anwesenheit von drei Kommissionsmitgliedern Danckelmann vom 7. bis zum 13. Januar 1702 in der Festung Peitz zu den 290 Anklagepunkten Möllers; hier entstand das sogenannte Peitzer Protokoll. Duhram war daraufhin Manns genug, um am 31. März 1702 seinem König des »Advocatus fisci frei eröffnetes Gewissen« vorzutragen:

> Was denn die Beschuldigungspunkte anlanget, so ist an dem, daß darüber der von Danckelmann sich dergestalt wohl verantwortet, daß ich, ehe man in processu ferner fortfährt, dieses als das Erste und Nötigste achte, dass I.K.M. [Ihro Königliche Majestät] wohl untersuchen und examinieren lassen, ob auch die Sache wohl beschaffen, daß man damit glücklich fortkommen und allenfalls den von Danckelmann mit notdürftigem Beweis werde überführen können. Ich zwar unterstehe mich nicht, in so wichtigem Werk, darin es nicht auf Privatsachen, sondern mehr auf das Staatsinteresse ankommt, einiges Urteil hören zu lassen; aber dieses habe ich pro conservanda gloria Juris et Justitiae [um den Ruhm des Rechts und der Justiz zu bewahren] in I.K.M. Landen unterthänigst und pflichtmässig erinnern sollen, daß man möglichst verhüte, [daß] ... dennoch ein Fehl geschehe.

Friedrich strich daraufhin einige Anklagepunkte, fügte dafür einige neue hinzu und befahl mit Reskript vom 4. April 1702: »Ihr habt nur ferner, wie das Recht es mit sich bringt, in der Sache verfahren zu lassen.«

Duhram wagte es daraufhin, seinem König vorzuhalten, daß Danckelmann ohne Urteil verhaftet – und übrigens auch seines Vermögens durch Beschlagnahme beraubt worden – sei, während jetzt erst an eine Überführung des Angeklagten gedacht werde, die aber kaum möglich sei: »Ich muss aber dafür halten, daß daran Mangel dürfte gespüret werden und daß andere schon vor mir, aber umbsonst, darum bemühet gewesen.« Duhram schloß seinen Bericht – am 16. Mai 1702 – mit den Worten:

> Ich habe diesen schlechten Zustand des Danckelmannschen Prozesses Ew. Königlichen Majestät getreulich eröffnen sollen, weil mein Herr, der König, ist wie ein Engel Gottes, daß er Gutes und Böses hören kann.

Friedrich, der mit seinem Druck auf Möller vermutlich nicht ganz unschuldig an dessen Tode war, wich jetzt einer Entscheidung aus. Duhram wurde mit Reskript vom 24. Mai 1702 mitgeteilt, der König habe jetzt keine Zeit und werde seinen Bericht später prüfen.

In einer Denkschrift der Untersuchungskommission vom 9. September 1702 wurden Friedrich schließlich drei Wege vorgestellt, um die Sache zu beenden. Der ordentliche Rechtsweg sei langwierig und schwierig zu beschreiten; eine Entlassung könne dagegen gnadenhalber oder mit der Begründung erfolgen, daß die Vergehen Danckelmanns durch die bisher erlittene Haft verbüßt seien.

Mit seinem Bescheid an die Kommission vom 20. September 1702 gab Friedrich unumwunden zu, daß er den Rechtsweg selbst für aussichtslos halte, sich zu einer Entlassung aber trotzdem nicht entschließen könne und die Sache deshalb abermals vertage:

> Des gewesenen Oberpräsidenten von Danckelmann Sache kann wegen der von euch allerunterthänigst angeführten Umbstände per viam ordinariam juris nicht ausgemacht werden und würde solcher Prozeß noch viel Zeit und Weitläufigkeit erfordern, wenn man dem Advocato Fisci allen dazu nötigen Beweis suppeditiren sollte; was aber die andere beide Mittel und Wege, diesen Prozeß abzuthun, belangt, dieselben wollen Wir noch weiter allergnädigst in Erwägung ziehen und Euch alsdann mit Unserer allergnädigsten Erklärung auch desfalls versehen.

Nach weiteren einundeinhalb Jahren ließ Friedrich endgültig die Maske des unvoreingenommenen Richters fallen; mit Reskript vom 22. Februar 1704 ließ er die General-Untersuchungskommission wissen:

> Nun ist Uns am besten bekannt, durch was für eine Conduite und actiones gedachter v. Danckelmann in Unsere Ungnade verfallen und seindt wir persuadiert, daß die Strafe, die er deshalb leidet, nicht zu hart ... Es hat daher auch dabei annoch sein Bewenden ...

Niemand wußte, was nur Friedrich und Danckelmann wußten: Der einzige Grund der Einkerkerung Danckelmanns war das

Unvermögen des Schülers, seinen eigenen Weg gegenüber der erdrückenden Persönlichkeit des Lehrers durchzusetzen. Friedrichs Angst, Danckelmann werde das Gebot »Omittatur« mißachten und mit der Offenbarung dieses beschämenden Geheimnisses des Königs »Dignität« verletzten, »die ihm lieber (war), als sein Leben«, kostete Danckelmann die Freiheit. Für den moralischen Maßstab bleibt hier freilich nichts zu entschuldigen, wohl aber ist Friedrichs Verhalten im Blick auf das ihm aufgeprägte Schicksal zu erklären.

Danckelmann wurde vom 1698 bis 1703 wie ein gemeiner Verbrecher in strenger Haft gehalten; ein Verlassen der Festung Peitz war ihm nicht erlaubt. Erst ein halbes Jahr nach seiner Verhaftung durfte ihn seine Frau besuchen; nach zwei Jahren erhielten auch seine Kinder Besuchserlaubnisse. Im Jahre 1700 wurde ihm genehmigt, zu korrespondieren; von der im nächsten Jahr aus Anlaß der Königskrönung ausgesprochenen Amnestie blieb er ausgeschlossen. Erst im Jahre 1703 wurde ihm schließlich gestattet, sich von der Stadt und Festung Peitz bis auf eine halbe Meile zu entfernen, aber nur gegen eine Kaution, die sein Bruder Daniel Ludolph gestellt hatte.

Am 1. Februar 1705 starb Sophie Charlotte, die erste Königin in Preußen und Danckelmanns Erzfeindin; am 23. November 1707 wurde Friedrich sein erster Enkel geboren. Die Geburt des Thronerben war der Anlaß für eine erneute, allgemeine Amnestie für Verbrecher, von der diesmal auch Danckelmann nicht ausgeschlossen wurde, sei es, weil Sophie Charlotte nicht mehr lebte, sei es, daß Friedrich das Reden des Gefangenen nicht mehr im gleichen Maße fürchtete. Immerhin wurden auch jetzt noch Vorsichtsmaßnahmen getroffen: Danckelmann mußte einen Revers unterschreiben, daß er sich an niemandem rächen, die preußischen Staaten nicht ohne Erlaubnis verlassen und sich der Residenz Friedrichs niemals mehr als bis auf zwei Meilen nähern werde. Er wurde hierauf aus der Haft entlassen, erhielt als Wohnsitz Cottbus angewiesen sowie eine Pension von 1000 Talern (aus seinem Vermögen!) zugebilligt. Die Erhöhung auf 2000 Taler gegen den förmlichen Verzicht auf sein übriges Vermögen wurde Danckelmann angeboten; er war ungebrochen genug, um dieses Ansinnen abzuweisen.

Ein Jahr später wandte sich Danckelmann mit der Bitte um Fürsprache an den zwanzigjährigen Kronprinzen Friedrich Wilhelm, den späteren »Soldatenkönig«, der nach Lage der Dinge nicht mehr tun konnte, als Danckelmann seines Wohlwollens zu versichern – das er offenbar in der Tat empfand. Aus dem Jahre 1711 stammt eine Bittschrift Danckelmanns, den König noch einmal sehen zu dürfen, wenn auch nur von ferne – ein rührendes Zeichen, wie wenig das ihm widerfahrene Unrecht die alte Zuneigung des Lehrers zu seinem Schüler zerstört hatte, der ihm zum Schicksal geworden war. Die Bittschrift wurde nicht beantwortet – vermutlich überstieg allein der Gedanke an ein Wiedersehen Friedrichs seelische Kräfte.

Erst nach seinem Tode am 25. Februar 1713 stellte Friedrich Wilhelm die Ehre Danckelmanns wieder her. Er ließ unverzüglich nach seiner Thronbesteigung Danckelmann zu einer einstündigen Audienz nach Berlin kommen, führte ihn danach durch die erstaunte Hofgesellschaft zum Gottesdienst und bat ihn, in der Kirche auf dem Stuhl des Premierministers wieder Platz zu nehmen. Die verlorenen Jahre seines Lebens konnte Friedrich Wilhelm dem nun Siebzigjährigen nicht wiedergeben, und eine Rückerstattung des ihm geraubten Vermögens kam in den Augen des neuen Herrschers nicht in Betracht, weil es inzwischen zum Vermögen des preußischen Staates gehörte, das unter keinen Umständen angetastet werden durfte. Friedrichs Lehrer und Opfer überlebte seinen einstigen Schüler noch um neun Jahre; er starb am 31. März 1722.

Der doppelte Krieg

Ungefähr zur gleichen Zeit, in der Friedrichs Hof von Königsberg nach Berlin zurückzog, marschierte eine kaiserliche Armee durch Tirol und die Alpenpässe nach Süden. Nachdem sein Enkel im Frühjahr 1701 als Philipp V. den spanischen Thron bestiegen hatte, ging Ludwig XIV. daran, das spanische Oberitalien militärisch zu besetzen. Eine französische Armee unter dem Befehl des Marschalls Catinat marschierte in die Lombardei ein, versuchte die Alpenpässe zu sperren und stieß dabei auf die Kaiserlichen unter Prinz Eugen, dem es gelang, die Franzosen zurückzuwerfen und sich in der Lombardei festzusetzen. Damit war der Spanische Erbfolgekrieg eröffnet, in dem das Haus Habsburg zunächst allein stand. Die Reichsstände zeigten wenig Neigung, in einen Krieg zu folgen, der nicht dem Interesse des Reichs, sondern der spanischen Erbschaft des Hauses Habsburg galt.

Auf einer Tagung in Heilbronn am 11. August 1701 erklärten sich drei Reichskreise und Kurbayern ebenso für neutral, wie es der schwäbische und der fränkische Reichskreis schon zuvor getan hatten. Französischer Übermut sorgte dafür, daß Wien nicht lange isoliert blieb. Die Holländer wurden in Paris und Madrid wieder als aufrührerische Untertanen der spanischen Krone bezeichnet und damit die Seemächte gemeinsam bedroht. In England fand »Die Große Allianz«, die Wilhelm von Oranien am 7. September 1701 zwischen den Seemächten und dem Kaiser zustande brachte, allerdings zunächst heftigen Widerspruch. Er schlug in sein Gegenteil um, als neun Tage später, am 16. September 1701, Jakob II. im Exil in Saint Germain starb. Sofort verkündete Ludwig XIV., daß er den Sohn des Verstorbenen als König von England anerkenne und seine Rechte verteidigen werde. Die grenzenlose Anmaßung Ludwigs, die britische, eben erst durch das Parlament festgesetzte Thronfolge aufheben und dem Vereinigten Königreich einen katholischen König aufzwingen zu wollen, machte Großbritanniens Beitritt zur »Großen Allianz« selbstverständlich. Der unbeirrbare Verfechter des Widerstandes gegen die französisch-spanische Hegemonie, Wilhelm von Oranien, hatte sein Ziel erreicht, zugleich aber seine Lebenskraft erschöpft. Er starb nach einem, an sich harmlosen, Reitunfall am 19. März 1702.

Die Thronfolge trat seine Schwägerin Anna, die protestantische Schwester des katholischen Prätendenten, an; die Personalunion zwischen der britischen Krone und dem Staatsoberhaupt der Niederlande war damit aufgehoben. John Churchill of Marlborough, Vertrauter der Königin und in der Folge einer der größten Feldherren Englands, koordinierte statt dessen die Niederländer und die anderen Verbündeten in der Abwehr des erneuten französischen Griffs nach der Herrschaft über Europa. Preußen war noch vor Wilhelms Tode, am 30. Dezember 1701/19. Januar 1702 dem Bündnis der Seemächte mit dem Kaiser beigetreten und hatte sich zur Bereitstellung von 5 000 Mann verpflichtet. Im April 1702 standen 12 000 Preußen bei Wesel und verhinderten, daß Kurerzbischof Clemens von Köln, der sich ebenso wie sein Bruder Max Emanuel von Bayern mit Ludwig XIV. verbündet hatte, Köln und Lüttich den Franzosen überließ. Die Festungen Kaiserswerth, Rheinberg, Bonn und Geldern wurden von ihnen und den Holländern von den Franzosen zurückerobert.

Ludwig XIV. hatte also, seiner bewährten Taktik folgend, in Italien und am Rhein längst versucht, vollendete militärische Tatsachen zu schaffen, war aber in Italien durch Prinz Eugen und am Rhein durch Preußen und Holländer gehindert worden, ehe die Seemächte und der Kaiser endlich am 15. Mai 1702 förmlich den Krieg gegen ihn erklärten. Am 6. Oktober 1702 folgte schließlich auch noch die Kriegserklärung des Reiches zum Schutze seiner Grenzen. Oberbefehlshaber der Reichstruppen wurde Ludwig von Baden, dem es im September gelungen war, die französisch besetzte Festung Landau zu erobern. Im nächsten Jahre gelang es allerdings den Franzosen, im August die Festung Breisach zu nehmen und den unfähigen kaiserlichen Oberkommandierenden, Graf von Styrum, am 20. September 1703 bei Höchstädt zu schlagen; 6 000 Preußen unter Leopold von Anhalt-Dessau deckten den Rückzug der Kaiserlichen und verhinderten damit deren völlige Vernichtung. Ende 1703 beherrschten Franzosen und Bayern den Donauraum bis Regensburg und Passau.

In dieser bedrohlichen Lage erhielt Prinz Eugen den Oberbefehl über alle kaiserlichen Truppen. Er entschloß sich zur bloßen Defensive in Italien und gegenüber den aufrührerischen Ungarn und zur Konzentration aller Kräfte im süddeutschen Raum. Marlborough konnte dafür gewonnen werden, sich mit 30000 Mann unbemerkt vom niederrheinischen Kriegsschauplatz zu lösen und in einem in der Kriegsgeschichte nahezu beispiellosen Marsch mit Eugen zu vereinigen. Am 2. Juli 1704 stürmte er zusammen mit Ludwig von Baden die Schanzen am Schellenberg bei Donauwörth und verjagte Franzosen und Bayern aus ihren Befestigungen. Am 13. August 1704 war das Zusammentreffen mit Prinz Eugen und 16000 Preußen unter Leopold von Anhalt-Dessau erreicht. Die Gesamtstärke der Alliierten betrug rund 52000 Mann, denen bei Höchstädt und Blindheim 56000 Franzosen und Bayern gegenüberstanden. Von den letzteren erreichten Ende August nur noch 16000 Mann die Rheinbrücken bei Straßburg. Der Mythos der Unbesiegbarkeit des Sonnenkönigs war ausgelöscht. Preußens Infanterie hatte daran entscheidenden Anteil. Drei Tage nach der Schlacht schrieb Prinz Eugen über sie:

> maassen ich denn mit Augen gesehen, wie beforderist von der Infanterie, welche auf dem rechten Flügel gewesen, so hoch als niedere Offiziere und Gemeine mit einer unerschrockenen Standhaftigkeit wider den Feind gefochten, dessen Gewalt etliche Stunden lang ausgehalten und endlichen gesambter Hand durch ihr starkes Feuer denselben in eine solche Confusion haben setzen helfen, daß er ihrer Tapferkeit mit grosser Praecipitanz [Hals über Kopf] entfliehen und uns das Veld, anmit diese so herrliche Victori überlassen müssen.

Elf Tage nach der Schlacht von Höchstädt, am 24. August 1704, fand übrigens eine Kapitulation statt, deren Folgen bis zum heutigen Tage unverändert fortbestehen: Die spanische Besatzung von Gibraltar übergab die Festung den Engländern. Der Gegenwartsbezug dieses kurzen Hinweises erklärt die Ausnahme von der Regel, diese Darstellung auf die äußeren Ereignisse zu beschränken, ohne deren Erwähnung das außenpolitische Verhalten Friedrichs nicht verständlich wäre; sie kann und soll selbstverständlich keine vollständige Geschichte des Spanischen Erbfolgekrieges und des Großen Nordischen Krieges ersetzen.

Friedrichs außenpolitische Bedeutung beruhte auf seiner Schlüsselstellung in einem Europa, das »mit in den einen oder anderen Kampf gezogen wurde«, ohne daß es zu einem allgemeinen Kriege gekommen wäre:

> Es war, als ob das europäische Staatensystem sich in zwei excentrischen Kreisen bewegte und immer excentrischer bewegte. Wie kein anderer Staat, stand der preußische zwischen beiden und in beiden. Auf diese Zwischenstellung schien er seine Politik normiren, so zwischen dem ungeheuren Conflict im Osten und Westen den deutschen Interessen Halt und Ausdruck geben zu müssen, die weder östreichisch, noch bourbonisch, weder schwedisch, noch polnisch, noch moscowitisch waren. Die Aufgabe war gewiß schwierig, sie war doppelt schwierig durch die heillose Verworrenheit und Verkommenheit der deutschen Verhältnisse; aber sie war die eigenste dieses Staates, diejenige, in der er emporgekommen war, in der seine Zukunft lag; und die Machtmittel, die er besaß, waren bedeutend genug, sie zu lösen. (Droysen)

Die Schlüsselrolle Friedrichs erkannte Marlborough – nicht nur Feldherr, sondern auch Staatsmann (Churchill) – selbst nach seinem eigenen Triumph bei Höchstädt an. »Der für 1705 geplante Feldzug ... konnte nicht ohne die nachdrückliche und pünktliche Hilfe Preußens ... geführt werden. Die einzige Chance, sich diese zu sichern, bestand in einem persönlichen Besuch des Helden von Blindheim ... am preußischen Hof« (Churchill). Am 28. November 1704 schloß er einen Vertrag mit Preußen über ein »corps de 8 000 h. d'infanterie pour marcher incessament au Piemont«. Sie gehörten zu dem Preis des

Sieges, der am 16. August 1705 in der mörderischen Schlacht bei Cassano an der Adda errungen wurde. Ihr einziges bleibendes Ergebnis war allerdings nur der sogenannte Dessauer Marsch, der italienischer Volksmusik bei der Siegesfeier nachempfunden wurde. Im Dezember 1705 war deshalb Marlborough schon wieder in Berlin, um die Rückberufung des Restes der 8 000 Mann zu verhindern, die den Zusammenbruch der italienischen Front bedeuten konnte. Die Rückberufung war nicht nur unter dem Eindruck der schweren Verluste bei Cassano, sondern vor allem im Hinblick auf die Gefahr der Verwicklung Preußens in den Nordischen Krieg zu erwarten. Wieviel Marlborough von preußischen Verpflichtungen im Westen und wie wenig er von der Notwendigkeit der Selbstverteidigung im eigenen Lande hielt, bezeugt seine Weisung vom 5. Februar 1706 an Lord Raby, den britischen Gesandten in Berlin, als dort der Abmarsch einiger Bataillone nach Königsberg befohlen wurde:

> to represent to the court and ever to the king himself in the most serious manner ... that these troops which were so much depended upon for the service of the common cause ... should be sent so far off, as the public cannot expect the least advantage from them.

Es gelang Marlboroughs Unbekümmertheit tatsächlich, Preußen zu verpflichten, seine zusammengeschmolzenen Kontingente wieder aufzufüllen und sie 1706 im Dienst der Alliierten zu belassen.

Sie gehörten zu den etwa 30 000 Mann, mit denen Prinz Eugen im Juni 1706 von Osten nach Westen durch Oberitalien marschierte, um das belagerte Turin zu entsetzen und 60 000 Franzosen unter dem Marschall Marsin aufzuhalten, die erneut die Lombardei bedrohten. Am 7. September sprengte er den Belagerungsring um Turin; die Reste der französischen Armeen traten den Rückzug nach Frankreich an. Prinz Eugen berichtete: »Der Fürst von Anhalt-Dessau hat mit seinen Truppen bei Turin abermals Wunder gewirkt ... Kein Preis ist zu hoch, wodurch ich (das) Ausharren (der Preußen) erkaufen kann.« Mit der Schlacht von Turin hatte Prinz Eugen die Räumung Oberitaliens erzwungen, wie Marlborough am 23. Mai des gleichen Jahres die Räumung der Niederlande durch seinen Sieg bei Ramillies über die Elitetruppen Ludwigs XIV.

Hatte die Schlacht bei Höchstädt Ludwig XIV. den Weg nach Wien verlegt, so führte der Sieg bei Turin zur Aufgabe Italiens durch die Franzosen und der von Ramillies zur Konzentration der französischen Kräfte in Flandern, um die Grenzen Frankreichs zu schützen. Spanien und der Oberrhein wurden zu Nebenkriegsschauplätzen. Auf dem Hauptkriegsschauplatz rangen die Armeen Ludwigs XIV. und die der Alliierten unter Prinz Eugen und Marlborough noch zweimal unter Begleiterscheinungen um den Sieg, die als erste Vorzeichen moderner Massenvernichtung gesehen werden können. Am 11. Juli 1708 wichen 90000 Franzosen bei Oudenarde den 80000 Mann der Alliierten, nachdem sie ein Drittel ihrer Truppen an Toten, Verwundeten und Versprengten auf dem Schlachtfelde zurückgelassen hatten; von 20 preußischen Schwadronen überlebte nur ein Viertel, während 20 Bataillone preußischer Infanterie glimpflicher davonkamen. Die Schlacht von Malplaquet am 11. September 1709 war das Erschrecken ihrer Zeit: Auf beiden Seiten standen 200000 Mann, von denen 33000 den Tag nicht überlebten. Preußen stellte ein knappes Drittel der alliierten Armee.

Der Winter 1708/1709 war einer der härtesten, die die europäische Klimageschichte kennt; er hatte Menschen und Hilfsmittel ebenso dezimiert, wie die mörderischen Schlachten von Oudenarde und Malplaquet. Der Sonnenkönig hatte die Kräfte Frankreichs bis zur völligen Erschöpfung überspannt und war nahezu am Ende, als der erst 1705 auf den Thron gelangte, dreiunddreißigjährige Kaiser Joseph I. am 17. April 1711 an den Pocken starb. Sein Bruder und Nachfolger war Karl, der spanische Thronprätendent. Durch die mögliche Vereinigung der spanischen mit der Kaiserkrone schien sich also genau die völlige Verschiebung der politischen Kräfte Europas zu Gunsten Habsburgs anbahnen zu wollen, die England zuerst mit den Partagetraktaten und schließlich mit seinem Kriegseintritt gerade hatte verhindern wollen. Vordergründig war diese Konstellation, hintergründig aber eine politisch-höfische Intrige Ursache dafür, daß Marlborough am 1. Januar 1712 aller seiner Ämter enthoben wurde und unmittelbar darauf Verhandlungen über einen Sonderfrieden aufgenommen wurden, mit denen Großbritannien seine Verbündeten im Stich ließ. Trotz des Protestes des Kaisers unterzeichneten die Seemächte, Frankreich, Portugal, Savoyen und Preußen am 11. April 1713 den Frieden zu Utrecht. Dem Kaiser blieb – wie einst Brandenburg in Rijswijk – nichts anderes übrig, als am 1. Mai 1714 im Frieden von Rastatt dem Frieden von Utrecht beizutreten.

Preußen erreichte in Utrecht außer der Abtretung von Geldern, Lingen, Moers und dem Fürstentum Neufchatel aus der oranischen Erbschaft Friedrichs die internationale Anerkennung als Königreich. Es hat diesen letzten und endgültigen Schritt zur eigenen Vollendung als Staat mit den Toten von Höchstädt, Cassano, Turin, Oudenarde und Malplaquet bezahlt. Friedrich selbst hatte noch mit einem Schreiben an Königin Anna vom 8. Januar 1713 dem Separatfrieden zugestimmt und die Festlegung seiner Ergebnisse in einer Konferenz zwischen den französischen, englischen und preußischen Bevollmächtigten am 10. Februar 1713 erlebt. Die formelle Unterzeichnung des Friedens von Utrecht am 11. April 1713 und damit die Beendigung des Krieges, dessen Ausbruch ihm die kaiserliche Anerkennung seiner Königswürde verschafft hatte, erlebte er nicht mehr. Er starb am 25. Februar 1713.

Mit dem Frieden von Utrecht war – um im Bilde Droysens zu bleiben – die Bewegung des exzentrischen Kreises im Westen zum Stillstand gekommen; im Osten dauerte sie noch an. Ursache des Dauerkonfliktes im Westen war das Aussterben eines Herrschergeschlechtes, im Osten der ungezügelte Ehrgeiz dreier junger Männer und die Unnachgiebigkeit eines Deklassierten. Der achtundzwanzigjährige August von Sachsen, seit 1694 Kurfürst, hatte sich 1697 zum polnischen König wählen lassen, der etwa gleichaltrige Frederik IV. von Dänemark 1699 den Thron bestiegen und der zwei Jahre jüngere Zar Peter beschlossen, Rußland den Weg zur Ostsee zu öffnen. Zwischen Rußland und dem Meer lagen schwedische Gebiete, Karelien, Ingermanland und das Baltikum. Hier waren Besitz und Standesehre der einheimischen Ritterschaft durch das absolute, schwedische Königtum geschmälert worden; der Führer der baltischen Stände, Johann Reinhold Patkul, war, von der schwedischen Justiz zum Tode verurteilt, ins Exil gegangen. Im Oktober 1698 war er in Dresden und wurde als Geheimer Kriegsrat in sächsische Dienste übernommen. Der junge Kurfürst von Sachsen hatte als neugewählter polnischer König den Ehrgeiz, Polen durch die Rückeroberung des vor Zeiten polnischen Baltikums zu beeindrucken. In einem Gutachten vom 1. Januar 1699 riet Patkul, Livland ohne Kriegserklärung zu überfallen und Riga im Handstreich zu nehmen, ohne erst den polnischen Reichstag zu befragen. Am 25. September 1699 kam es daraufhin zu einem Geheimabkommen zwischen August II. und dem eben erst auf den Thron gelangten Frederik von Dänemark, dem Zar Peter am 11. November 1699 beitrat. Brandenburg und Schweden hatten sich dagegen bereits 1686 in einem 1696 erneuerten Defensivbündnis gegenseitig den Besitz von Preußen einerseits, von Livland andererseits garantiert; im Frieden von Oliva von 1660 hatte sich Brandenburg im übrigen verpflichtet, Polen nicht anzugreifen. In dem sich anbahnenden Konflikt zwischen Schweden einerseits und Dänemark, Polen und Rußland andererseits war die Neutralität Brandenburg-Preußens also vorgegeben. Dementsprechend konnte und wollte Friedrich bei einem Zusammentreffen mit August von Sachsen in Oranienbaum bei Halle am 19. Januar 1700 als Gegenleistung für die Anerkennung der preußischen Königswürde nicht mehr zusagen, als die Verweigerung des Durchmarsches schwedischer Truppen aus Pommern durch Brandenburg nach Polen, obwohl August mit der Erwerbung des schwedischen Pommern lockte.

Am 11. Februar 1700 schlug August los; seine Truppen überschritten die polnisch-livländische Grenze und marschierten auf Riga. Im März war der Krieg nicht nur in Livland in vollem Gange; Frederik von Dänemark griff die in Schleswig-Holstein stehenden Schweden an. Auch er lockte Friedrich damit, »die favorable Gelegenheit« zu nutzen, um sich Schwedisch-Pommerns zu bemächtigen. Friedrich stellte statt dessen 6 000 Mann als Eingreiftruppe in Lenzen an der Elbe bereit und ließ in

Stockholm wegen eines Heiratsprojektes sondieren, um seine Neutralität zu unterstreichen. Seine Haltung war ebenso vernünftig, wie das Kalkül der drei Aggressoren verfehlt war, der erst achtzehnjährige König von Schweden werde den Angriff hilflos hinnehmen. Der jugendliche Karl XII. lief am 17. Juni 1700 mit einer Flotte aus, landete auf der dänischen Hauptinsel Seeland und bedrohte Kopenhagen. Unter dem Druck der Seemächte, denen im Vorfeld des Spanischen Erbfolgekrieges an nichts weniger gelegen war, als an der Bindung deutscher Streitkräfte in nordischen Verwicklungen, schloß Frederik von Dänemark eiligst am 12. August den Frieden von Traventhal. Er gestattete Karl XII., sich Ende September mit seiner Flotte nach dem Baltikum einzuschiffen. Dort hatte Zar Peter erst im August ein Heer von 40000 Mann aus dem südlichen Rußland herangeführt, mit dem er Narwa in Estland belagerte.

Karl XII. landete in Reval und schlug am 21. November 1700 mit seinen 15000 Mann die bei Narwa verschanzten Russen vernichtend. Eine schnelle Beendigung des baltischen Feldzugs wäre danach ebenso in Betracht gekommen, wie der dänische Feldzug in Traventhal beendet worden war. Der Zar war jedenfalls rationalen Einsichten nicht immer unzugänglich und Polen und Sachsen ohne jedes Interesse an der Fortführung des Krieges. Ein irrationales Moment führte statt dessen in die Uferlosigkeit des noch zwei Jahrzehnte fortgesetzten Großen Nordischen Krieges: der Starrsinn Karls XII., mit dem er Rache an dem sächsisch-polnischen Agressor suchte und nahm. Im Sommer 1701 schlug er die Sachsen an der Düna und brach in Polen ein. Er verfolgte August II. und besetzte im Mai 1702 Warschau; am 19. Juli 1702 schlugen 13000 Schweden bei Klissow in der Nähe Krakaus 27000 Sachsen und Polen. Zar Peter benutzte den Zug Karls nach Süden, um ein neues Heer aufzustellen und Karelien, Ingermanland und das Baltikum zu besetzen; im Mai 1703 gründete er dort – auf schwedischem Gebiet – seine neue Hauptstadt: St. Petersburg. Das Land, zu dessen Verteidigung Karl auszog, war für Schweden auf immer verloren.

In Berlin bestand inzwischen Anlaß zu einiger Besorgnis. Im März 1702 – also noch vor der Kriegserklärung der Alliierten an Frankreich im Mai – hatte der preußische Vertreter in Paris, Marschall von Biberstein, Kenntnis von dem Projekt einer sächsisch-schwedischen Allianz erhalten, das die Teilung Preußens zwischen Schweden und Polen vorsah. Vermutlich handelte es sich angesichts der Haltung Karls XII. gegenüber August II. nur um sächsische Wunschträume. Trotzdem verwundert es nicht, daß Friedrich selbst im Sommer 1702 in Den Haag mit dem schwedischen Gesandten, Grafen Lilienroot, eine preußisch-schwedische Allianz sondierte. Tatsächlich kam daraufhin am 8. August 1703 ein Vertrag zwischen den beiden Mächten zustande, der aber lediglich die preußische Verpflichtung, Polen nicht Hilfe zu leisten, als Gegenleistung für die Anerkennung der preußischen Königswürde enthielt.

An sächsischen Versuchen, sich Berlin anzunähern, fehlte es übrigens ebensowenig wie gegenüber den Schweden auf Kosten Preußens. Graf Flemming, engster Berater Augusts II., erschien im Sommer 1702 zweimal in Berlin, um auf den drohenden Vormarsch des Zaren im Baltikum hinzuweisen, mit polnischen Zugeständnissen – der Abtretung des noch polnischen Teiles Preußens – zu locken und gleichzeitig mit einem polnischen Angriff auf Preußen zu drohen. Friedrich versuchte seinerseits, durch Entsendung des gebürtigen Schweden Eosander von Göthe zu Karl XII. dessen Absichten zu erkunden. Sie waren sehr einfach: Der junge Schwedenkönig war nur von dem Wunsch besessen, unter Ausnutzung der in Polen herrschenden, vollständigen Anarchie, den Reichstag zur Absetzung Augusts II. zu bestimmen, um an dessen Stelle Jakob, den Sohn des verstorbenen Polenkönigs Johann Sobieski auf den polnischen Thron zu setzen. August II. beantwortete diese Herausforderung mit der Verhaftung Jakob Sobieskis und seines Bruders, die er nach Sachsen abführen ließ. Die Empörung in Polen über diese Provokation war so groß, daß der Verhandlungsweg unter Einbeziehung Sachsens nichts mehr versprach, ganz abgesehen davon, daß er eine Rechnung ohne den Wirt, Karl XII., dargestellt hätte.

Patkul, der Anstifter des ganzen Konfliktes, war inzwischen in den Dienst des Zaren getreten. In dessen und Augusts II. Namen bot er im Frühjahr 1704 in Berlin an, die 8000 Mann der in Preußen und die 12000 Mann der in Brandenburg stehenden Truppen Friedrichs mit 12000 Sachsen, 20000 Russen und 34000 Polen zu vereinen, um Karl XII. zu besiegen und Schweden unter die Sieger aufzuteilen. Friedrich hat sich auf diese Lockungen nicht eingelassen. Der Tag von Höchstädt (13. August 1704) hatte noch nicht über Sieg oder Niederlage im Westen entschieden. Ein gleichzeitiger Sieg Frankreichs im Westen und der Schweden im Osten hätte das Ende Brandenburg-Preußens bedeutet. Ganz abgesehen davon versäumte Karl XII. nicht, in Berlin Beweise dafür vorlegen zu lassen, daß August II. über Mittelsmänner versuchte, den Frieden mit den Schweden auf Kosten Rußlands und Preußens durch Verbündung mit Frankreich zu erkaufen, das damit das Ausscheiden Preußens aus der westlichen Allianz erreicht hätte.

Die Würfel fielen anders: Am 6. Februar 1704 hatte der polnische Reichstag unter dem »Schutz« der schwedischen Waffen August II. abgesetzt, am 19. Juni wurde von Karl XII. »mit Gewalt sowie durch reichliche Spende starker Getränke« (F. C. Schlosser) die Wahl Stanislaus Lesczynskis, des Woiwoden von Posen, zum polnischen König durchgesetzt, und am 13. August flüchteten die Reste der Armeen Ludwigs XIV. von Höchstädt zurück nach Frankreich.

Die unmittelbare Gefahr im Westen war gebannt, im Osten war sie doppelt groß geworden. Im gleichen August 1704 hatte der Zar sein Bündnis mit dem abgesetzten August II. erneuert, um die russische Annexion des Baltikums ungestört durch Karl XII. zu vollenden, der in den Jahren 1704 bis 1706 alle Kräfte einsetzte, um jeden sächsischen Widerstand in Polen niederzukämpfen.

In Berlin wechselten diplomatische Ansätze der schwedischen Politik mit einem erneuten Auftreten Patkuls ab, der im Mai 1705 im Namen des Zaren ein Offensivbündnis gegen Schweden um den Preis des noch polnischen Teils Preußens anbot. Das letztere Angebot verriet bedenkenlos den dem Zaren verbündeten August II. Sei es, daß August II. davon erfuhr oder andere Gründe hatte, Patkul auszuschalten: Im Dezember 1705 ließ er Patkul – immerhin den Bevollmächtigten seines Verbündeten, des Zaren – verhaften und auf den Königstein bringen.

Das Jahr 1705 hatte August II. nicht ungenutzt gelassen: Aus aller Herren Länder rekrutierte er eine neue Armee von 16 000 Mann Infanterie und 2 000 Reitern, die unter dem Kommando des Generals Schulenburg im Februar 1706 die Oder nach Osten überquerte. Am 18. Februar wurde sie bei Fraustadt in der Nähe von Glogau von 10 000 Schweden unter dem Kommando des Generals Rehnskjöld gestellt. Nach wenig mehr als einer Stunde Kampf gab es die sächsische Armee nicht mehr. Der Weg nach Sachsen war offen.

Am 1. September überschritt Karl XII. die Oder, am 5. September 1706 die sächsische Grenze. Obwohl August II. noch im Juni eine Art Partisanenkrieg in Sachsen befohlen hatte, wagte es der Geheime Rat, am 8. September den Beschluß zu fassen, Sachsen nicht zu verteidigen. Er forderte vielmehr seinen Kurfürsten auf, der polnischen Krone zu entsagen und »die glücklichen Zeiten seiner Vorfahren wiederherzustellen, die innerhalb der sächsischen Grenzen ihre Macht und ihr Ansehen gesucht« hätten. Der Geheimrat von Pfingsten, dem August II. unbeschränkte Vollmachten erteilt hatte, wurde zusammen mit dem Geheimrat von Imhoff zu den Schweden gesandt. Am 12. September verhandelten die Geheimräte in Bischofswerda mit dem Kanzler Piper und dem Sekretär Hermelin. Die Schweden forderten den Verzicht auf die polnische Krone, die Anerkennung Stanislaus Lesczynskis und Winterquartiere nebst Besoldung der schwedischen Armee. Weitere Bedingungen waren die Freilassung der Sobieski-Prinzen und die Auslieferung Patkuls. Am 24. September wurde die Friedensurkunde im Schlosse zu Altranstädt in der Nähe von Leipzig unterschrieben, in dem sich Karl XII. einquartiert hatte. Er und sein Heer verließen Sachsen erst ein Jahr später, nachdem, wie es der Geheime Rat ausdrückte »die armen Unterthanen an den Bettelstab und zur Desperation gebracht (worden waren)«. Trotz einiger Bemühungen des Königs, Disziplin zu halten, wiederholten sich alle Greuel des Dreißigjährigen Krieges an den Unseligen, die nicht rechtzeitig aus Sachsen geflohen waren. Die sächsischen Verluste dieses einen Jahres wurden auf 88 Millionen Thaler geschätzt, ein Betrag, der etwa 17 bis 18 Milliarden Deutscher Mark entsprechen könnte. Mit 19000 Mann war Karl in Sachsen eingerückt, mit 32000 Mann verließ er es.

Kurz nach dem Abschluß des Altranstädter Friedens, am 29. Oktober 1706, war es August II. und dem russischen Fürsten Menschikoff, die vom Friedensschluß noch nichts wußten, gelungen, mit einer erdrückenden Übermacht von 36000 Sachsen, Russen und Polen bei Kalisch eine schwedisch-polnische Armee von 14500 Mann unter dem General Mardefelt zu schlagen. Der Sieg war für August II. Grund genug, die Unterzeichner des Altranstädter Friedens, Pfingsten und Imhoff, wegen Mißbrauchs ihrer Vollmachten auf den Königstein bringen zu lassen, auf dem Imhoff acht Jahre, Pfingsten bis zu seinem Lebensende im Jahre 1733 gefangengehalten wurde. Patkul wurde ausgeliefert; Karl XII. ließ ihn auf grausige Weise hinrichten.

Vor dem Abzug der Schweden aus Sachsen – im April 1707 – reiste Marlborough nach Altranstädt, um mit Karl XII. und seinem Kanzler Piper zu konferieren. Anlaß seiner diplomatischen Intervention war offenbar die Befürchtung, Karl XII. könne doch noch eine Verbindung mit Frankreich suchen oder in der Rolle einer dritten Macht in den Spanischen Erbfolgekrieg eingreifen. Eine derartige Verzahnung des westlichen mit dem östlichen Konflikt hätte unabsehbare Folgen haben können. Ein preußisch-schwedisches »ewiges Bündnis« vom 16. August 1707 trug wohl dieser Befürchtung durch gegenseitige Territorialgarantie, die gegenseitige Zusage von 6000 Mann Hilfstruppen im Angriffsfalle und die Anerkennung des Stanislaus Lesczynski als König von Polen Rechnung. Es hat jedoch den Anschein, daß es Marlborough gelang, den schwedischen Kanzler mit den üblichen Mitteln der Zeit zu der Ansicht zu bekehren, daß erstes Ziel der schwedischen Politik die Niederwerfung des Zaren sein müsse, der im Feindbild Karls XII. jetzt die entscheidende Rolle spielte.

Der schwedische König verzichtete jedenfalls auf seine mitteleuropäischen Pläne und trat als erster den verhängnisvollen Zug in die Weiten des Ostens an, der anfangs des 19. und in der Mitte des 20. Jahrhunderts mit dem gleichen Ergebnis wiederholt werden sollte. Auch Karl bahnte sich mit Siegen seinen

Weg über Smolensk in die Ukraine, konnte aber weder seine Verluste ersetzen, noch seine Gefangenen gefangenhalten; im Mai 1708 ließ er alle russischen Gefangenen frei. Der Weitermarsch fiel in den extrem harten Winter 1708/1709, der seine Truppen furchtbar dezimierte. Im Frühjahr 1709 stand er vor Poltawa; hier brachte ihm der Zar am 8. Juli 1709 die Niederlage bei, die für immer das Ende der militärischen Bedeutung Schwedens bedeutete. Bis auf ein Nachspiel, das Friedrich nicht mehr erlebte, war der Meteor Karl aus der Geschichte verschwunden. Er rettete sich mit einigen hundert Mann auf damals türkisches, heute moldauisches Gebiet nach Bender am Dnjestr, um erst 1714 nach Schweden zurückzukehren.

Noch vor der Vernichtung des schwedischen Heeres bei Poltawa hatte der Zar August II. ein Bündnisangebot gemacht, das August nach dem Eintreffen der Nachricht von Poltawa am 26. Juli 1709 schleunigst annahm. Schon einen Monat zuvor, am 28. Juni hatte er den alten Bund mit Frederik von Dänemark erneuert. Der Vertrag sah nach Abstimmung mit dem Zaren den erneuten Angriff auf Schweden und die gegenseitige Verteidigung der Bündnispartner vor. Anschließend reisten August und Frederik zu einem Dreikönigstreffen zu Friedrich nach Berlin. Am 12. Juli 1709 wurden sie Taufpaten der am 3. Juli geborenen Enkelin Friedrichs, die die Geschichte unter dem Namen der Wilhelmine Markgräfin von Bayreuth kennt. Die Patenschaft war allerdings nahezu das einzige greifbare Ergebnis des Dreikönigstreffens. Von den ursprünglichen Plänen, auf Kosten Schwedens Ingermanland den Russen, Livland dem Stanislaus Lesczynski, Ermland den Preußen und Polen wieder August II. zu überlassen, blieb kaum etwas übrig. Trotz aller anfänglichen Begeisterung für das Projekt – der preußische Geheimrat von Ilgen notierte »Unser König hat sich vereint mit König August und Schwüre dazu gethan« – entsann man sich in Berlin zuletzt doch der Neutralitätsverpflichtung aus den 1686, 1696 und 1707 mit Schweden geschlossenen Bündnissen. Der »Foedus berolinense« vom 15. Juli 1709 sprach deshalb nur davon, daß Frederik und August »von I.Pr.M. begehrt haben, gegen sie keine Parthei zu nehmen, noch dem Feinde Durchzug zu gestatten« und gewährte gegenseitige Besitzstandsgarantie.

Am 8. August verkündete ein Manifest Augusts: »Nehmen (Wir) also dasjenige wieder an uns, was Uns von Gott und Rechts wegen gehöret«, nämlich die polnische Krone. Seiner Verpflichtungen aus dem Frieden von Altranstädt entledigte sich der Neukatholik August auf die einfachste Weise. Er bat den Papst, den Friedensvertrag von Altranstädt für ungültig zu erklären. Sein Wunsch wurde alsbald erfüllt, allerdings unter der Bedingung, daß der Übertritt des sächsischen Kurprinzen zum Katholizismus unverzüglich vollzogen werde.

Im Oktober 1709 marschierten Reste des schwedischen Heeres unter dem General Crassow aus Polen durch die Neumark nach Schwedisch-Pommern, ohne zu fragen. Ihnen folgten die Russen, die aber vorerst die märkische Grenze respektierten. Ein Treffen zwischen Friedrich und dem Zaren in Marienwerder an der Weichsel brachte neben dem bedeutungslosen Beitritt des Zaren zum »Foedus berolinense« nur den Degen des Zaren von Poltawa ein, der Friedrich überreicht wurde; dem preußischen Werben um Teilungsabsprachen war dagegen kein Erfolg beschieden. Um die latente Bedrohung der Kurmark in ihrer geographischen Lage zwischen Polen und Schwedisch-Pommern zu entschärfen, entschloß sich Friedrich schließlich auf Anraten des Geheimrats von Ilgen, dem Kaiser und den Seemächten vorzuschlagen, die Neutralität der schwedischen Gebiete im Reich zu garantieren. Da die Neutralität Schwedisch-Pommerns nicht nur Preußen, sondern auch den übrigen Beteiligten, wie Schweden selbst, Dänemark und dem Zaren, gelegen kam, wurde in der Tat am 20. März 1710 in Den Haag die Neutralitätsakte oder das »Haager Concert« unterzeichnet, dem am 4. August 1710 ein Vertrag zwischen den Signatarstaaten über die Aufstellung eines »gemischten Corps« zur Sicherung Norddeutschlands und Jütlands folgte. Dieser Beschluß, seine Ausführung und seine Wirkung erinnern lebhaft an heutige UNO-Einsätze.

Karl XII. protestierte am 30. November 1710 von Bender aus gegen den Versuch, »unter dem Schein der Neutralität eine Armee zu Gunsten (seiner) Feinde aufzustellen«; ein erstes Vorbild heutiger Reaktionen auf internationale Einsätze. Die Russen benutzten unterdessen die Neutralisierung im Reich, um im Sommer 1710 Viborg, Riga, Reval, Åbo und die Insel Ösel endgültig an sich zu bringen. Im November 1710 erklärten die Türken dem Zaren den Krieg; in Europa wurde die Vereinigung eines Türkenheeres unter der Führung Karls XII. mit der in Pommern stehenden schwedischen Armee unter Crassow befürchtet. Jetzt äußerte der Zar, daß diejenigen, die auf Neutralität gedrungen, ihn um Zeit und Geld gebracht hätten; er werde sich seinen Schaden von ihnen ersetzen lassen. Neutralität war offenbar damals wie heute nur so lange gefragt, als sie den eigenen Zielen diente und das beschlossene, aber nicht aufgestellte Neutralitätscorps beeindruckte – ebenso damals wie heute – niemanden.

Der Zar erkaufte sich – im buchstäblichen Sinne – im Juli 1711 und in den nächsten zwei Jahren noch zweimal Frieden und Handlungsfreiheit von den Türken und machte davon in Europa Gebrauch. Bereits im August nahm eine russisch-polnisch-sächsische Armee den »friedlichen Durchmarsch« durch die Marken und zog an Berlin vorbei nach Mecklenburg, um dort Winterquartier zu halten. Im November 1711 verlegte Friedrich angesichts dieser Truppenkonzentration in Mecklenburg neun Bataillone – etwa 6000 Mann – von der westlichen Front in die Kurmark – zum großen Mißvergnügen Wiens. Friedrich fühlte sich bedroht; in einem Reskript vom 2. April 1712 heißt es:

> ... und hat uns der Zaar selbst notificirt, dass er entschlossen ist, dieses Jahr in eigener Person eine Campagne ... zu thun ... zur baldigen Conquestirung [Eroberung] sämmtlicher vorpommerscher Lande ... es ist gewiß, dass es dem Zaar eine kurze Arbeit sein wird ... und dass, wenn solches geschieht, wir dadurch ... gleichsam der Discretion [dem Belieben] von den Zaaren untergeben [sein] ... werden.

Eine »kurze Arbeit« wurde es allerdings für den Zaren nicht. Am 24. September 1712 landete der schwedische Feldmarschall Graf Stenbock auf Rügen; er verfügte mit der Besatzung des von Russen und Sachsen belagerten Stralsund über 34000 Mann. Am 20. Dezember 1712 schlug er bei Gadebusch in Mecklenburg die Dänen, ehe sie sich mit den Russen, Sachsen und Polen vereinigen konnten und nötigte damit die letzteren zum Rückzug. Im Januar 1713 wurde die Belagerung von Stralsund aufgehoben. »Stenbock rächte die Barbarei und Grausamkeit, die von den Russen in Pommern geübt worden war … durch eine Mordbrennerei in Holstein, welche nur mit den früher … verübten Gräueln der Franzosen am Rhein verglichen werden kann« (F. C. Schlosser); am 8. Januar 1713 ließ er Altona vollständig niederbrennen.

Am 25. Februar 1713 starb Friedrich. Seine letzten Bemühungen galten dem Versuch, im Einvernehmen mit dem Kaiser, eine Armee von 20000 Mann aufzustellen, um einer »ernstlichen Ermahnung sowohl an Schweden, als an die nordischen Alliierten« Nachdruck zu verleihen, ihre Truppen vom Boden des Reichs zurückzuziehen. Er seufzte: »Wenn es nur nicht auf ein gar zu grosses Hasard für uns hinausläuft.«

Die Politik seines Sohnes und Nachfolgers, Friedrich Wilhelms I., war von der Rücksichtnahme auf die westeuropäischen Schauplätze des Spanischen Erbfolgekrieges befreit. Sie konnte sich daher – zunächst auf den diplomatischen Bahnen Friedrichs fortschreitend – mit dem konzentrierten Einsatz der politischen und militärischen Mittel der Durchsetzung des preußischen Interesses im Norden und Osten zuwenden. Als der Große Nordische Krieg 1720 endete, waren Stettin und Vorpommern bis zur Peene preußisch.

Der Versuch, die hier kurz zusammengefaßten außenpolitischen Ereignisse der Regierungszeit Friedrichs für sich allein unbefangen zu würdigen, vermittelt unter verschiedenen Gesichtspunkten den Eindruck der Zwangsläufigkeit. Zunächst darf nicht übersehen werden, daß Preußen noch längst nicht Großmacht, sondern eine sogenannte Auxiliarmacht war – ein Satellitenstaat, der sich allenfalls der Anziehungskraft des einen Systems entziehen konnte, um sich einem anderen anzunähern. Mit der Politik entschlossener Bündniswechsel hatte der große Kurfürst viel erreicht, um letzten Endes doch politisch zu scheitern. Der Friede von Saint-Germain-en-Laye war für Friedrich sicherlich eher Warnung als Vorbild. Ausgangspunkt seiner Politik zwischen West und Ost waren zwei Staatsverträge aus der Regierungszeit seines Vaters, ihr Fortschritt wurde mehr oder minder vom Ablauf der Ereignisse bestimmt.

Der bekannte Allianzvertrag mit dem Kaiser von 1686 verpflichtete Brandenburg auf zwanzig Jahre, 8000 Mann Hilfstruppen zu stellen; die Zahl ist durch Friedrichs Kronvertrag von 1700 nicht erhöht worden. Darüber hinaus war Friedrich als Mitglied des obersächsischen Kreises verpflichtet, im Falle eines Reichskrieges 4000 Mann zu stellen. Die nach dem Frieden von Rijswijk herabgesetzte Stärke der brandenburgischen Armee betrug rund 23000 Mann. Mehr als die Hälfte derselben hatte Friedrich also aufgrund der staatsvertraglichen bzw. staatsrechtlichen Ausgangslage bis zum Jahre 1706 Kaiser und Reich zur Verfügung zu stellen. Im Jahre 1706 lag die Entscheidung von Höchstädt schon zwei Jahre zurück; der schwedische Sieg bei Fraustadt, Prinz Eugens Sieg bei Turin und der Marlboroughs bei Ramillies wurden 1706 erfochten. Konnte diese Konstellation dazu ermutigen, sich von den »ererbten« und siegreichen Bündnispartnern abzuwenden, um den unmittelbar an den Grenzen stehenden und siegreichen Schweden Pommern zu entreißen?

Ähnliches gilt für das ebenfalls 1686 auf zehn Jahre geschlossene Defensivbündnis mit Schweden, das gegenseitig den territorialen Bestand garantierte. Als der Vertrag 1696 zum ersten Male ablief, herrschte im Norden noch Frieden. Es konnte daher – auch und gerade unter dem Gesichtspunkt der angestrebten Königswürde – nur im Sinne der Politik Friedrichs liegen, den Vertrag um zehn Jahre zu verlängern und sein Herzogtum Preußen ebenso einzubeziehen, wie von schwedischer Seite Livland einbezogen wurde. Als der Vertrag 1706 erneut endete, stand Karl XII. in Sachsen; der Abschluß des »ewigen Bündnisses« vom 16. August 1707 ist angesichts der Präsenz der weit überlegenen schwedischen Macht nur selbstverständlich. Friedrichs Armee erreichte 1709 mit 44000 Mann ihre höchste Truppenstärke; von ihnen kämpften drei Viertel auf den Schauplätzen des Spanischen Erbfolgekrieges, während rund 11000 Mann – zum Mißmut Marlboroughs – Ostpreußen und die Kurmark deckten. Hätten die Erfahrungen von Narwa (1701), wo 40000 Russen und von Klissow (1702), wo 27000 Sachsen und Polen von 13000 bis 15000 Schweden geschlagen wurden, Friedrich ermutigen sollen, mit diesen 11000 Mann oder weiteren, aus dem Westen abgezogenen Truppen, Karl XII. anzugreifen?

Friedrich hat zwar immer wieder mit dem Rückruf von Truppenteilen vom westlichen Kriegsschauplatz gedroht, um politischen Druck auszuüben und 1709 Begeisterung für die sächsisch-polnisch-russische Allianz an den Tag gelegt – beides blieb aber unverbindlich. Es hat den Anschein, daß die Erfahrungen seines Vaters mit dem Frieden von St.Germain-en-Laye und die eigenen mit dem Auftreten des Grafen Rébénac, Friedrich bestimmt haben, dem Ende der politisch-militärischen Dominanz Frankreichs und damit der unverbrüchlichen Bündnistreue innerhalb der Großen Allianz die erste Priorität einzuräumen. Auch nach der Räumung Sachsens durch Karl XII. (1707) wäre ein Eingreifen in den Nordischen Krieg – mit Friedrichs Worten zu reden – »ein gar zu grosses Hasard« gewesen, weil der Erfolg vom unberechenbaren Verhalten der Gegenspieler – Karl XII., August II. und dem Zaren – in einem riesigen Raum unter dem Einsatz militärischer Mittel in unbekannten Größenordnungen abgehangen hätte. Dem waren die ganz und gar nicht unerschöpflichen Kräfte Preußens mit Sicherheit nicht gewachsen.

Friedrich hat sich in der Tat mit seiner Außenpolitik an den Inhalt seines politischen Testaments gehalten, die amtlich unter dem königlichen Insiegel ausgefertigte »Väterliche Instruktion« vom 18. März 1707, über die Ranke berichtet:

> Friedrich geht von der Betrachtung aus, daß sein Königreich, sein Kurfürstentum und seine übrigen Lande »so weit begriffen« und von vielen eifersüchtigen, in anderweiten Verbindungen stehenden Nachbarn umgeben seien. Wohl dürfte der künftige König von seinen begründeten Rechten nichts aufgeben; wenn er aber einen Krieg unternehme, ohne seine Partei mit aller Umsicht und Sicherheit genommen zu haben, so werde er sich in die grösste Gefahr stürzen: es sei leicht, den Degen zu ziehen, aber schwer, ihn mit Ehren wieder einzustecken. Auf das dringendste empfiehlt er die Aufrechterhaltung der Armatur [Armee], die unter ihm höher gebracht sei, als unter einem früheren Fürsten: denn ein anders Mittel

gebe es bei der gegenwärtigen Beschaffenheit der Welt nun einmal nicht, um sich Ansehen zu verschaffen. Doch flicht er die Erinnerung ein, daß die Waffen vor allem dazu dienen sollen, den Frieden zu erhalten.

Diese Maximen lassen sich durchaus mit den Erfahrungen in Einklang bringen, die die Menschheit in den zwei Weltkriegen und dem nachfolgenden »Kalten Krieg« des 20. Jahrhunderts gemacht hat. Das Urteil jenes Gesetzes von 1947, Preußen sei seit jeher Träger des Militarismus gewesen, wird von ihnen allerdings kaum bestätigt. Von seinen vier Signatarstaaten waren am Anfang des 18. Jahrhunderts die Vereinigten Staaten noch nicht in die Geschichte eingetreten, während Frankreich und Rußland die Aggressoren jener ersten Weltkriege waren und Großbritannien der Verbündete Preußens, der mit ihm zusammen den Krieg beendete.

Dabei war Friedrichs Politik der Bündnistreue im Westen und der bewaffneten Neutralität im Osten – dem Grunde nach nicht unähnlich der deutschen Politik nach 1949 – keineswegs erfolglos: Der Friede von Utrecht beendete die Dominanz Frankreichs, verschaffte Preußen die internationale Anerkennung und überließ Friedrichs Nachfolger de facto die politisch-militärische Option auf Vorpommern. Fast an ein Wunder grenzt es, daß dabei Friedrichs Staaten bis auf Grenzgebiete von einem Krieg verschont blieben, der im Westen zwölf, im Osten zwanzig Jahre tobte, in denen – ganz abgesehen von den eigentlichen Kriegsschauplätzen – Sachsen und Holstein von den Schweden, Pommern von den Russen und Bayern von den Engländern und den Kaiserlichen in Wüsten verwandelt wurden, von Polen ganz zu schweigen.

In der preußisch-deutschen Geschichtsschreibung sind trotzdem das »System« Friedrichs, die »ausgefahrenen Geleise ... sich von den nordischen Wirren fern zu halten und alle Kräfte auf den Krieg gegen Frankreich zu wenden«, getadelt worden, vor allem von Droysen. Andere haben ihre nationalen Wunschträume am Ende des 19. Jahrhunderts in die Realität des beginnenden 18. Jahrhunderts zurückzuprojizieren versucht: »Auch wir ... beklagen, daß er (Friedrich) nicht die Gelegenheit des Nordischen Krieges zur Wiedereroberung Pommerns und der deutschen Seekante benutzt hat« (Berner). Droysen urteilt, Friedrich habe »im Westen Krieg ohne Politik, im Osten Politik ohne Armee« gemacht; seine Politik hätte »in des großen Kurfürsten Händen ... zu anderen Ergebnissen geführt, in (Friedrichs) unsicheren ... ging verloren, was sie rechtfertigte«. Das Spiegelbild dieses Satzes – Krieg im Osten und Politik ohne Armee im Westen – bezeichnet aber verblüffend genau den Pyrrhussieg des Großen Kurfürsten im Frieden von Saint-Germain-en-Laye: Die überwältigenden militärischen Erfolge Brandenburgs in Pommern und Ostpreußen wurden durch ein Diktat Frankreichs zunichte gemacht, das der Kaiser und die Seemächte weder verhindern konnten, noch zu Gunsten des siegreichen Brandenburg verhindern wollten. Insofern führt sich Droysens Argumentation selbst ad absurdum.

Sein merkwürdiges Fehlurteil bezeichnet eine moderne Darstellung als »Geschichtsverdrehungen«. Die Kompetenz für eine derartige Qualifizierung eines der bedeutendsten deutschen Historiker ist allerdings am wenigsten einem Werke zuzugestehen, das sich vor allem durch den Mangel an Sorgfalt und Folgerichtigkeit der Tatsachendarstellung auszeichnet, in der Droysen unübertroffen war und ist. Möglicherweise liegt eine Erklärung für seinen falschen Schluß aus richtig dargestellten Tatsachen in seiner Beobachtung der »Unschlüssigkeit, Künstlichkeit und Doppelheit, (die) immer die Hand Friedrichs I. erkennbar macht«. Der Ursprung dieser Haltung – die durchaus nicht immer, wohl aber gegenüber Danckelmann und nach dessen Sturz des öfteren festzustellen ist – kann mit einiger Sicherheit auf die Jugenderlebnisse Friedrichs zurückgeführt werden. In der Außenpolitik – auf die Droysen sein Urteil wahrscheinlich mehr oder minder unbewußt übertragen hat – haben Friedrichs seelische Eigenschaften jedenfalls kaum eine sichtbare Rolle gespielt. Sie wurde durch die »ausgefahrenen Geleise« der Zwangsläufigkeiten bestimmt, wenn Friedrich seine Länder nicht unabsehbaren Risiken aussetzen wollte. Daß er es nicht wollte, ist sein Ruhm.

Täuschung und Neubeginn

Friedrich hat die Zwangsläufigkeit der außenpolitischen Entwicklung im Großen sicher nicht anders gesehen, wie er im Kleinen von der Unentrinnbarkeit der Vorherbestimmung überzeugt war. Als sich sein eigenes Leben dem Ende zuneigt – am 30. August 1712 schreibt er an die Kurfürstin Sophie,

> dass der kleine Prinz Fritz [der spätere Friedrich der Große] nuhn mero 6 zehne hat und ohne die geringste incommoditet. Daran kann man auch die predestination sehen, dass alle seine Brüder haben daran sterben müßen, dieser aber bekömmt sie ohne mühe wie seine Schwester [Wilhelmine].

Der reformierte Glaube an die Vorherbestimmung »prägte sich ... (verschieden) in den geschichtlichen Persönlichkeiten aus. Den einen wurde er zum Feuer, das alles Bedenken und Hemmende ihrer Seele verzehrte, die Weicheren tauchte er nur unabwendlicher in den träge und langsam fliessenden Strom ihres Lebens, so daß sie alles Geschehen wie ein Fatum, das sie nicht abwenden konnten, über sich ergehen liessen« (Koch). Friedrich gehörte ohne Zweifel zu den weichen Naturen. Von der Härte seines Vaters distanzierte er sich mit der Bemerkung, er würde 50 000 Taler darum geben, wenn Pufendorf nicht über die Taten des Großen Kurfürsten geschrieben hätte; seine »Väterliche Instruktion« von 1707 hält dem eigenen Sohn vor: »Es ist alle Zeit besser, mit Glimpf seine Unterthanen als mit Rigeur (Härte) zu tractiren.« Am deutlichsten legt der Strom der Geschenke und Gnadengaben, die Friedrich, wie kaum ein anderer Herrscher vor oder nach ihm, wie aus einem Füllhorn über seine Umgebung ausschüttete, Zeugnis von seinem unaufhörlichen Werben um Harmonie und Gegenliebe ab. Er reicht von Rittergütern, Privilegien, Pensionen, Schmuck und Juwelen bis zu einem bescheidenen Bernsteinherz, das Friedrich nach dem Eintreffen des Kuriers mit dem Krontraktat aus Wien in der Freude seines Herzens dem Grafen Wartenberg schenkte: »Ich gebe Euch dieses Herz zum Zeichen meiner Treue und mit der Versicherung, dass ich mein Herz nimmer von Euch wenden, sondern beständig lassen werde.« Droysen fand es zerbrochen in den Akten der Preußischen Staatsarchive: Ein melancholisches Symbol zerbrochener Hoffnungen auf menschliche Wärme, begraben in den Akten des Staates.

Melancholie ist die Grundstimmung in Friedrichs Leben. Immer wieder spricht er in seinen Briefen von der Nichtigkeit des Menschen vor Gott, mehrfach bezeichnet er das Leben als eine bloße »commedie«. Es ist sehr wahrscheinlich, daß es sich dabei nicht um eine ererbte, sondern um eine in den Tagen seiner Jugend erworbene Charakterprägung handelt, deren Fatalismus die Funktion eines Schutzmantels gegenüber ständigen Zurücksetzungen und Bedrohungen hatte. Die Krankheiten, die ihm in der Jugend zum Schicksal wurden, verließen ihn auch im späteren Leben nicht. Es scheint zwar gelungen zu sein, die Körperverkrümmungen des »schiefen Fritz« soweit zu beheben, daß sie durch Kleidung und Allongeperücke verdeckt werden konnten. »Engbrüstigkeit« – sehr wahrscheinlich Asthma –, immer wiederkehrende »Flüsse« am Halse, Magenschmerzen und andauernde Erkältungen bedeuteten einen lebenslangen körperlichen Schwächezustand. Eine weiche Natur, latente körperliche Schwäche, aus den Erfahrungen der Jugend herrührendes Mißtrauen, gepaart mit hoher Sensibilität gegenüber Würdeverletzungen, ausgeprägtes Kompensationsbedürfnis trotz fatalistischer Grundhaltung und schließlich das menschliche Urbedürfnis, geliebt zu werden – all das ergab die Ambivalenz eines Charakters, die Droysen als »Unschlüssigkeit, Künstlichkeit und Doppelheit« bezeichnet. Sie trat im ersten Jahrzehnt der Regierung Friedrichs nach außen hinter der energischen Zügelführung Danckelmanns zurück, erschöpfte sich in den nächsten drei Jahren des Ringens um die Königskrone, um in der zweiten Hälfte seiner Regierungszeit Kräften Raum zu geben, die aus ihr eine Periode des innenpolitischen Niedergangs machten.

Ranke berichtet darüber:

> Am Hofe herrschte ein faktioses Wesen, das zugleich den Staat ergriff, die Kollegien durchdrang, rasches Emporkommen und plötzlichen Fall der Häupter und ihrer Anhänger hervorrief. Daher kam es, dass alles rühmliche Bestreben, dem zuweilen selbst grossartige Gedanken innewohnten, doch von einem Gefühl der Unsicherheit begleitet war. Man fühlte den Boden, auf dem man stand, doch niemals recht sicher.

Lakonischer und unverblümter hatte bereits 1701 die Kurfürstin Sophie bemerkt: »Wer ehn dag favorit ist, wirdt den andern ihm gefangnus gesetzt.«

Das »faktiose Wesen« – heute würde von Cliquenbildung gesprochen werden – hatte sich zunächst aus der Fronde der Hofgesellschaft gegen Danckelmann herausgebildet. An ihrer Spitze hatte der Feldmarschall von Barfus gestanden, Türkensieger und so wenig Diplomat, daß die Königin Sophie Charlotte nach seinem Tode von ihm sagte, er sei der einzige Mensch am Hofe gewesen, der es ehrlich mit ihr gemeint habe. Ihre Gunst bezog sich wohl nicht zuletzt darauf, daß sie über Barfus auf das Komplott zum Sturze Danckelmanns einwirken konnte. Infolgedessen galt Barfus nach der Verhaftung Danckelmanns als einflußreichster Mann am Hofe. Neben dem mehr oder minder plumpen Märker Barfus schob sich jetzt allerdings eine schillernde Persönlichkeit in den Vordergrund, die fast als sein Gegentyp bezeichnet werden könnte. Der aus der Pfalz stammende Johann Kasimir Kolbe Freiherr von Wartenberg war als Oberstallmeister und Schloßhauptmann in brandenburgische Dienste getreten und schließlich 1696 Oberkammerherr geworden. Trotz seiner schon erwähnten, von Danckelmann erzwungenen, Ehe mit einer Frau, die der Skandal des Hofes war und blieb, wurde er durch seine stets bereitwillige, heitere Gefälligkeit dem melancholischen und unsicheren Friedrich bald menschlich unentbehrlich. Wartenberg wurde zu einem nahezu unglaubhaften Beispiel einer Karriere aufgrund bloßer gesellschaftlicher Talente. Durch entsprechende Organisation der Verwaltung nahm er jeden politischen Einfluß und entzog sich

Johann Kasimir Kolbe, Reichsgraf von Wartenberg, Kupferstich von Johann Georg Wolfgang.

zugleich jeder politischen Verantwortung, die ihm in jeder Beziehung fehlenden Kenntnisse ersetzte er durch fähige Mitarbeiter – wie z.B. Heinrich Rüdiger von Ilgen –, witterte förmlich seine Gegner, um sie rechtzeitig auszuschalten und bereicherte sich bei alledem in geradezu ungeheuerlicher Weise. Er und seine von ihm später herangezogenen Parteigänger Wittgenstein und Wartensleben sollten, wie das Volk spottete, zum »Dreifachen Weh« des Landes für mehr als ein Jahrzehnt werden.

Friedrich hatte sich nach Danckelmanns Sturz ernstlich vorgenommen, sein eigener Premierminister zu werden. In seinem politischen Testament von 1698 heißt es: »Ich kann nicht umhin, meinen Successor zu warnen, dass er sich hüte, einen einzigen Minister allein zu Rate zu ziehen und keinem gar zu viel zu trauen« und: »Es muss ein Regent fleissig geheimen Rat halten und wan etwas Wichtiges führ kömpt, die Rähte votiren lassen.« Wie der französische Gesandte des Alleurs am 16. Juni 1698 berichtete, arbeitete Friedrich damals in der Tat täglich drei bis vier Stunden mit seinen Räten. Daß er sich dabei aber überfordert fühlte, geht aus seinem Schreiben vom 14. Dezember 1697 an die Kurfürstin Sophie hervor: »Ich bitte mir nicht übel zunehmen, wan ich nicht recht schreibe, dan ich meinen Kopf so fol von affairen habe, dass ich nicht weis, was ich am ehrsten fornehmen soll.«

Wartenberg wußte offenbar Rat. Am 22. Juli 1698 erging das »Reglement wegen Versehung der einkommenden Relationen« an Wartenberg, Barfus, Fuchs und Schmettau. »Zur Beschleunigung des Geschäftsganges« wurden alle Eingänge, die bisher auf den Geheimen Rat verteilt worden waren, dem aus den vier Adressaten bestehenden »engeren Rat« vorgelegt, der darüber entschied, was an den Geheimen Rat weitergegeben und was sogleich dem Kurfürsten mit einem entsprechenden Vorschlag vorgelegt werden solle. Mit diesem Aussonderungsverfahren wurde dem Geheimen Rat gerade in den entscheidenden Dingen die Kompetenz entzogen und dem »engeren Rat« übertragen.

Es hat den Anschein, daß Wartenberg alsbald daranging, die Zusammensetzung des »engeren Rates« in seinem Sinne durch eine Intrige zu ändern, der entweder Barfus oder der noch aus der Zeit des Großen Kurfürsten übriggebliebene Geheimrat von Fuchs, vielleicht auch beide, zum Opfer fallen sollten. Vermutlich benutzte Wartenberg das schlichte Gemüt des Feldmarschalls als Werkzeug gegen Fuchs und erweckte den umgekehrten Anschein. Der hannoveranische Gesandte Ilten berichtete am 22. August 1699 über Wartenberg, daß er »als der raffinierteste Courtisane, der zu finden ... sich dergestalt zu drehen (wisse), dass alle faux pas, die begangen wurden, den anderen auf den Buckel fielen, er hingegen nur an dem, so seinem Herrn gefällig, Teil (behalte)«. Daß diese Taktik auch von anderen Beobachtern wahrgenommen wurde, beweist eine Spottmünze mit dem Bild eines Barfüßermönches, der einen Kolben nach einem Fuchs schleudert, ihn aber nicht trifft. Die andere Seite trägt die Inschrift

De Barfeter Mönch, der grote Os,
Schmet met de Kolve na dem Fos,
Man he reckt em nich.

Friedrich hat das Spiel offenbar nicht durchschaut.

Der Kolben verfehlte den Fuchs auch nur insofern, als die Erfahrung von Fuchs eine Entfernung aus dem »engeren Rat« verhinderte. Wartenberg sorgte aber dafür, daß er über Entscheidendes nicht unterrichtet und dafür mit Aufgaben beschäftigt wurde, für die ihm jede Vorkenntnis fehlte. Fuchs zog sich »von chagrin accabliret«* halb freiwillig, halb unfreiwillig von den Staatsgeschäften zurück und starb am 7. August 1704. Sein Gegner Barfus, der bereits 1699 seines Amtes als Generalkriegskommissar (Kriegsminister) enthoben und 1702 als Feldmarschall entlassen worden war, folgte ihm am 27. Dezember des gleichen Jahres. Neben seiner groben Art hatte er die Ungnade des Hofes der Tatsache zu verdanken, daß seine Frau keinen Zweifel daran ließ, daß sie die Gräfin Wartenberg für das hielt, was sie war.

Nachdem Schmettau auf Gesandtschaftsposten einer Mitwirkung im engeren Rat oder – wie er auch genannt wurde – der »Staatskonferenz« entzogen war, beschränkte sich die letztere spätestens seit dem Frühjahr 1700 auf Wartenberg und seinen Mitarbeiter Heinrich Rüdiger von Ilgen, der bereits mit dem Reglement vom 22. Juli 1698 vom Kurfürsten zum Sekretär der Staatskonferenz bestimmt worden war. Mit dem »Churbrandenburgischen Hofkantzleireglement« vom 2. Dezember 1699 wurde die Allmacht des Zweiergespanns weiter

* von Kummer niedergedrückt

verstärkt. Damit der Kurfürst »mit der Subskription geringfügiger und wenig oder gar nicht importierender Dinge vergeblich nicht fatiguieret« werde, wurden in zehn Rubriken die Sachen aufgelistet, mit deren Unterschrift der Kurfürst künftig verschont werden sollte. Die »Contenta per generalia« der übrigen Angelegenheiten sollten in einer Zusammenfassung so kurz wie möglich beigefügt werden.

Der Einwand der Geheimen Räte, der Kurfürst könne bei übertriebener Verkürzung die Bedeutung nicht mehr erkennen, blieb ungehört. Ilgen wurde ausdrücklich das Recht eingeräumt »seine sentiments darüber zu sagen«, also durch eigene Stellungnahmen die Entscheidungen des Kurfürsten zu beeinflussen. Wartenberg erhielt, obwohl er nicht einmal, wie Fuchs, dem Geheimen Rate angehörte, das Recht der Gegenzeichnung, mit der die Staats- und Verwaltungsakte erst wirksam wurden. Er vollendete seine Kunst, sich mit seinem Mitarbeiter Ilgen de facto zum Herrn der Staatsverwaltung zu machen, ohne mehr als höfische Talente zu entfalten und ohne irgendeine Verantwortung zu übernehmen, als er Friedrich am 15. Oktober 1699 zu der Entscheidung veranlaßte

> dass es eine Unmöglichkeit sei, dass er neben seiner bei Unserer höchsten Person täglich habenden Aufwartung und auf den continuierlichen Reisen, die er mit Uns zu tun hat, alles allein so genau examinieren könne, sondern es notwendig auf seine Zugeordnete und Subalternen guten Teiles ankommmen lassen müsse. Deshalb solle er auch keineswegs responsabel sein, sondern diejenigen zur Verantwortung gezogen werden, die einen Schaden verursacht hätten oder auf deren im Geheimen Rate und auf der Hofkammer getanen Vortrag die Sache also resolviert worden sei.

Ende 1699 war Bartholdi nach Wien zurückgekehrt, um die Verhandlungen in der Kronfrage wieder aufzunehmen. Von da an wandelt sich die Staatskonferenz – ihrer Hauptaufgabe entsprechend – zum »Dignitäts-Conseil«, in das im Mai 1700 noch Graf Alexander Dohna berufen wurde. Waren Barfus und Fuchs durch den Stand der Ungnade, Schmettau durch seine Gesandtentätigkeit der Mitwirkung in der Staatskonferenz entzogen worden, so fügte es sich ausgezeichnet, daß Graf Dohna als Oberhofmeister des Kurprinzen mit ihm schon im August 1700 in die Niederlande zu reisen hatte. Die dreißig sehr umfangreichen Konvolute, die das Dignitäts-Conseil im Preußischen Geheimen Staatsarchiv hinterließ, dürften also nahezu ausschließlich dem nimmermüden Fleiß Ilgens zu verdanken sein. Nach der Krönung wurde Wartenberg zum Premierminister ernannt. Merkwürdigerweise findet sich darüber im Gegensatz zur reichen Aktenausbeute des Dignitäts-Conseils keine Urkunde in den Akten; noch nicht einmal das genaue Datum steht fest.

Mit oder ohne Urkunde: Der Sieger im Kampf um die Macht nach dem Sturz Danckelmanns war Johann Kasimir Kolbe, seit dem 20. Oktober 1699 Reichsgraf von Wartenberg, und nicht Sophie Charlotte, Kurfürstin von Brandenburg und Königin in Preußen, die sich an der Spitze der Fronde gegen Danckelmann gesehen hatte.

Am 27. November 1697 – vier Tage nach der Annahme von Danckelmanns Entlassungsgesuch – schrieb Friedrich an seine Schwiegermutter, die Kurfürstin Sophie: »So viel wil ich sagen, dass meine Gemahlin Liebden und ich nuhn gantz wol zusammen leben.« Am 23. Januar 1698 heißt es in einem Schreiben der Frau Gemahlin Liebden an ihre Mutter:

> Ich denke nicht daran, auf das zu antworten, was mir diese Person aus Wien schreibt, dass es Verpflichtungen gibt, die man nicht vergessen soll, und dass Danckelmann meine Ehe vermittelt hat. Ich kann darauf erwidern, dass ich ihm *dafür* keinen Dank schulde, dass er mich unter die Haube gebracht hat, um mich unglücklich und zur Stütze seines Ehrgeizes zu machen. *Ich* bin es nicht gewesen, die ihn darum gebeten hat; mein Herr Vater würde wohl dafür gesorgt haben, mir einen Mann zu verschaffen, und es handelt sich ja nicht hierum, sondern darum, gut und glücklich verheiratet zu werden. Jetzt befinde ich mich sozusagen in einer zweiten Ehe, d.h. die erste, von Danckelmann vermittelte, war sehr unglücklich.

Dies sind zwei merkwürdige Briefstellen. Ganz abgesehen davon, daß nach dem Bericht Rébenacs vom 12. Dezember 1683

Sophie Charlotte, Königin in Preußen,
Gemälde von F. W. Weidemann.

der Hannoveraner Otto von Grote die Ehe – zumindest offiziell – vermittelt zu haben scheint, ist es nicht ohne weiteres verständlich, daß Friedrich vier Tage, Sophie Charlotte zwei Monate nach dem Sturz Danckelmanns ihre bisherige Ehe nur deswegen als unglücklich bezeichnen, weil es einen Danckelmann gab. Gewiß hatte Danckelmann Sophie Charlotte gereizt, weil er ihrer hannoveranischen Politik hinter den Kulissen in den Weg getreten war und sie durch die brüske Zurückweisung finanzieller Wünsche beleidigte. Der Streit um die Erziehung des Kurprinzen kam hinzu. Vermutlich hat die Kurfürstin auch weder Danckelmann, noch ihrem Eheherrn je verziehen, daß sich Friedrich nach wie vor wie ein Schüler von seinem früheren Lehrer leiten ließ. Sind das aber ausreichende Ursachen, um eine seit dreizehn Jahren bestehende Ehe in ihrer Gesamtheit als »sehr unglücklich« zu empfinden? Es ist sehr viel wahrscheinlicher, daß die Gegensätzlichkeit der Naturen Friedrichs und Sophie Charlottes längst zu einer Entfremdung der Ehegatten geführt hatte, die die Kurfürstin mit dem Sturze Danckelmanns zu durchbrechen hoffte.

Sie fühlte sich zweifellos ihrem Manne intellektuell überlegen und erlegte sich insoweit auch keine Zurückhaltung auf. »Die Fürstin hatte« – wie Krauske das überaus taktvoll umschreibt – »wie ihr grosser Enkel, eine fast unüberwindliche Neigung zu espritvollen Bemerkungen, selbst auf Kosten der natürlichen Gefühle.« Eine dieser Blüten des Esprits soll angeblich ihre Bemerkung gewesen sein: »Glauben Sie, ich kenne meinen Mann nicht?«, als Leibniz den Begriff des absolut Kleinen zu definieren versuchte. Sie scheint damit bereits das Urteil des Enkels vorweggenommen zu haben, sein Großvater sei groß im Kleinen und klein im Großen gewesen.

Gelegenheit zur Entfaltung geistiger Brillanz bot ihr ihre Hofgesellschaft, in deren Mittelpunkt Leibniz als Solitär ihrer Sammlung glänzte. Die Erörterung tiefsinnigster philosophischer Fragen schloß übrigens die Wahrnehmung handfester hannoveranischer Interessen nicht aus. Die reformierten Prediger Beausobre und Lenfant hatten sich dagegen in der intellektuellen Arena mit dem schon erwähnten Jesuiten Maurizio Vota über den Primat des römischen Stuhles und die Wiedervereinigung der Kirchen auseinanderzusetzen, während der englische Philosoph und Theologe John Toland die These seines Buches *Christianity not mysterious* vertrat, das Evangelium könne die Vernunft nicht übersteigen – ein Rudolf Bultmann des ausgehenden 17. Jahrhunderts. Offenbar schmeichelte es Toland nicht wenig, daß Sophie Charlotte sein Werk gelesen hatte. Er revanchierte sich mit seinen *Briefen an Serena* und huldigte in seinen Reiseschilderungen der »republikanischen Königin«:

> Man admiriret sowohl ihren scharfen und geschwinden Geist als ihre gründliche Wissenschaft, so sie in den schwersten Stücken der Weltweisheit erlanget hat. Ja, ich muss frei und ohne schmeichelei gegen ihre hohe Person bekennen, dass ich in meinem ganzen Leben Niemand gehöret, welcher geschicktere Einwürfe hätte machen oder die Unzulänglichkeit und Sophisterei eines vorgebrachten Arguments oder Schlusses hurtiger entdecken oder auch die Schwäche oder Stärke einer Meinung leichter penetrieren können, als eben sie.

Diese Kunst Sophie Charlottes muß selbst Leibniz zu gelinder Verzweiflung getrieben haben; von ihm ist der Ausruf überliefert: »Es ist nicht möglich, Sie zufrieden zu stellen; Sie wollen stets das Warum des Warum wissen.«

Ein anziehendes Bild von Sophie Charlottes Hof zeichnet die Kurfürstin Sophie in einem Brief an die Raugräfin Louise vom 6. Juni 1702:

> Man ist hir wie in ein irdisch paradis, ... dan man lebt hir sans facon. Die dames und cavalirs spillen comedi und die musicanten machen operas; die beste pfarrer von der Welt predigen, nemlich der Bischauf, Herr Ursinus, Mr. Lenfan, Mr. de Brousobre und ein Mr. mit ein schweren nham, den ich nicht behalten kan, ist aber auch ser gelert, verstehett die astronomie. Alhir sauffen und schweren die dames nicht, aber spillen wol à lombre und verqueren, da ich schlecht bey bestehe.

Das Leben »sans facon« scheint Leibniz erschöpft zu haben. Er schreibt seiner fürstlichen Freundin, daß er am vorigen Tage erst um 3 Uhr von Lützenburg zurückgekommen sei und fügt hinzu:

> Je fais ici une vie que madame l'electrice appelle après moi *ein liederlich Leben.* Me voilà donc bien dérangé et bien hors de mon élément.

Friedrich hat sich von diesem »liederlich Leben« zwar nicht gänzlich ausgeschlossen, es aber doch wohl als seltene Ausnahme von der Regel höfischer Etikette betrachtet. Die Einweihung des Charlottenburger – damals noch Lützenburger – Schlosses an seinem Geburtstag, dem 11. Juli 1699, wurde so ausgelassen gefeiert, »dass man so zu sagen über Tisch und Bänke gesprungen, und Se.Churf.Dlt. Ihrer eigenen gnädigsten Aussage nach sich nicht besinnen, sich jemals so freudig erwiesen zu haben«. Auch an einem Maskenfest am Tage nach der Stiftung der Akademie der Wissenschaften, dem 12. Juli 1700, mischte sich der Kurfürst auf einem öffentlichen Jahrmarkt, den die Hofgesellschaft darstellte, verkleidet als holländischer Matrose unter Quacksalber, Hanswurste, Zahnbrecher, Seiltänzer und Zigeunerinnen. Als der Karneval 1702 in Hannover gefeiert und Sophie Charlotte an einer Maskerade unter dem Motto »Das Gastmahl des Trimalchion« teilnahm und damit Anlaß zu Klatschereien gab, sah Friedrich aber die Grenzen überschritten und trug ihr die Würdeverletzung fast ein Jahr lang verärgert nach. Offenbar hatte das »Gastmahl des Trimalchion« im Gegensatz zum Charlottenburger Jahrmarkt nicht den Maßstäben der Versailler Etikette entsprochen, über die Ezechiel von Spanheim 1690 in seiner *Relation de la Cour de France* berichtet hatte:

> In Versailles ist alles von vornherein festgelegt, reservierter, gezwungener und unfreier, als dem ursprünglichen Geist dieses Volkes angemessen ist; sogar die gesellschaftlichen Unterhaltungen und die häufigen Feste, die der König den vornehmsten Damen des Hofes gibt, stellen um so weniger eine besondere Annehmlichkeit dar, als sie streng geregelt sind und stets der Zwang der Etikette herrscht.

Vom Zwang der Etikette an Friedrichs Hof legen die zwischen 1688 und 1713 erlassenen Hofrangordnungen Zeugnis ab, deren letzte nicht weniger als 141 Abstufungen innerhalb der Hofgesellschaft unterscheidet. Sophie Charlotte, die nach ihrer eigenen Äußerung zwar nicht dem Prunk an sich abgeneigt war, wohl aber haßte, vom Pomp geniert zu werden, hatte im Uhrwerk der Zeremonien ihre Rolle, wie zum Beispiel die, an der von 24 blasenden Trompetern eröffneten Mittagstafel in der Staatsrobe die Königin zu spielen. Sie tat es jeweils eine Stunde lang, ohne dabei einen Bissen zu sich zu nehmen. Das bekannteste Zeugnis für ihren passiven Protest gegen den Zwang der Etikette ist die Prise Schnupftabak, die sie während des Krönungsgottesdienstes in der Königsberger Schloßkirche nahm. Sie konnte Friedrich gerade in diesem Augenblick nicht tiefer verletzen: »Mein Äsop sah es und hat mir durch einen Kammerherrn eine Bußpredigt halten lassen.«

Was Friedrich – übrigens in vollkommener Übereinstimmung mit den Vorstellungen seiner Zeit – in der Ritualisierung des höfischen Alltags auslebte, kompensierte seine Unsicherheit. Die Gleichgültigkeit und der passive Widerstand seiner eigenen Frau konnten ihn nur erneut verunsichern. Vermutlich kam es nur deswegen nicht zur dauernden Konfrontation, weil sich Sophie Charlotte so viel wie möglich in Lützenburg aufhielt und auch am gleichen Ort der Tagesablauf wenig Berührungspunkte bot. Friedrich stand sehr früh, spätestens zwischen fünf und sechs Uhr auf, zog sich nach dem offiziellen Lever eine Stunde zum Gebet zurück und begann dann mit seinem Tagesprogramm. Abends pflegte er sich bereits gegen neun Uhr zurückzuziehen, also etwa um die gleiche Zeit, zu der sich die Abendgesellschaft Sophie Charlottes zusammenfand.

Der Wunsch, den Abend ausnahmsweise nur mit der Ehefrau zu verbringen, äußerte sich in der Drapierung von Kissen und Polstern in den Räumen der Königin durch die diensttuenden Kammerherrn. Varnhagen von Ense berichtet von einem abgebrochenen Brief Sophie Charlottes an ihre Freundin von Poelnitz, der mit den Worten schließt:

> Ich muß schliessen, meine liebe Freundin, die furchtbaren Kissen kommen an. Ich gehe zum Altare. Was denken Sie? Wird das Opfer geschlachtet werden?

Mag der hier durchscheinende Widerwille der Verunstaltung Friedrichs gegolten haben oder nur geistreich gespielt worden sein; das Zitat zeugt nicht eben von Takt und Diskretion, die Mindestvoraussetzungen für den Bestand einer Ehe – auch einer Vernunftehe – sind. Die heute außerordentlich seltsam erscheinende Ankündigung des eheherrlichen Besuchs durch Kissenträger beruhte übrigens nicht auf einer besonderen Geschmacklosigkeit Friedrichs, sondern hatte wahrscheinlich ihr Vorbild im spanischen Zeremoniell, nach dem ein Offizier mit gezogenem Degen dem König auf dem Wege zum Schlafzimmer der Königin vorauszuschreiten hatte.

Ob Bett, Tafel oder Religiosität – die Grundkomponenten konnten kaum verschiedener angelegt sein, als sie es bei Friedrich und Sophie Charlotte waren. Ihre Enttäuschung darüber hatte Sophie Charlotte auf Danckelmann projiziert, weil ihr dessen beherrschender Einfluß auf Friedrich als Ursache dessen erschien, was in Wahrheit in der Verschiedenheit der Charaktere der Ehegatten begründet war. Durch Danckelmanns Sturz war Friedrich einsamer, denn je. Hätte Sophie Charlotte in diesem Augenblick vermocht, den seelischen Bedürfnissen ihres Mannes Rechnung zu tragen – Überwindung seiner Minderwertigkeitsgefühle durch die Bewunderung seiner Lebensleistung, die ihm das tägliche Zeremoniell bestätigte, vor allem aber menschliche Wärme –, so hätte sie wohl das Vakuum ausfüllen können, das Danckelmanns Sturz hinterlassen hatte. Sie vermochte es nicht, weil sie die Welfentochter Sophie Charlotte war.

Wartenberg nutzte mit untrüglichem Instinkt die Gunst der Stunde, die die Kurfürstin vorübergehen ließ. »Wie ist es möglich, sagte sie (nach Varnhagen von Ense) zu Dohna, dass mein Gemahl, der doch Geist und in allen sonstigen Dingen so guten Geschmack hat, von diesem Manne so eingenommen sein kann?« Die Antwort kann nur die sein, daß Wartenbergs Geschick einem Einsamen alles das vortäuschte, was er entbehrte. Sophie Charlotte, die den »Grosswesir«, den »Windbeutel«, die »Bestie« – wie sie Wartenberg nannte – aus Herzensgrund verabscheute, verstand es nicht. Als Wartenberg daran ging, ihre Getreuen, an erster Stelle den Feldmarschall von Barfus, zu stürzen, brach sie ein Gespräch mit dem Feldmarschall bitterlich weinend ab. Sie hatte den Kampf um den politischen Einfluß aufgegeben. Ihr früher Tod am 1. Februar 1705 gab Wartenberg vollends freie Hand.

Naturgemäß regte sich auch im Geheimen Rat und in den Hofkreisen der Widerstand gegen den neuen »Grosswesir«, im Rat vor allem deswegen, weil die »Reformen« Wartenbergs Ursache ständigen Durcheinanders waren. Wartenberg erfuhr davon und verteidigte sich, indem er angriff. Er veranlaßte Friedrich, jedes Mitglied des Geheimen Rates einzeln aufzufordern, etwaige Einwände gegen die Geschäftsführung Wartenbergs schriftlich vorzutragen. An Unterwürfigkeit ließ sich diesmal der für die Finanzen zuständige Samuel von Chwalkowsky nicht übertreffen. Als erster beteuerte er in seinem Bericht vom 21. Mai 1701, daß er nicht glauben könne, es werde sich unter des Königs Dienern jemand finden, der des Oberkammerherrn bewährte Treue, unermüdete Devotion und höchst rühmlichen Eifer für S.Kgl.M. ... im geringsten anzweifele. Das Kollegium des Geheimen Rates folgte am 28. Mai 1701 seinem Vorreiter und erklärte, es sei nicht anders bekannt, »als daß in Sonderheit der Oberkämmerer für des Königs Gloire und das Interesse seines Staates einen ungemeinen Eifer bezeigt und die ihm anvertrauten wichtigen Verrichtungen seiner bekannten Dexterität (Geschicklichkeit) nach jeder Zeit rühmlich und wohl ausgeführt habe«.

Der leise Versuch des Rates, bei dieser Gelegenheit mit dem Hinweis, daß »die Gesamtheit aller Regierungshandlungen in Geheimen Rat gründlichst überlegt und so mit grösserer Fazilität (Leichtigkeit) tractiret werden« müsse, das alte Kollegialprinzip wieder zum Leben zu erwecken, blieb ungehört. Wartenberg hatte sein Ziel erreicht, sachliche Kritik gegen sein System der Alleinherrschaft ohne Verantwortung aus den Reihen der Geheimräte auszuschalten. Er ging nun daran, eine der alten Größen nach der anderen zu stürzen. Barfus war schon 1699 als Generalkriegskommissar (Kriegsminister) durch Graf Dönhoff ersetzt worden. Als sich im April 1701 Dönhoff mit einer Tochter Alexander Dohnas verlobte, war Wartenberg beunruhigt, weil er darin eine Verstärkung der »Faktion« der Dohnas und des Feldmarschalls Barfus sah, hinter der die Königin stand. Ihr arbeiteten die Parteigänger Wartenbergs entgegen, die »la bande royale« genannt wurden, weil sie des Königs Gunst genossen.

Im Sommer 1701 wurde die Stimmung durch Spottlieder aufgeheizt, die plötzlich auftauchten und mit Ausnahme der Fürstlichkeiten niemanden am Hofe schonten. Die Schärfe der Couplets schien aber doch weit mehr der »bande royale« zu gelten. Hier tauchen übrigens zum ersten Male die Namen von Kameke und von Manteuffel unter den Anhängern der Dohna-Dönhoff-Partei auf. Den Funken in das Pulverfaß der äußerst gereizten Stimmung warf der Hofmarschall von Wense, als er auf Friedrichs Klage über die Kosten der Hofhaltung erwiderte, daß Wartenbergs Tafel ja allein 30000 Taler erfordere. Eine von Friedrich befohlene Untersuchung kam zu dem Ergebnis, daß »nur« 24000 Taler (etwa DM 4,8 Mio) Wartenberg zuzurechnen seien. Friedrich empfand diese Differenz als Verleumdung seines Favoriten Wartenberg und schrieb am 23. September 1701 an die Kurfürstin Sophie:

> E.Ch.D. werden sich verwundern über die verenderung, so ich an meinem hoffe gemacht habe, indehm ich meinen hofmarschal in arrest nacher Küstrin habe bringen laßen wegen einige malversationes. Die particularia wil mit nehstem berichten. Sie wißen wol, dass Ich Wensen auß den Staub erhoben, und Er hat Mich leichtfertig gedienet.

Hierauf bezieht sich die trockene Reaktion der Kurfürstin Sophie: »Wer ehn dag favorit ist, wirdt den andern ihm gefangnus gesetzt.«

Wense wurde im März 1702 zu 10000 Talern Geldbuße und Abbitte bei Wartenberg verurteilt. Der sächsische Gesandte meinte: »Sein Unglück ist, daß er gegen ihn (Wartenberg) bei Hofe ein Komplott machen wollte, der ihn doch befördert hat.«

Mit Wenses angeblichem »Komplott« hatte sich Wartenberg bei Friedrich offenbar den Boden bereitet, von dem aus er die Ausschaltung aller seiner wirklichen oder vermeintlichen Gegner betreiben konnte; er leistete dabei ganze Arbeit.

Im September 1701 wurde außer Wense auch der Mindener Kanzler Unverfährt, der übrigens maßgeblich zum Sturze Danckelmanns beigetragen hatte, wegen Bestechlichkeit bei Prozessen verhaftet; vermutlich bestand seine Hauptschuld darin, der engste Freund des Feldmarschalls Barfus zu sein. Barfus selbst wurde im August 1702 als Feldmarschall entlassen.

Im Oktober 1701 wurde dem Obermarschall, Grafen Lottum – auch einer der Gegner Danckelmanns – zu verstehen gegeben, daß sein Entlassungsgesuch erwartet werde.

Anfang Februar 1702 erhielt Graf Dönhoff als Generalkriegskommissar seine Entlassung. Mit der Begründung, er habe sein Gehalt »durch Unterschleif gar sehr verbessert«, wurde er »cassirt«, aus der Liste der Ritter vom Schwarzen Adler gestrichen und auf seine Güter verbannt. Friedrich schrieb seiner kritischen Schwiegermutter am 14. Februar 1702:

> Daß E.Ch.D. meinen, es gehe allezeit bey meinem Hoff so vile verenderung fohr, solches muhs ich leider wol thun, dan Ich dahrzu gezwungen bin und thue ich nichtes ungerners, alß so oft von Dienern zu endern, und bin gewiß, daß wan man recht wüste, wie Ich so schelms gedienet bin, man gewiß ein mitleiden mit mir haben würde ... und ist Mir recht lieb, daß die Königin itzunder sich divertieret und alles nicht mit siehet und höret.

Anspruch auf Mitleid hat Friedrich zwar nicht, weil er nur von Schelmen umgeben gewesen wäre, wohl aber, weil er in die Hände eines liebedienerischen Intriganten gefallen war, der Friedrichs Bedürfnis nach menschlicher Nähe skrupellos für seine Zwecke ausnutzte. Der Aufenthalt der Königin in Hannover wurde von Wartenberg sicher noch weitaus mehr als von Friedrich begrüßt, wenn auch aus völlig anderen Gründen. Er soll Friedrich zum ersten Male durch die elegante Art aufgefallen sein, zu Pferde aufzusitzen. Sophie Charlotte schrieb deshalb im April 1702: »Jene, die fähig sind, werden nicht angestellt, jene, die es sind, wissen besser mit Pferden umzugehen, als mit einem Staat ... Jeder ehrenhaft Gesinnte muß fürchten, ins Exil oder ins Gefängnis geschickt zu werden.«

Christoph Dohna zog es unter den gegebenen Umständen vor, freiwillig seinen Abschied zu nehmen und sich auf seine Güter nach Preußen zurückzuziehen. Alexander wußte sich 1703 – also ein Jahr später – mit Erfolg beim König gegen die Intrigen Wartenbergs zur Wehr zu setzen; zur Jahreswende 1701/1702 weilte er möglicherweise noch im Ausland.

Jedenfalls waren um diese Zeit alle Hindernisse Wartenbergs hinweggeräumt. Er konnte die Rollenverteilung am Berliner Hof jetzt seinen Zwecken dienstbar machen.

Als besonders geeignetes Werkzeug suchte er sich für das

Amt des Oberhofmarschalls einen heruntergekommenen Reichsgrafen, August von Wittgenstein, aus, von dem der sächsische Gesandte am 10. Dezember 1701 berichtete, »dass keine Bassesse (Niedrigkeit) so gross ist, die er (Wartenberg) nicht vom Grafen Wittgenstein erwarten kann«. Der völlig verschuldete Wittgenstein war nicht nur in einen Wust von Prozessen mit allen möglichen Gläubigern verwickelt, sondern prozessierte auch beim Reichskammergericht gegen die eigenen Untertanen, die behaupteten, ein Darlehen getilgt, aber den Schuldschein nicht vom Herrn Grafen zurückerhalten zu haben. Das Reichskammergericht entschied am 23. Dezember 1701 zu Gunsten der Untertanen. Wartenberg setzte hierauf nach dem bekannten Muster der »Dragonaden« Ludwigs XIV. durch, daß die Grafschaft von preußischen Dragonern besetzt wurde, die erst abzogen, nachdem die geprellten Untertanen ungeachtet ihres Sieges beim Reichskammergericht ihre Schuld zum zweiten Male bezahlt hatten.

Im Dezember 1701 wurde Wittgenstein zum Oberhofmarschall ernannt. Seine Verschuldung und Mittellosigkeit gewährleisteten, wie der Hannoveranische Gesandte berichtete, daß er Wartenberg »mit solcher Assiduität (Unermüdlichkeit) und mit einem solchen Attachement ergeben (blieb), als ein Diener für seinen Herrn haben könne«. Seine Fähigkeiten im Schuldenmachen und Erpressen profilierten ihn offenbar in Wartenbergs Augen für die Leitung der preußischen Finanzen, die ihm später übertragen wurde.

Diese Qualitäten Wittgensteins konnten dem Nachfolger von Barfus im Amte des Feldmarschalls, dem Grafen Alexander Hermann von Wartensleben allerdings nicht nachgesagt werden. Er empfahl sich aber Wartenberg durch das »höfisch-galante Condottiereleben, das er hinter sich hatte« (Koch). Er hatte für und gegen die Franzosen, gegen die Türken und für die Venezianer gekämpft, um schließlich Oberbefehlshaber der sachsen-gothaischen Heeresmacht zu werden. Ein derartig wendiger und lenkbarer Geist an der Spitze der Armee war für Wartenberg der ideale Ersatz für den geraden und unfügsamen Barfus. Am 19. August 1702 wurde Wartensleben im buchstäblichen Sinne mit Pauken und Trompeten zum Feldmarschall bestellt. Das »dreifache Weh« hatte seine Herrschaft über den Staat angetreten.

Die führenden Offiziere der preußischen Armee legten andere Maßstäbe an, als Wartenberg und lehnten einen militärischen Abenteurer an ihrer Spitze ab. Viele der Besten unter ihnen – darunter der General Freiherr von Heyden, soeben, im April 1702, Sieger von Kaiserswerth – reichten den Abschied ein. Friedrichs Stiefbruder, Markgraf Philipp, hatte als Generalfeldzeugmeister der Armee selbst mit dem Marschallstab gerechnet und sah sich hinter einen fremden Kondottiere zurückgesetzt. Sein schriftlicher – angeblich in »pikanten« Ausdrücken abgefaßter – Protest hatte nur den Erfolg, daß der als Verfasser des Entwurfs Verdächtigte aller seiner Ämter enthoben und ausgewiesen wurde.

Verbitterte Wartensleben allein durch seine Person das preußische Offizierskorps, so empörte Wittgenstein einen großen Teil der Beamtenschaft, indem er 1704 endgültig ein Projekt durchsetzte, mit dem schon seit 1700 experimentiert worden war: die Einführung der Erbpacht. Die Erträge aus der Verpachtung der Krongüter (Domänen) entsprachen um diese Zeit immerhin etwa einem Zehntel des Staatshaushalts. Am 1. Mai 1700 legte ein ehrgeiziger Kammerrat, Christian Friedrich Luben von Wulffen eine Denkschrift vor, die als »Unterthänigstes Projekt, welchergestalt Sr.K.D., unseres gnädigsten Herrn, Domänen und Einkünfte auf viel tausend Thaler jährliche Einkünfte ohne einigen Hazard vermehrt und verbessert werden können« bezeichnet war.

Diese Denkschrift hatte eine fiskalische, aber auch eine ihrer Zeit weit vorauseilende Komponente im Sinne einer Bauernbefreiung. Durch die Herstellung erblicher Pachtverhältnisse mit einem unveränderlichen, gegenüber der gegenwärtigen Zeitpacht aber erhöhten Pachtzins, wollte sie die Erträge der Domänen um jährlich etwa 200 000 Thaler steigern, gleichzeitig aber den Bauern durch die Vererblichkeit und Unveränderlichkeit des Pachtzinses Freiheit von Fronleistungen und staatlichen Eingriffen verschaffen. Diese, in der Theorie fiskalisch glänzende und jedenfalls menschenfreundliche Idee erwies sich in der Praxis nach einigen Anfangserfolgen als Fehlschlag in jeder Beziehung. Die für die Domänenverwaltung zuständigen Amtskammern leisteten erbitterten Widerstand gegen die mit der Erbpachtung verbundene Veräußerung von Gebäuden und Inventar und den Ausschluß künftiger Pachterhöhungen, die zur Investitionsfinanzierung eingeplant waren.

> Hier brach gleichsam ein Krieg zwischen zwei Behörden aus, von denen sich die eine im Besitz der regelmäßigen Befugnis befand, die andere einen außerordentlichen Auftrag vollzog ... Man war damals nicht gewohnt, Leute zu schonen, welche sich in der Opposition befanden. Die Mitglieder der Amtskammern, wie von Halle und Berlin, so auch von Halberstadt, welche sich den Lubenschen Plänen widersetzt hatten, wurden aus dem Dienst entlassen und nur solche geduldet, die sich denselben anschlossen. Die Hofkammer, in der Luben jetzt selbst eine Stelle erhielt, übernahm die Durchführung des ganzen Vorhabens. Was bisher mehr ein außerordentlicher Versuch gewesen, ward im Jahre 1704 zum System erhoben. (Ranke)

Der völlige Fehlschlag zeigte sich in den beiden Tendenzen des Projekts. Die 1710 dazu ausdrücklich aufgeforderten Beamten machten zwar ebensogern, wie der Großgrundbesitz, von der Möglichkeit der Erbpacht Gebrauch, besonders dann, wenn sich die Beamten der Hofkammer gegenseitig die günstigsten Bedingungen einräumen konnten. Die Bauern hatten dagegen zum Teil gar nicht die Mittel, um auch nur die Kautionen zu stellen, wie sie zum Beispiel für die Altmark mit einer Verordnung vom 2. April 1701 für die Übernahme einer Erbpacht vorgeschrieben waren. In einem sächsischen Gesandtschaftsbericht vom 2. Juni 1703 heißt es:

> Da die Bauern ihre jährliche Pension erlegen sollten, fand sich, dass sie das Getreide aus Not wohlfeil verkaufen mussten und weder Verlag noch Kredit hatten, die Felder in Anbau zu bringen; daher erfolgte die Exekution, welche einige von ihren Häusern jagte, den andern aber ... ihr Unglück vergrösserte ... Die Bauern sind zum Teil ruiniert, die Felder wüste und das Inventarium ... [zur] Hälfte des rechten Wertes verkauft.

Die beabsichtigte Agrarreform entwickelte sich damit zu einer Verschleuderung des Kronguts an ohnehin wirtschaftlich Stärkere. Die Verschleuderung beruhte auf dem verhängnisvollen Grundirrtum Lubens, der Preis der Dinge sei unveränderlich geworden, seit die Schiffahrt nach beiden Indien eröffnet und damit der ganze Weltkreis in ständiger Verbindung sei. Der Hallenser Rechtsgelehrte Ludewig hielt ihm entgegen, »dass, wie von hundert Jahren her der Preis der Sachen wohl funfzig Mal höher gestiegen, folglich eben dadurch der Werth des Geldes, des vielen aus Amerika und andern Bergwerken genommenen Silbers halber gefallen sei, also auch dergleichen noch künftig zu besorgen«. Das Unverständnis Luben von Wulffens für den Faktor der Geldentwertung ließ auch die fiskalische Komponente seines großen Projekts zu einem Fiasko werden. Sein Scheitern leitete 1710 das Ende der Ära Wartenberg ein, »denn das war nun einmal der Sinn der Zeit, dass mißlungene Unternehmungen, sei es in der inneren oder äusseren Politik, an den vornehmsten Urhebern derselben, die als persönlich verantwortlich galten, geahndet wurden.« (Ranke)

Für die Einführung der Erbpacht war eine Behörde zuständig, die erst am 17. März 1698 begründet worden war, das General-Oberdomänendirektorium. Sie war aus der General-Untersuchungskommission unter der Leitung Wartenbergs hervorgegangen, die nach Danckelmanns Sturz prüfen sollte, ob und in welcher Weise das Staatsinteresse von ihm geschädigt worden sei. Nachdem die »Präliminaruntersuchung des Domainen-, Hof- und Kammeretats« abgeschlossen worden war, nutzte Wartenberg die gute Gelegenheit, sich mit Lottum, Chwalkowsky und einem weiteren Geheimrat in die neu geschaffene Behörde berufen zu lassen. Sie vereinnahmte fortan alle staatlichen Einkünfte, soweit sie nicht der sogenannten »Schatulle« zuflossen, die als Verwaltung persönlicher Einnahmen und Ausgaben des Landesherrn bezeichnet werden kann.

Mit dieser Neuregelung unterlief Wartenberg die Kontrollfunktion der sogenannten Geheimen Hofkammer, die am 26. April 1689 durch Danckelmann unter der Leitung seines fähigen Finanzdirektors Dodo von Knyphausen begründet worden war. Sie legte als unabhängige Finanzbehörde, sozusagen als erstes selbständiges Finanzministerium, 1689/1690 den ersten vollständigen Staatshaushalt Brandenburg-Preußens vor. »Insonderheit gehört es in dieser Beziehung zu (Friedrichs) Verdiensten, dass unter ihm eine geordnete Etatseinrichtung begann und das Rechnungswesen bedeutend vervollkommnet wurde.« (Riedel)

Durch Wartenbergs »Reform« nach dem Sturze Danckelmanns wurden der Hofkammer alle Erträge entzogen; sie flossen von 1698 an dem General-Domänendirektorium zu. Das selbständige Finanzministerium wurde – auch dem Namen nach – in eine unselbständige Hofstaatskasse umgewandelt, die aus Zuweisungen des Domänendirektoriums den Aufwand des Hofes zu decken hatte. Die Verfügungsmacht stand demnach dem Oberhofmarschall zu.

Die Leitung des General-Domänendirektoriums hatte Wartenberg als Oberkammerherr, sein Vertreter war der Oberhofmarschall. Eine Woche nach der Begründung des General-Domänendirektoriums wurden Oberkammerherr und Oberhofmarschall mit Reskript vom 24. März 1698 »weil ihnen wegen anderer, ihnen aufgetragener Verrichtungen und Aufwartung bei dem Kurfürsten« schwerfallen würde, die von ihnen zu treffenden Verfügungen vorher zu überprüfen, von der Revision entbunden. Die Überprüfung blieb Chwalkowsky überlassen, der aber keine Entscheidungsbefugnis besaß. Wittgenstein, der Oberhofmarschall, war danach nicht mehr gehindert, nach Belieben über die Mittel der Hofstaatskasse zu verfügen, sondern auch in der Lage, der Hofstaatskasse nach Belieben Mittel aus dem General-Domänendirektorium zuzuweisen. Die Verantwortung dafür war ausdrücklich anderen auferlegt; Chwalkowsky wurde allerdings seines Risikos schon Ende 1705 durch den Tod enthoben.

Die von Wartenberg eingeführte Behördenstruktur kann nur als gelungener Versuch angesehen werden, im Gegensatz zu Danckelmann jedes rechtliche oder finanzielle Hindernis bei der jederzeitigen Erfüllung der Wünsche des Landesherrn beiseite zu räumen und sich persönlich gleichzeitig ungestraft zu bereichern, wo und wie es immer anging. Der Mann, der seine Karriere am Berliner Hofe als Stallmeister begonnen hatte, verfügte nach zwölf Jahren (1698-1710) nach seiner eigenen Schätzung über ein Vermögen von 400 000 Talern (etwa DM 80 Mio.), von dem allein 115 000 Taler (etwa DM 23 Mio.) auf Juwelen und 30 000 Taler (etwa DM 6 Mio.) auf Silber entfielen. Seine Komplizen – sie lassen sich kaum anders bezeichnen – Wittgenstein und Wartensleben waren wohl nicht ganz so erfolgreich, haben aber ihr Bestes getan, um auch in dieser Beziehung ihrem Meister nachzueifern.

Die einzige sinnvolle Reform der Wartenberg-Ära hat allerdings Jahrhunderte überdauert. Am achten Jahrestag der Krönung, dem 18. Januar 1709, vereinigte ein königlicher Verwaltungsakt die fünf Städte Berlin, Cölln, Friedrichswerden, Dorotheenstadt und Friedrichstadt zur Haupt- und Residenzstadt Berlin. An ihren Grenzen hat erst das Groß-Berlin-Gesetz von 1920 wieder etwas geändert.

Der Mißbrauch von Friedrichs Gunst durch Wartenberg und seine Kreaturen ist evident. Zahlen und Fakten lassen dagegen bei unbefangener Betrachtung keineswegs den Schluß zu, Friedrichs Prachtentfaltung habe das Elend seiner Untertanen und zuletzt den Ruin des Staates herbeigeführt.

Gegen Ende der Regierungszeit Friedrichs belief sich das allgemeine Steueraufkommen auf etwa 2,5 Millionen Taler. Es wurde in den Städten mit der Akzise, einer Warenverbrauchssteuer mit Sätzen zwischen 5 und 25 Prozent, auf dem Lande mit einer Kopfsteuer erhoben und von der General-Kriegskasse vereinnahmt. Auf daneben erhobene Sondersteuern – wie zum Beispiel auf Kutschen – wird in der Literatur des öfteren mit der Absicht hingewiesen, verzweifelte Geldbeschaffungskunststücke zur Finanzierung der Prunksucht Friedrichs zu charakterisieren; die Ähnlichkeit der Kutschen- mit der Kraftfahrzeugsteuer wird dabei nicht wahrgenommen. Derartige Bagatellsteuern (ein bis fünf Taler jährlich) auf den Verbrauch an Kaffee, Tee, Schokolade und den Gebrauch von Perücken, Gold- oder Silberborten oder eben Kutschen hatten aber eher nur volkspädagogischen oder merkantilistischen Charakter. Dazu gehört auch die Sonderbesteuerung der »ledigen Frauenzimmer« unter 40 Lebensjahren, die allein wohnen wollten; über die innere Rechtfertigung einer derartigen »Single«-Steuer läßt sich immerhin streiten. Die Bagatellsteuern flossen nur zum Teil der General-Kriegskasse zu; so diente zum Beispiel die Hälfte des Ertrages aus der Stempelsteuer (auf Urkunden- und Spielkartenpapier) der örtlichen Armenpflege und die Perücken- und Karossensteuer indirekt der Straßenpflasterung.

Von den 2,5 Millionen Talern, die der General-Kriegskasse zuflossen, verblieben ihr in der Regel etwa 2,2 Millionen, während 300 000 Taler für Zwecke des Hofes und der Zivilverwaltung verwendet wurden. Neben die regelmäßigen Einkünfte der General-Kriegskasse traten 1,7 Millionen Taler aus den achtmal während Friedrichs Herrschaft erhobenen Sonderkontributionen und 14 Millionen Taler aus den tatsächlich eingegangenen Subsidien seiner Alliierten. Im Durchschnitt seiner Regierungszeit dürfte der Heeres-Etat mit rund 20 Prozent aus Subsidien und im übrigen durch fast 90 Prozent des Steueraufkommens finanziert worden sein. Mit 2,2 Millionen Talern umfaßten die Verteidigungsausgaben also mehr als die Hälfte des jährlichen Staatshaushalts.

Der zivile Teil des Haushalts erstreckte sich auf zwei große Bereiche, die General-Domänenkasse, die der allgemeinen Verwaltung, und die Schatulle, die der Hofhaltung diente. Dabei wurde in der Zuordnung der Aufwandspositionen nicht immer scharf unterschieden. So dotierte z.B. die Schatulle mit jährlich 50 000 Talern die Legationskasse, also die Kosten des diplomatischen Dienstes, während »das metallene Pferd auf der langen Brücken« – Schlüters berühmtes Reiterdenkmal – merkwürdigerweise ebenso von der General-Kriegskasse bezahlt wurde, wie Unterstützungsgelder für Hugenotten oder das Gehalt des Gärtners, der »Unter den Linden« die neu angepflanzten Linden pflegte.

Der General-Domänenkasse flossen die Einkünfte aus den Zöllen und dem Salzregal sowie die Erträge aus den Domänen und Forsten zu, die nicht der Schatulle angehörten. Die Erträge des Münzregals – die unbedeutend waren –, des Postwesens und der Friedrich persönlich gehörenden Güter bildeten die Einkünfte der Schatulle. Sie beliefen sich bereis 1697 auf 270 000 Taler und stiegen bis zu Friedrichs Tod (1713) auf rund

496 000 Taler an. Die Hofstaatsmittel wurden 1697 mit 302 000 Talern festgestellt und waren demnach durch die Schatulleinkünfte gedeckt, wenn die Abführung an die Legationskasse berücksichtigt wird. Von 1697 bis 1712 stiegen jedoch die Ausgaben für Friedrichs Hofhaltung um 119 000 Taler oder 39,4 Prozent auf 421 000 Taler an. Die Apanagen für die Königin, den Kronprinzen und andere Angehörige des königlichen Hauses in Höhe von 190 000 Talern sind diesem Betrag hinzuzurechnen, so daß die gesamte Hofhaltung 1712 einen Aufwand von 561 000 Talern erforderte. Die Schatulleinkünfte von rund 496 000 Talern deckten ihn bis auf 65 000 Taler ab.

Da sowohl die Schatulleinkünfte wie die Ausgaben des Hofes von 1697 bis 1712 ständig anstiegen, kann angenommen werden, daß diese Unterdeckung des Jahres 1712 den höchsten Zuschuß aus öffentlichen Mitteln während Friedrichs Regierungszeit mit sich brachte. Bezogen auf das Volumen des Gesamtstaatshaushalts von rund 4 Millionen Talern entsprechen 65 000 Taler aber nur 1,6 Prozent. Selbst unter Hinzurechnung der Einkünfte aus der Post – nach heutigem Verständnis Staatseinkünfte – in Höhe von 137 000 Talern (1712) ergäbe sich nur eine Inanspruchnahme öffentlicher Mittel mit 5 Prozent; die Erträge der Post belasteten aber kaum »die Armen«.

Daß Friedrich die Armen bedrückt habe, »um die Reichen zu mästen« (Friedrich der Große), läßt sich also schwerlich behaupten. Allerdings sind statt besserer Mittelverwendung die Reichen oder richtiger die Parasiten des Hofes gemästet worden, wie es das Beispiel Wartenbergs offenkundig macht. Dementsprechend sind eben auch die Kosten der Hofhaltung von 1697 bis 1712 um die schon erwähnten 39,4 Prozent gestiegen. Verglichen mit den Kosten einer demokratischen und daher bescheidenen Hofhaltung nehmen sich Friedrichs steigende Ausgaben andererseits fast sparsam aus: Die Ansätze des Haushalts der alten Bundesrepublik für Präsidenten und Kanzler mit ihren Ämtern – Funktionen, die denen Friedrichs und Wartenbergs ähneln – stiegen in den 15 Jahren von 1975 bis zur Wiedervereinigung von DM 302 Mio. um DM 261 Mio. oder 86,3 Prozent auf DM 563 Mio. an; eine Entwicklung, die mit der Geldentwertung allein kaum zu erklären ist.

Der Vorwurf der Verschwendung ist Friedrich trotzdem schon zu seinen Lebzeiten gemacht worden. In seinem Brief an die Kurfürstin Sophie vom 13. August 1711 verteidigt er sich:

> und stehet einem jeden doch frey, mit seinem geldt zu thun, was Er wil; es hat sich auch keiner zu bekümmern, was ich mit dem meinigen thue, aber ein jeder wil Mich hofmeistern und nicht ehender seinen balcken aus dem auge ziehen, alß Ich den splitter.

Hatte er damit Unrecht? Friedrich hat verschwendet und sich mißbrauchen lassen, um seiner sensiblen und melancholischen Seele scheinbare Zuneigung, vorgespiegelte Sorgenfreiheit und äußeren Glanz zu erkaufen, aber er hat es zum wenigsten auf Kosten seiner Untertanen getan. Am 29. November 1708 schrieb er an die Kurfürstin Sophie:

> Ich finde aber, daß es beßer ist, sein geldt in seinem Lande roullieren zu laßen, als allein das gelt in seinen couffers liegen zu haben, und daß die unterthanen darbey auch leben können.

Auch hier hatte er durchaus nicht unrecht. Künstler, Kunsthandwerker, das Baugewerbe und ungezählte Zulieferer des Hofes haben den Tod Friedrichs schmerzlich bedauert.

Wenn Friedrich von »dem meinigen«, von »seinem Geld« sprach, hatte er vermutlich nicht einmal den Satz Ludwigs XIV. »L'Etat c'est moi« vor Augen, sondern sprach ganz einfach vom Ertrag seiner Domänen. Mit ihrem wirtschaftlichen Erfolg stieg und fiel der finanzielle Handlungsspielraum des Hofes, soweit sie zur Schatulle gehörten, und der der allgemeinen Verwaltung, soweit sie dem General-Domänen-Direktorium unterstanden. Erst von daher wird deutlich, welches elementare Interesse der Herrscher und die Staatsverwaltung an der nachhaltigen Steigerung des Domänenertrages haben mußten. Steuern und Subsidien dienten fast ausschließlich dem Unterhalt der Armee, alles andere war auf die sonstigen Einkünfte, vor allem eben die aus den Domänen, angewiesen. Das Erbpacht-Experiment Luben von Wulffens gewinnt vor diesem Hintergrund eine ganz andere, entscheidende Dimension. Luben war inzwischen so verhaßt, daß er seines Lebens nicht mehr sicher war. In einer Novembernacht 1707 wurde er in seiner Kutsche überfallen; ein Schuß verfehlte ihn nur, weil der Kutscher rasch anfuhr. Sein Scheitern mit den Folgen völligen Durcheinanders in der Verwaltung, einer allgemeinen Agrar- und Immobilienkrise, vor allem aber des Rückgangs der lebensnotwendigen Domäneneinkünfte, war der Blitzschlag, der die heile Welt zerstörte, die Wartenberg durch Jahre hindurch dem Harmoniebedürfnis Friedrichs vorgegaukelt hatte.

Schon zuvor waren allerdings einige Schlaglichter auf die Wartenberg-Wittgensteinsche Verwaltung gefallen. Dem Verwalter des Salzmonopols standen 1 1/5 Pfennige von jedem verkauften Scheffel zu. Wittgenstein benutzte diese Position, um ohne Friedrichs Kenntnis seinen Anteil auf 6 Pfennige zu erhöhen und dies mit einer genehmigten Erhöhung des Salzpreises im Oktober 1708 zu verdecken; die Folge waren so heftige Proteste, daß die Erhöhung im März 1711 rückgängig gemacht werden mußte. Weitaus übler war die Einrichtung einer Feuerkasse durch Wittgenstein, deren Zwangsbeiträge »durch die dabei gebrauchten harten Prozeduren, Pönalverordnungen, Triplizierung (und) Quadruplizierung der Geldstrafen« zum Verfall der Immobilienpreise führten und vom Kauf abschreckten. Als die Stadt Crossen im August 1708 so gut wie völlig abbrannte, zeigte sich dann, daß die Feuerkasse leer war; die Geschädigten wurden von Wittgenstein mit Härte abgewiesen.

1709 brach in Ostpreußen die Pest aus, der innerhalb von zwei Jahren Zehntausende zum Opfer fielen. Daß »Ostpreußen und Litauen der Hungersnot und der Seuche preisgegeben waren, ohne dass der freigebige Monarch sich herbeiliess, ihnen zu helfen«, gehört dabei wiederum zum Rufmord durch den Enkel des Monarchen. Für den Wiederaufbau Preußens wurden immerhin 100 000 Taler (etwa DM 20 Mio.) aufgebracht, die je zu einem Drittel der Schatulle, der General-Domänenkasse und der General-Kriegskasse auferlegt wurden. Richtig ist allerdings, daß Friedrich zunächst zögerte, »seine« Domänen »mit einem so grossen Kapital ohne inevitable Necessität zu beschweren«, nachdem ihm Wittgenstein berichtet hatte, »dass der Zustand des Landes durch Gottes Gnade und E.Kgl.M. höchst löbliche Regierung so böse nicht sei«.

Die sich mehrenden bedrohlichen Nachrichten und der bevorstehende Zusammenbruch des Erbpacht-Experiments ließen es Wartenberg schließlich geraten erscheinen, Maßnahmen zum Schutze der heilen Welt zu treffen, in der sich Friedrich glaubte. Am 17. März 1710 erging das königliche Reskript »wider das mutwillige Suppliciren«. Er konnte Friedrich damit allerdings nur von seinem Volk, nicht aber vom eigenen Sohn abschirmen.

Der nunmehr zweiundzwanzigjährige Kronprinz Friedrich Wilhelm, dessen ohnehin nicht unterentwickeltes Selbstbewußtsein durch die Teilnahme an der Schlacht von Malplaquet im September 1709 noch gestärkt worden war, entschloß sich, der »dollen Wirtschaft« ein Ende zu bereiten, und veranlaßte seinen Vater, mit Reskript vom 25. August 1710 aus allen Provinzen »gründliche und umständliche Nachricht« über deren wirtschaftlichen und finanziellen Zustand »zu Unserer eigenhändigen Erbrechung« anzufordern. Die im Oktober eingehenden Berichte und das zusammenfassende Gutachten der Hofkammer vom 1.11.1710 deckten den mehr oder minder elenden Zustand des Landes auf:

> In Preußen, Pommern und zum Teil in der Neumark [sei] das Elend ... excessiv groß ..., es sei verursacht durch den harten Winter vor zwei Jahren, die darauffolgenden Überschwemmungen, die Pest, das Viehsterben und das nun lange Zeit her währende Darniederliegen des Commerciums mit Polen und Schwedisch-Pommern ... Bei der Kontribution würde keine rechte Klassifikation nach Proportion gehalten ... Die Leibeigenschaft benehme den Leuten den Mut, ... weshalb die Provinzen, wo Leibeigenschaft bestehe, miserabler seien, als die anderen.

Wittgenstein war geschickt genug, einmal das vernichtende Urteil über den Erfolg der »Regierungsarbeit« seiner »Faktion« selbst mit zu unterschreiben und andererseits bereits am 24. September eine Denkschrift vorzulegen, die die Verdienste seiner persönlichen Amtsführung hervorhob. Das half wenig, als nun Ernst Boguslav von Kameke, bekannt aus der Couplet-Affäre von 1701, gleichzeitig in einem Gutachten nachwies, daß die Erbpacht den wirtschaftlichen Ruin seiner Heimat Pommern herbeigeführt habe. Vor Einführung derselben hätten sich die Pachteinkünfte auf rund 68000 Taler belaufen; jetzt seien nur noch rund 56000 Taler zu erzielen. Am 12. November 1710 setzte Friedrich eine Kommission zur Überprüfung der Wittgensteinschen Denkschrift ein und befahl die Amtsenthebung Lubens; der Befehl wurde – vermutlich durch Wittgenstein – zwei Wochen zurückgehalten, bis sich Luben seiner Verhaftung durch die Flucht entziehen konnte. Am 23. Dezember legte die Untersuchungskommission ihren Bericht vor, in dem es heißt:

> Die Akten und Briefschaften, die wir aus der Hofkammer gefordert, sind teils garnicht, teils erst nach langem Suchen aufzufinden gewesen, viele sind unvollständig, viele verstümmelt; Berichte, die längst zu den Akten gegeben sein sollten, sind jetzt erst nachträglich angefertigt; die Rechnungen der Hofstaatskasse, die von Küche, Keller, Konditorei sind teils seit Jahren nicht abgenommen und justifiziert, teils noch garnicht angefertigt; andere sind abhanden gekommen, namentlich die den Hofstaat betreffenden nach des Hofkassierers Aussage so distrahiert, daß man sie nicht zusammenfinden kann; es gibt keine Inventarien über die vorhandenen Vorräte; es fehlen für etliche hundert Ausgabeposten der Hofstaatskasse die königlichen Ordres, obschon Posten von 40 bis 50000 Taler darunter sind.

Aus den Marginalien Friedrichs zu diesem Bericht läßt sich noch heute seine Erregung und Enttäuschung ablesen: »Solches habe ich nie befohlen ... muhs balt und je ehr je Lieber geendert werden.«

Am 27. Dezember wurde Wittgenstein unter Hausarrest gestellt, am 29. forderte ihm der Generalleutnant von Tettau auf Friedrichs Befehl den Orden vom Schwarzen Adler ab und ließ ihn am gleichen Tage durch den Oberst von Brion und acht Gardes du Corps nach Spandau bringen. Das Volk, die »Canaille«, heulte der Kutsche nach: »An den Galgen mit dem Feuer- und Salzdieb!«

Friedrich klagte sein Leid schon am nächsten Tage gewohnheitsgemäß seiner früheren Schwiegermutter:

> ... und muhs deroselben auch berichten, daß ich wieder viel verdruß von meinen Bedienten habe, indehm der Graf von Witchenstein meine Cammer in solcher schuld und confou Gesetzt, daß ich bin bewogen worden, den graf nacher Spando im arrest bringen zu laßen. Ich fürchte, es werden noch viele andere mehr herein kommen. Also lebet der Mensch nimmer ohne Streit.

Die boshafte Kurfürstin Sophie kommentierte, wohlweislich aber nicht Friedrich gegenüber, die Lage werde sich nicht eher bessern, als bis er sich selbst nach Spandau gebracht habe. Sie war ihrer Tochter nicht unähnlich.

Am 27. Dezember, dem Tage, an dem Wittgenstein unter Hausarrest gestellt wurde, forderte Ilgen auf Friedrichs Befehl Wartenberg die Siegel ab und teilte ihm mit, daß er nicht mehr gegenzuzeichnen habe. Die Verhaftung Wittgensteins erfuhr Wartenberg vom König selbst. Am Abend des 30. Dezember räumte Wartenberg seine Wohnung im Berliner Schloß, um in seiner Eigenschaft als Generalpostmeister dessen Dienstgebäude zu beziehen. Kameke bedeutete ihm, daß er besser auf seinem Gute Woltersdorf die Entlassungsurkunde erwarten solle. Am 2. Januar 1711 verließen zwei sechsspännige königliche Kutschen Berlin, und die Berliner schrien: »Da kommt der alte Mann mit seiner Hure, dem geschieht nichts Übles!« Lord Raby, der britische Gesandte, der nach einem Brief Sophie Charlottes vom 8. Juli 1704 unter Inanspruchnahme der sogenannten Gräfin Wartenberg »das Land mit einem Engländer beschenkt« hatte, leitete daraus das Recht ab, für Wartenberg einzutreten. Friedrich wies ihn entschieden mit der Feststellung zurück, daß Wartenberg den Grafen Wittgenstein in seinen landesverderblichen und anderen unverantwortlichen Taten jederzeit offen mainteniert (unterstützt), seine Konduite bei ihm, dem Könige, gerechtfertigt und ihn durch seine Kontrasignatur oft hinters Licht geführt habe. Die offensichtliche Hörigkeit Wartenbergs, die die Kurfürstin Sophie damit erklärt hatte, »es sei nuhn die mode in franc-Reich, weil der König sich von der Meintenont auch läst regieren«, stimmte Friedrich auch bedenklich, denn »daß ist die verkehrte Weldt, also kan es nicht fehlen, daß der jüngste tag balt kommt«.

Der König hatte zum zweiten Male genug von Premierministern, als er am 20. Januar 1711 an die Kurfürstin Sophie schrieb:

> Daß E.Ch.D. meine genommene resolution approbieren, keinen premier miniester mehr zu machen, ist Mihr recht lieb. Es ist ein unnützes Möbel und machet allezeit desorders, dan sie wollen fast mit regieren, es wirdt bey Mihr auch keiner mehr gemacht werden.

Offenbar gerieten Friedrich in seinem rückblickenden Urteil seine beiden Premiers durcheinander: der erste wollte regieren, war aber alles andere, als ein unnützes Möbel, der zweite war genau dies in jeder Beziehung, konnte und wollte aber nicht in erster Linie regieren, sondern Beute machen. Ungefähr alle Vorwürfe, die Danckelmann grundlos gemacht worden waren, trafen bei Wartenberg, vor allem aber bei Wittgenstein zu. Im Zeitablauf und im Ergebnis war das Verfahren gegen den kriminellen Wittgenstein aber das Gegenteil des Verfahrens gegen den schuldlosen Danckelmann: Nachdem der Pfalzgraf und etliche Standesgenossen aus der Wetterau sich gegen ein so standeswidriges Vorgehen gegen einen Reichsunmittelbaren gewandt hatten, wurde das Verfahren bereits am 29. April 1711 gegen Zahlung einer Buße von 70 000 Talern eingestellt. Wittgenstein »zog sich auf die Güter seiner Familie zurück, das doppelt und dreifach grössere Vermögen, das er längst über Seite gebracht hatte, in Ehren zu geniessen«. (Droysen)

Bereits am 8. Januar war ein Zug, bestehend aus zwei Karossen, vier Packwagen und 36 Personen von Woltersdorf nach Frankfurt am Main aufgebrochen, mit dem Johann Kasimir Kolbe, Reichsgraf von Wartenberg, Preußen für immer verließ. Er starb schon am 5. Juli des gleichen Jahres 1711. Um »die schweren Kosten« für ein Trauergeleit in das Berliner Erbbegräbnis zu sparen, schlug die trauernde Witwe vor, »die Leiche in ein Faß (zu) emballiren, um sie so zu versenden«. Der schockierte Friedrich sorgte dafür, daß die Leiche in anständiger Weise »in der Stille ins Gewölb gebracht« wurde. Die Frau Reichsgräfin begab sich statt dessen nach Utrecht, um im Umfeld des Friedenskongresses dem Geschäft nachzugehen, das sie als einziges gelernt hatte; sie ist Ende der zwanziger Jahre in Den Haag verkommen.

Lord Raby hatte bei seiner erfolglosen Mission immerhin eins erreicht: eine Abschiedsaudienz unter vier Augen für Wartenberg, die verständlicherweise im Kreise um den Kronprinzen mit Argwohn betrachtet wurde. Am 6. Januar 1711 kam Wartenberg noch einmal von Woltersdorf nach Berlin. Er blieb eine Stunde bei dem König, der ihm einen wertvollen Brillantring schenkte und beim endgültigen Abschied Tränen in den Augen hatte.

Friedrich wußte beim Abschied sehr genau, daß er von Wartenberg Jahre um Jahre hindurch belogen und betrogen worden war. Daß er ihn trotzdem unter Tränen beschenkte, zeugt von der Einsamkeit Friedrichs, dem der liebenswürdige Schein wichtiger geworden war, als die harte Wirklichkeit. Seine Kraft war im Kampf des Behinderten um Leben und Erbe aufs äußerste gefordert worden und hatte sich in der fast zehnjährigen Anspannung des zunächst verdeckten, dann offenen, zähen Ringens um die Verwirklichung seiner Vision vollends erschöpft. Die Ära Wartenberg war der Versuch des Erschöpften, unbeschwert glücklich zu sein. Das ist ihm nicht nur als Herrscher versagt geblieben. Der Pinsel Antoine Pesnes hat die Spuren der Enttäuschung und Resignation im Antlitz des Königs mit seinem Altersbild von 1710 eindringlich festgehalten.

Am 14. November 1706 hatte der Kronprinz seine Base, Sophie Dorothea von Hannover, geheiratet. Der am 23. Juli 1707 geborene erste und nach seinen beiden Großvätern Friedrich Ludwig genannte Sohn starb bereits wieder am 15. Mai 1708. Der Tod des Enkels traf den König um so härter, als der Kronprinz Friedrich Wilhelm im August 1707 so schwer erkrankte, daß um sein Leben gefürchtet wurde; aus einem hannoveranischen Gesandtschaftsbericht vom 16. August 1707 geht hervor, daß sich Friedrich fragte, ob die von ihm geschaffene preußische Königskrone ohne Erben bleiben werde und sein Lebenswerk umsonst gewesen sei. Der Gedanke an eine Wiederverhei-

Friedrich I., König in Preußen, Gemälde von Antoine Pesne.

ratung des Königs lag also nahe, um die Erbfolge zu sichern. Daß Friedrich damit auch die Hoffnung auf persönliches Glück verband, kann nicht verwundern. Am 27. November 1708 heiratete er die noch nicht vierundzwanzigjährige Sophie Luise von Mecklenburg. Von dem Versuch, dem Zusammenleben eines alternden und kranken Mannes mit einer Vierundzwanzigjährigen das Beste abzugewinnen, zeugen folgende Zeilen vom 17. Dezember 1709:

> Die Pest lest Gott lob nach, aber ich continouire noch alle abendt tobac zu rochen, welches mir dan einen guhten effect thut, dan ich wohl dahrnach schlafe und von den flüßen

> auch nicht so sehr wie zu fohr incommodieret bin und ist die Königin allezeit dahrbey. Sie steckt mir die feifen an und nimbt ein plesier in allen dehm, da ich plesier in finde. Sie ist recht eine frau, wie Michel de Montaigne beschreibet, und bin wol recht glücklich ... solche rencontrieret zu haben, dan Sie thut alles was ich wil.

Leider tat Sophie Luise zunehmend weniger, was Friedrich wollte, sondern legte ein immer sonderbareres Verhalten an den Tag. Einmal war sie im Gegensatz zu Friedrich nicht zum Verlassen der Festlichkeiten zu bewegen, was ihrem – unbewiesenen – Ruf entsprach, schon zwei voreheliche Kinder in die Welt gesetzt zu haben. Zum anderen untersagte sie ihrem Hofstaat das Spiel und den Tanz, um sich statt dessen unter der Anleitung ihres Beichtvaters Porst stundenlangen Gebetsübungen auf den Knien hinzugeben. August Hermann Francke, der ihr täglich zwei Stunden lang die Bibel auslegen mußte, versuchte vergeblich, sie zu einem tätigen Christentum in der Welt zu bewegen. Ihr lutherisches Bekenntnis nahm nachgerade wahnhafte Züge an, als sie dem verblüfften Friedrich mitteilte, sie werde nach seinem Tode nicht vom »seligen König«, sondern nur vom »lieben Verstorbenen« sprechen können, weil Reformierte nun einmal nicht selig werden könnten. Als sie dem russischen Gesandten von Lieth grundlos eine Audienz verweigerte, war Friedrichs Geduld am Ende. Er warf ihr vor, daß sie des Standes nicht würdig sei, in den er sie versetzt habe; wenn sie keine Lebensart habe, solle sie lieber an einen Ort gehen, an dem Lebensart nicht gefragt sei. Nach und nach erst begriff der ganze Hof, daß der unglückliche Friedrich – eine Geisteskranke geheiratet hatte.

Den Höhepunkt der ehelichen Beziehungen erreichte Sophie Luise im Januar 1713, als sie im Hemd durch das Schloß irrte, gegen eine Glastür stolperte und blutbefleckt vor Friedrich erschien, der aus dem Schlaf auffuhr und im ersten Schrecken glaubte, daß ihm die »Weiße Frau« erscheine, die der Legende nach den Hohenzollern den Tod ankündigt. Das hätte sogar zutreffen können, denn der König starb am 23. Februar. Zuvor – am 7. Februar – schickte er allerdings noch zwangsweise sei-

Sophie Luise, Königin in Preußen, Gemälde.

ne weiße Frau zu ihrem Bruder nach Grabow in Mecklenburg zurück. Dort ist sie 1735 im völligen Wahnsinn gestorben.

Friedrich hat einmal geäußert, daß er immer sehr unglücklich mit seinen Frauen gewesen sei. Was von dem Renommee der jetzigen raisoniert werde, sei weltkundig, die vorige habe wegen ihrer vielen Ausgaben sein ganzes Land ruiniert und ihn vor der ganzen Welt bloßgestellt. An »Hanette« – die einzige, die ihn um seiner selbst willen geliebt hatte – dachte er in diesem Augenblicks des Unmuts sicher nicht, aber die Narben, die ihm die intellektuelle Überheblichkeit der »incomparablen« Sophie Charlotte hinterlassen hatte, schmerzten immer noch.

Friedrich der Große beschließt die literarische Hinrichtung seines Großvaters mit den Worten: »Wenn Friedrich I. Lob verdient, so geschieht es deshalb, weil er seinen Landen immer den Frieden erhalten hat, während die seiner Nachbarn vom

Krieg verwüstet wurden; weil sein Herz im Grunde gut war und, wenn man will, weil er die eheliche Treue nicht verletzt hat.« Das herablassende »wenn man will« verkennt ebenso wie heutige »Reformer« im Gegensatz zu den Vätern des Grundgesetzes, daß nicht hedonistische Beziehungen, sondern Ehe und Familie das Fundament des Staates bilden. August der Starke und Max Emanuel haben sich in einer Weise ausgelebt, die eher an einen Harem, als an christliche Fürsten erinnert. Friedrich läßt sich noch nicht einmal – wie das geschehen ist – nachsagen, er habe die unselige Gräfin Wartenberg nach Versailler Muster zur »Maîtresse en titre« ernannt. Nur durch vier kurze Jahre hindurch aber war ihm beschieden, in seiner ersten Ehe glücklich zu sein.

Aus der dritten Ehe Friedrichs mit Sophie Luise von Mecklenburg gingen keine Kinder hervor. Dem 1710 geborenen zweiten Sohn des Kronprinzenpaares, nach seinem Vater Friedrich Wilhelm genannt, widerfuhr das gleiche Schicksal, wie seinem vorangegangenen Bruder; er starb schon im Jahre 1711. Endlich konnte der König am 24. Januar 1712 der Kurfürstin Sophie triumphierend melden:

> Gott lob, daß Ich durch diese zeihlen E.Ch.D. abermahls zu einem Printzen kan gratulieren, der Höchst Gott laße deroselben an diesem Printzen noch viele Freude erleben, und daß wier insgesamt uhrsache haben, Gott noch ferner daführ zu dancken. Die Krohn Princes befindt sich noch zur zeit rechte wol und mein Enckel ebenfals, Er schreiet braf und ist recht fet und frisch …,

um am 2. Februar hinzuzufügen:

> Der Graf von Donna hat Mihr auch erzehlet die freüde So sie gehabt, la Rose wirdt den Printzen auch schon deroselben beschrieben haben und ist es Gott lob ein rechtes gesundes Kindt.

Das Kind erhielt den Namen seines glücklichen Großvaters, dessen Glück sicher noch vollkommener gewesen wäre, wenn er zu ahnen vermocht hätte, daß mit diesem Kinde Preußens größter König in der Wiege lag. Das Gegenteil läßt sich allerdings vermuten, wenn eine böse Fee dem ersten König in Preußen vorausgesagt hätte, daß ebendieser Enkel seinen eigenen Ruf und Ruhm so vernichtend beurteilen würde, daß die Geschichtsschreibung etwa zwei Jahrhunderte benötigte, um sich vollständig von dessen erbarmungslosem Fehlurteil zu lösen.

Den Fehler, einem Menschen zu sehr vertraut zu haben, begann Friedrich in den letzten beiden Jahren seines Lebens wiedergutzumachen. Ungeachtet aller damit verbundenen Wirren und Schwierigkeiten wurde das Erbpachtverfahren aufgehoben und die geschlossenen Erbpachtverträge – von denen der größte Teil noch nicht die königliche Bestätigung erhalten hatte – rückgängig gemacht. Das General-Domänen-Direktorium wurde aufgelöst und die Geheime Hofkammer in ihrer alten Bedeutung als vereinnahmende und kontrollierende Finanzbehörde wiederhergesellt. Ihre Leitung wurde ebenso, wie die der Schatulle, am 26. Januar 1711 Ernst Boguslav von Kameke als Kammerpräsidenten anvertraut. Die wichtigste Neuordnung aber war das Reskript vom 27. Oktober 1710, das die Gültigkeit der vom König zu unterschreibenden Verwaltungsakte nicht mehr von der Gegenzeichnung des einen oder anderen Würdenträgers, sondern von der des fachlich zuständigen Geheimrats abhängig machte, der den Inhalt überprüft und zu verantworten hatte. Der 27. Oktober 1710 wurde damit zum Geburtstag der Fachbehörden, wie zum Beispiel des 1711 von Heinrich Rüdiger von Ilgen errichteten Auswärtigen Amtes. An die Stelle der Günstlinge traten die Fachbeamten. Friedrich stellte mit leiser Genugtuung fest, daß die Verwaltung seines Staates wieder Boden unter den Füßen gewann. Ein halbes Jahr vor seinem Tode schrieb er an die Kurfürstin Sophie, »daß es sich bei der Untersuchung der cassen gefunden, daß (ich) noch im fohrschoß bin, also können Sie sehen, daß meine fienancen beßer sein, als man nicht gemeinet«.

Aber Friedrich war müde geworden. Der immer von Krankheiten Gezeichnete war erschöpft. Sein oft gebrauchtes Bild von der »commedie« des menschlichen Lebens verdichtete sich: »In der Welt ist's doch nur eine Komödie, und die ist bald zu Ende. Wer nichts Besseres hat, der ist übel dran.« Er sagt es zu seiner Umgebung, als man ihn am 22. Februar 1713 an ein

Fenster des Schlosses trägt, vor dem sich Tausende Berliner versammelt haben. Bei seinem Anblick bricht die Menge in Freudengeschrei aus, weil ihr »schiefer Fritz« noch lebt. Friedrichs Volk wußte, daß er ihm in den Schrecken eines endlosen Zweifrontenkrieges eine Insel des Friedens bewahrt hatte und empfand seine Menschlichkeit in seinen Stärken ebenso wie in seinen Schwächen. Fast drei Jahrzehnte später, im Jahre 1740, werden dieselben Berliner vor Freude auf den Straßen und Plätzen tanzen, aber nicht, weil Friedrich Wilhelm, der Soldatenkönig, lebt, sondern, weil sie von ihm erlöst worden sind. Der Jubel am 22. Februar 1713 war verfrüht. Friedrich täuschte sich diesmal nicht und ließ sich auch von niemandem mehr täuschen. Er rief am 24. Februar seinen Sohn, seine Schwiegertochter und das »kleine Fritzchen« zu sich, um sie zu segnen. Dann begannen die Lungen zu versagen. In der Mittagsstunde des 25. Februar 1713 hielt Graf Dohna seine Hand, als das Leben des ersten preußischen Königs so sanft wie ein Licht verlosch.

Die Feder des Willens, die einen schwachen Körper und eine verletzte Seele zu einer über die Jahrhunderte fortwirkenden Tat getrieben hatte, war endgültig abgelaufen.

NACHWORT

Mitten in München und mitten in Dresden finden sich heute noch zwei Denkmäler, die in dramatischer Pose Max Emanuel, »Belgrads Eroberer«, und August den Starken verherrlichen. Beide haben mit Friedrich nur gemein, daß sie Zeit- und Standesgenossen waren und gleich ihm nach einer Königskrone suchten, die es nicht gab. Anders als der von Jugend auf geschundene, melancholische und zeitlebens kränkliche »schiefe Fritz« waren Max Emanuel und August barocke Kraftnaturen. Max Emanuel setzte seine Robustheit im Dienste Habsburgs 1688 bei der Eroberung Belgrads ein, das bald darauf wieder den Türken in die Hände fiel. Der körperlich behinderte Friedrich stand zur gleichen Zeit in vorderster Linie, als Kaiserswerth und Bonn von den Franzosen zurückerobert wurden; mit dem Einmarsch in Köln am 12. September 1689 verhinderte er, daß Köln das Schicksal Straßburgs im Jahre 1681 erlitt. Max Emanuel verriet das Reich, als er sich mit Ludwig XIV. gegen den Kaiser verbündete, um eine Königskrone, sei es in den Spanischen Niederlanden, in Bayern oder gar in Sardinien zu erhaschen. August verriet das Erbe der Reformation, als er um der Krone eines Wahlkönigtums in einem fremden, anarchischen Lande willen zum Katholizismus übertrat.

Friedrich verteidigte unbeirrt das Reich durch alle fünfundzwanzig Jahre seiner Regierung hindurch, sein Bekenntnis wechselte er »umb alle Kronen der Welt nicht«. Max Emanuel und August gaben einem Effner und einem Cuvilliés, einem Pöppelmann und einem Bähr Raum und Mittel zur Entfaltung des Münchner und des Dresdner Barock; die Schöpfungen Schlüters und Eosanders in Friedrichs Berlin sind ihnen mindestens ebenbürtig. Die Schätze des Grünen Gewölbes bezeugen den Kunstsinn Augusts des Starken, die Juwelenliebhaberei Friedrichs zeugt anscheinend nur von einem prunkliebenden und daher beinahe kindischen Charakter. Daß die zum Teil noch erhaltenen Schätze der Augsburger Gold- und Silberschmiedekunst aus dem früheren Berliner Stadtschloß Friedrich zu verdanken sind, ist ohne jedes Interesse.

Friedrichs Charakter ist durch die zehnjährige, unschuldig erlittene Festungshaft seines Lehreres Danckelmann in Frage gestellt. Max Emanuel ließ 1703 den Oberstwachtmeister von Heydon enthaupten, weil er – durchaus der Übung der Zeit folgend – eine unhaltbare Stellung aufgegeben hatte, um zahllose Menschenleben zu retten; ein Urteil das erst seine Nachahmer im Deutschland des Zweiten Weltkrieges fand. August ließ 1706 den Geheimrat von Pfingsten, der auf seinen Befehl den Frieden von Altranstädt unterzeichnet hatte, und 1716 seine eigene Geliebte, die Gräfin Cosel, die an einem Eheversprechen festhielt, lebenslänglich hinter Festungsmauern verschwinden. Der Fall Danckelmann hatte schicksalhafte Ursprünge, die beiden anderen Fälle hatten sie nicht.

Die Träume Max Emanuels und Augusts von einer Königskrone im Reiche Irgendwo – wahrhafte Chimären – hat die Bevölkerung Bayerns und Sachsens furchtbar gebüßt. Engländer und Kaiserliche machten Bayern nach 1704 zur verbrannten Erde; was übrig blieb, preßte die kaiserliche Administration in zehn Jahren aus dem sich verzweifelt mit Aufständen wehrenden Volk heraus. Karl XII. erreichte mit den Mitteln des Dreißigjährigen Krieges dasselbe in einem einzigen Jahr der Besetzung Sachsens, der die Klimakatastrophe des Winters 1708/1709 folgte. Den »Erfolg« seiner Politik feierte August der Starke mit einem Fest, das ununterbrochen vom 26. Mai bis zum 27. Juni 1709 andauerte, 300 Folioseiten Organisationsanweisungen erforderte und Unsummen kostete. Max Emanuels Feste zur Feier seiner Rückkehr in ein zerstörtes Land standen dem nicht nach. Unter Friedrichs Herrschaft blieben dagegen seine Länder »die Insel im Krieg«. Bayern und Sachsen waren beim Tode Max Emanuels und Augusts dem Staatsbankrott nahe; der preußische Haushalt wies beim Tode Friedrichs keine Staatsschulden aus, die nicht gedeckt gewesen wären. Dennoch zeugten offenbar nur die Zeremonien des preußischen Hofes nach dem Urteil von Friedrichs Enkel mehr »von asiatischem Prunk, als von europäischer Würde.«

Der Enkel hätte allerdings kaum Gelegenheit gehabt, einmal Friedrich der Große zu werden, wenn der letzte Wille seines von ihm bewunderten Urgroßvaters, die Zerstückelung der Hohenzollern-Territorien in eine Primogenitur und vier Sekundogenituren, vollzogen worden wäre. Sehr im Unterschiede zu Max Emanuel und August, die geschlossene Staatsgebiete ererbten, mußte Friedrich zunächst einmal rechtlich die Wiedervereinigung der Markgrafschaft Brandenburg, der Herzogtümer Preußen, Pommern und Kleve, der Fürstentümer Minden und Halberstadt und schließlich der Grafschaften Mark und Ravensberg in einer Hand gegen das Testament seines Vaters durchsetzen. Damit war aber nur der Weg zum Einheitsstaat erneut beschritten, den der Große Kurfürst zuletzt verlassen hatte.

Dessen steter und schließlich siegreicher Kampf um die Durchsetzung der absoluten landesherrlichen Gewalt gegenüber den Ständen der einzelnen Territorien hatte nichts daran geändert, daß die Brandenburger den Landesherrn als ihren Markgrafen, die Preußen, Pommern und Niederrheinischen ihn als ihren Herzog, die Mindener und Halberstädter ihn als ihren Fürsten und die aus Mark und Ravensberg als ihren Grafen ansahen, der neben seiner Herrschaft über Minden oder Ravensberg »im Reiche« auch noch ein Hofamt versah, das mit dem Recht der Kaiserwahl verbunden war. Der sogenannte »große Titel« macht das mit der Abstufung »Markgraf von Brandenburg« und erst in zweiter Linie »des Heiligen Römischen Reiches Erzkämmerer und Kurfürst« sehr deutlich. Ein Zusammengehörigkeitsgefühl zwischen Kleve und Königsberg oder Halberstadt und Pommern entstand dadurch nicht im mindesten; noch 1672 verweigerten die preußischen Stände Geldmittel zur Verteidigung Kleves gegen den Überfall Ludwigs XIV. mit der Begründung, sie brauchten sich nicht an allen europäischen Kriegen zu beteiligen.

Das bedeutet umgekehrt nicht, daß sich die einzelnen Territorien noch mit dem Heiligen Römischen Reich deutscher Nation verbunden gefühlt hätten, das bereits 1667 von Pufendorf zu einem Monstrum erklärt worden war, wie es auf Erden kein zweites gebe. »Nur noch wenige lose Fäden verbanden sie unmittelbar mit dem ... Reich und dessen Institutionen; die Gesetzgebung, die Polizeigewalt des Reiches berührte sie kaum mehr; von der Jurisdiktion der Reichsgerichte wurden sie eben jetzt so gut wie völlig abgelöst, wie denn die Gründung des Tribunals in Berlin den Berufungen an das Reichskammergericht ... ein Ende machte.« (Droysen)

In diesem Prozeß der »Ausscheidung aus dem zerfallenden Körper des Reichs« fand am 18. Januar 1701 die Ausrufung des Königtums in Preußen statt. Dieser »höhere Titel galt nicht bloß für Preußen, sondern für alle ›königlichen Provinzen‹, in den einzelnen Territorien hatte man fortan nur ›königliche Regierungen‹, des Königs Regimenter waren nun die preußische Armee, des Königs Untertanen nannten sich Preußen« (Droysen). Ohne jeden Zweifel war die Begründung des Königtums der entscheidende Schritt auf dem langen Wege der Hohenzollern-Territorien zum Einheitsstaat Preußen. Vergegenwärtigt man sich jetzt die von Pribram in den achtziger Jahren des vorigen Jahrhunderts in den Wiener Archiven aufgefundene *Relatio Conferentiae* vom 23. Juli 1694, aus der hervorgeht, daß Friedrich angeboten hatte, den Königstitel dreißig Jahre lang – praktisch also zu seinen Lebzeiten – nicht zu gebrauchen, so bleibt nur der Schluß übrig, daß er die staatspolitische Wirkung und damit Notwendigkeit des Königstitels erkannt hatte und die Krone keineswegs nur – wie sein Enkel überheblich und oberflächlich meinte – begehrte, weil er »seinen verschwenderischen Prunk durch Scheingründe rechtfertigen wollte«.

Der größte Paladin des Hauses Habsburg, Prinz Eugen von Savoyen, soll zum Abschluß des Kronvertrages bemerkt haben, daß die Minister, die dem Kaiser dazu geraten hätten, verdienten, gehängt zu werden. Er scheint durch das Vordergründige in die Zukunft geblickt zu haben. Hatte er die gleiche Vision, die Friedrich mit unbeschreiblicher Zähigkeit verfolgt hat?

Der Augenblick, in dem sich Friedrich die Krone aufs Haupt setzte, war »ohne Frage der gewichtigste und folgenreichste Moment in der vierhundertjährigen, dramatischen Geschichte des Hauses Hohenzollern« (Venohr). In seinen Folgen war er weit mehr als das.

Bereits in den letzten Lebensjahren Friedrichs – nach dem Sturze Wartenbergs – beginnen sich die zentralen Fachbehörden auszubilden, die sein Sohn und Nachfolger Friedrich Wilhelm zur einheitlichen Verwaltung des einheitlichen Staates zusammenfaßt. Der wirtschaftliche Auf- und Ausbau des Staates durch Friedrich Wilhelm ist die Ausgangsbasis für den Enkel, Friedrich den Großen, der in den drei Schlesischen Kriegen den Rang des jungen Staates als europäische Großmacht durchsetzt. Fast genau ein Jahrhundert nach dem letzten, dem Siebenjährigen Krieg, erkämpft Preußen am 3. Juli 1866 mit dem Sieg von Königgrätz den Ausschluß des habsburgischen Vielvölkerstaates aus der deutschen Politik. Die dem Kaiserstaate drohende Entwicklung hatte dessen hervorragendster Staatsmann, Fürst Metternich, wie einst Prinz Eugen, bereits 1845 vorausgesehen: »Die Gefahr liegt darin, daß das Preußentum in das Deutschtum übergehe.«

Die Voraussage erfüllte sich ein Vierteljahrhundert später. Mit der Kaiserproklamation in Versailles am 18. Januar 1871 – auf den Tag genau 170 Jahre nach Friedrichs Königskrönung – beginnt Preußen in dem von ihm geschaffenen Deutschen Reich aufzugehen. »Nicht nur waren die Preußen, gerade weil sie das Reich gegründet hatten und sich nun als die eigentlichen Reichsträger fühlten, viel schneller und leichter bereit, sich mit dem Reich – ›ihrem‹ Reich – vollständig zu identifizieren, und ihre Sonderstaatlichkeit sozusagen zu vergessen, sondern sie waren ja auch kein Stamm, wie die Bayern, Schwaben und Sachsen.« (Haffner) Die Entwicklung begann damit, daß das 1711 nach dem Sturze Wartenbergs durch seinen ursprünglichen Mitarbeiter, Heinrich Rüdiger von Ilgen, begründete Auswärtige Amt 1871 Reichsbehörde wurde, und endete am 20. Juli 1932 mit dem Staatstreich des Reichskanzlers von Papen, der die Preußische Staatsregierung unter Gewaltanwendung aus ihren Ämtern entfernte und sich selbst zum »Reichskommissar« ernannte, um Preußen fortan als unselbständiges Reichsland durch die Reichsregierung verwalten zu lassen. Preußen war vollständig im Reich aufgegangen, ehe noch der Nationalsozialismus zur Macht kam. Es setzte sich im Reich und damit in dessen Rechtsnachfolgerin, der Bundesrepublik Deutschland, fort.

Ihre Souveränität hat die Bundesrepublik ebensowenig mit der Genehmigung des Grundgesetzes durch die Besatzungsmächte empfangen, wie die Vierte Republik Frankreichs die ihre vom Vichy-Regime. Im einen wie im andern Fall ist sie das letzte Glied einer Entwicklung durch die Jahrhunderte. Sie führt von den Tagen der Hochmeister im fernen Preußen weit außerhalb des Heiligen Römischen Reiches deutscher Nation bis in die Gegenwart unseres wiedervereinigten Landes. Einer der wesentlichsten Schritte dieser Entwicklung ist Friedrichs Königskrönung.

Max Emanuels und Augusts des Starken Anstrengungen, mit den Mitteln der Macht ein Königtum zu begründen, haben nur das Elend ihrer Untertanen bewirkt. Spuren haben sie, wie Friedrich auch, in der Kunstgeschichte, nicht aber in der politischen Geschichte hinterlassen; die Königskronen Bayerns und Sachsens waren von Napoleons Gnaden. Friedrichs Königskrönung, nur mit den Mitteln zäher Diplomatie erreicht, wirkt fort bis in unsere Tage.

Selbst die Monarchie hielt es nicht für angemessen, an Friedrich mit mehr als einem unter 32 Denkmälern der Herrscher Brandenburg-Preußens in der Berliner Siegesallee zu erinnern; es fiel, wie Friedrichs Schloß, dem Zweiten Weltkrieg und seinen Folgen zum Opfer. Die Denkmäler in München und Dresden verkünden nach wie vor den Ruhm Max Emanuels und Augusts des Starken.

Die Erinnerung der Menschen bewahrt das dramatisch Augenfällige und Laute. Die Tat, die der Schwäche still und zäh abgerungen wurde, nimmt sie nicht wahr.

Zum Geldwert

Ein zuverlässiger Geldwertvergleich über einen Zeitraum von drei Jahrhunderten ist nicht möglich, ein annähernder Vergleich mehr als problematisch. Nach dem Edelmetallgehalt alter Münzen scheitert er schon an der Aufhebung der Goldeinlösungspflicht bei Ausbruch des Ersten Weltkrieges, weit mehr aber am Preisverfall der Edelmetalle über die Jahrhunderte, insbesondere des Silbers. Auch der Vergleich anderer Indikatoren ist aufgrund der Preisentwicklung über so lange Zeit praktisch unmöglich, so sind z.B. die Grundstückspreise allein aufgrund der steigenden Bevölkerungsziffern unverhältnismäßig angestiegen. Auch die Preisgestaltung anderer Güter, die in einem sogenannten »Warenkorb« verglichen werden könnten, ist durch die Industrialisierung, aber auch durch viele andere Einflüsse, eine ganz andere geworden. Abgesehen davon gibt es erst seit 1820 annähernd zuverlässige Lebenshaltungskosten-Indices (freundliche Auskunft der Deutschen Bundesbank). Preise für Dienstleistungen sind allein aufgrund der Komponente des Sozialkostenanteils praktisch unvergleichbar. Der Versuch, unter allen Vorbehalten die (von Rittmann angegebenen) Preise für Waren und Dienstleistungen vom Ende des 17. Jahrhunderts mit den heutigen Preisen zu vergleichen, führt zu einem annähernden Verhältnis von DM 200 für einen Taler. Ein Taler entsprach 90 Kreuzern, ein Gulden 60 Kreuzern und ein Speziestaler oder Speziesdukat 120 Kreuzern.

Zeittafel

1620 16. Februar: Friedrich Wilhelm – der spätere Große Kurfürst – geboren.
1627 27. November: Luise von Oranien geboren.
1634 Aufenthalt Friedrich Wilhelms in den Niederlanden (bis 1638).
1640 1. Dezember:Thronbesteigung Friedrich Wilhelms.
1643 23. November: Eberhard Danckelmann geboren.
1646 7. Dezember: Eheschließung Friedrich Wilhelms mit Luise von Oranien.
1648 24. Oktober: Unterzeichnung des Westfälischen Friedens.
1655 16. Februar: Kurprinz Karl Emil geboren.
1657 11. Juli: Friedrich geboren.
29. Juli: Friedrichs Taufe.
19. September: Vertrag von Wehlau: Polen verzichtet auf die Oberhoheit über Preußen.
1660 3. Mai: Friede von Oliva: Preußen wird souverän.
1661 18. November: Elisabeth Henriette von Hessen-Kassel geboren.
1663 15. Mai: Danckelmann wird unter der Oberaufsicht Otto von Schwerins zum Lehrer Friedrichs bestellt.
1666 Frühjahr: »Kuraufenthalt« Friedrichs in Isselstein.
8. Juli: Prinz Ludwig – jüngerer Bruder Friedrichs – geboren.
1667 Ludwig XIV. überfällt die Spanischen Niederlande (Devolutionskrieg).
19. Mai: Die »Väterliche Vermahnung«.
1. Juni: Das »Ordensfest« in Altlandsberg.
18. Juni: Tod Luises von Oranien.
1668 2. Mai: Der Aachener Friede beendet den Devolutionskrieg.
4. Juli: Zweite Ehe des Kurfürsten Friedrich Wilhelm mit Dorothea von Holstein.
1670 10. Dezember: Antritt der Reise Friedrichs zur »Kur« nach Kassel.
1672 6. Mai: Bündnis Brandenburgs mit Wilhelm von Oranien.
Juni: Ludwig XIV. überfällt Holland.
Juli: Friedrichs Konfirmation.
September: Zweiter Aufenthalt Friedrichs zur »Kur« in Kassel.
1673 6. Juni: Separatfriede von Vossem.
1674 Juni: Turenne verwüstet die Pfalz.
10. November: Friedrich Wilhelm errichtet testamentarisch fünf Sekundogenituren neben der Primogenitur.

7. Dezember: Tod Karl Emils; Friedrich wird Kurprinz.
26. Dezember: Schlacht bei Türkheim.

1675 Januar: Die Schweden brechen in die Mark Brandenburg ein.
18. Juni: Schlacht bei Fehrbellin.
Untersuchungen Friedrichs durch Dr. Fay in Kleve.

1676 23. März: Gutachten Dr. Fay über Friedrichs Heilungschancen.
März–Juni: Aufenthalt bei Dr. Fay.
3. Juni: Verlobung Friedrichs mit Elisabeth Henriette von Hessen-Kassel.
20. Juni: Entlassung Schwerins als Erzieher Friedrichs.

1675–1678 Vertreibung der Schweden aus Pommern und (Ost-)Preußen durch brandenburgische Truppen.

1679 5. Februar: Friede von Nymwegen.
29. Juni: Friede von Saint-Germain-en-Laye.
23. August: Eheschließung Friedrichs mit Elisabeth Henriette.
Oktober: Geheimabkommen, mit dem sich Brandenburg verpflichtet, bei der nächsten Kaiserwahl für Ludwig XIV. als Römisch-Deutschen Kaiser zu stimmen.

1680 18. April: Testament Friedrich Wilhelms, der Ludwig XIV. als Testamentsvollstrecker einsetzt.
Friedrich bezieht Schloß Köpenick.
29. September: Friedrichs Tochter Louise Dorothea Sophie geboren.

1681 Januar: Defensivbündnis Brandenburgs mit Frankreich.
18. Mai: Friedrich wird durch seinen Vater erstmalig und mündlich über den wesentlichen Inhalt von dessen Testament unterrichtet.
30. September: Ludwig XIV. annektiert Straßburg.

1683 7. Juli: Tod der ersten Frau Friedrichs, Elisabeth Henriette.

1684 28. September: Eheschließung Friedrichs mit Sophie Charlotte von Braunschweig-Hannover.

1685 6. Oktober: Friedrichs Sohn Friedrich August geboren.
23. Oktober: Aufhebung des Edikts von Nantes.
8. November: Edikt von Potsdam.

1686 19. Januar: Letztes Testament Friedrich Wilhelms, des Großen Kurfürsten; an Stelle Ludwigs XIV. wird wieder der Kaiser als Testamentsvollstrecker eingesetzt.
Februar: Tod Friedrich Augusts.
28. Februar: Friedrich unterzeichnet den geheimen Revers zugunsten Habsburgs.
22. März: Allianzvertrag Brandenburgs mit dem Kaiser gegen Abtretung des Kreises Schwiebus.

1687 7. April: Tod des Prinzen Ludwig, Friedrichs Bruder.
März–Oktober: Reise (Flucht?) des Kurprinzenpaares nach Karlsbad.

1688 29. April: Tod des Großen Kurfürsten; Thronbesteigung Friedrichs.
16. Mai: Kapitulation von Rheinberg.
20. Mai: Bestellung Danckelmanns zum Geheimen Staatsrat.
26. Juni: Kapitulation von Kaiserswerth.
5. August: Bündnisvertrag mit Wilhelm von Oranien.
14. August: Friedrich Wilhelm, der spätere »Soldatenkönig«, geboren.
12. September: Besetzung Kölns.
20. September: Eroberung von Belgrad.
24. September: Ludwig XIV. erklärt dem Reich den Krieg (Orleansscher Krieg).
5. November: Wilhelm von Oranien landet in England; Beginn der »Glorious Revolution«.

1689 18. Januar: Die Franzosen zerstören Heidelberg.
14. Februar: Erklärung des Reichskrieges gegen Frankreich.
März–Mai: Die Franzosen zerstören Mannheim, Speyer und Worms.
3. Juni: Brandenburg tritt dem Reichskrieg bei.
Apr.–Sept.: Allianzvertrag zwischen dem Kaiser und den Seemächten.
25. August: Sieg der Holländer und Engländer bei Walcourt.
12. Oktober: Die Brandenburger erstürmen Bonn.

1690 24. Januar: Wahl Josephs I. zum römischen König.
1. Juli: Sieg der Franzosen bei Fleurus.
11. Juli: Wilhelm von Oranien siegt an der Boyne.
18. August: Sieg der Franzosen bei Staffarda.
8. Oktober: Rückeroberung Belgrads durch die Türken.

1691 12. März: Brandenburg tritt der Allianz des Kaisers mit den Seemächten bei.
3. April: Nehring wird zum Oberbaudirektor bestellt.
18./19. August: Sieg über die Türken bei Szalankemen.

1692 3. März: Erbvergleich Friedrichs mit seinen Stiefbrüdern.
April: Erste Aufnahme der Kronverhandlungen mit dem Kaiser.
5. Mai: Die Franzosen erobern Namur.
29. Mai: Die Engländer vernichten die französische Flotte am Kap de La Hogue.
19. Dezember: Hannover erhält die neunte Kurwürde.

1693 Mai: Vollständige Zerstörung Heidelbergs durch die Franzosen.
29. Juli: Sieg der Franzosen bei Neerwinden.
4. Oktober: Sieg der Franzosen bei Marsaglia.

1694 Baubeginn des Berliner Zeughauses.
27. April: Thronbesteigung Augusts des Starken.
11. Juli: Begründung der Universität Halle.

1695 10. Januar: Rückgabe des Kreises Schwiebus an das Haus Habsburg.

11. Juli: Feier des Danckelmannschen »Siebengestirns«.
23. Juli: Danckelmann wird zum Oberpräsidenten bestellt.
2. September: Rückeroberung von Namur.

1696 Kolbe von Wartenberg wird Oberkammerherr.
27. Juni: August der Starke wird zum polnischen König gewählt.
11. Juli: Stiftung der Akademie der Künste.
Vertrag mit Max Emanuel, Kurfürst von Bayern, über die gegenseitige Anerkennung etwaiger Kronerwerbe.

1697 Februar: Die Güstrower Affäre.
2. Juni: Übertritt Augusts des Starken zum Katholizismus.
11. September: Sieg über die Türken bei Zenta.
Sept.–Okt.: Friede von Rijswijk.
12. Dezember: Verbannung Danckelmanns nach Neustadt/Dosse.
20. Dezember: Verhaftung Danckelmanns.

1698 Beginn des Umbaues des Berliner Stadtschlosses.
22. Februar: Erste Vernehmung Danckelmanns in der Festung Spandau.
27. Februar: Überführung Danckelmanns in die Festung Peitz.
10. Juli: Verteidigungsschrift Danckelmanns.
22. Juli: Reglement wegen Versehung der einkommenden Relationen.
Ilgen wird Sekretär der Staatskonferenz.
September: Erster Partagetraktat.

1699 11. Juli Einweihung des Charlottenburger Schlosses.
20. Oktober: Erhebung Wartenbergs in den Reichsgrafenstand.
2. November: Schlüter wird zum Oberbaudirektor bestellt.
Sept.–Nov.: Geheimabkommen zwischen August dem Starken, Frederik von Dänemark und Peter dem Großen.
2. Dezember: Churbrandenburgisches Hofkantzleireglement.

1700 19. Januar: Treffen Friedrichs mit August dem Starken in Oranienbaum.
11. Februar: Einfall der Sachsen ins Baltikum.
März: Zweiter Partagetraktat.
17. Juni: Landung Karls XII. auf Seeland.
12. Juli: Stiftung der Akademie der Wissenschaften.
12. August: Friede von Traventhal.
Schlüters Reiterdenkmal des Großen Kurfürsten wird gegossen.
1. November: Tod Karls II., des letzten spanischen Habsburgers im Mannesstamme.
16. November: Der Kontraktat.
16. November: Ludwig XIV. proklamiert seinen Enkel Philipp von Anjou zum spanischen König.
21. November: Schlacht bei Narwa.
16. Dezember: Friedrichs Manifest über die Annahme der königlichen Würde.

1701 18. Januar: Friedrich krönt sich in Königsberg zum König in Preußen.
Sommer: Karl XII. schlägt die Sachsen an der Düna.
Baubeginn der Dome auf dem Gendarmenmarkt.
7. September: Die Große Allianz zwischen dem Kaiser und den Seemächten.
16. September: Jakob II. stirbt im Exil; Ludwig XIV. erkennt dessen Sohn, den Prätendenten, als König von England an.
Dezember: Wittgenstein wird zum Oberhofmarschall ernannt.
30. Dezember: Preußen tritt der Großen Allianz bei.

1702 7.–13. Februar: Danckelmann wird in der Festung Peitz verhört.
19. März: Tod Wilhelms von Oranien; Thronbesteigung der Königin Anna.
15. Mai: Formelle Kriegserklärung des Kaisers und der Seemächte an Ludwig XIV.
Mai: Karl XII. besetzt Warschau.
19. Juli: Karl XII. besiegt die Sachsen bei Klissow.
19. August: Wartensleben wird zum Feldmarschall ernannt.
9. September: Schlußbericht der Untersuchungskommission über Danckelmann.

1703 Zar Peter begründet auf schwedischem Gebiet seine neue Hauptstadt St. Petersburg.
Friedrich läßt Schloß Monbijou erbauen.
20. September: Niederlage der Kaiserlichen unter Styrum bei Höchstädt.

1704 6. Februar: Der polnische Reichstag setzt August den Starken als König von Polen ab.
22. Februar: Friedrich ordnet die Fortdauer der Haft gegen Danckelmann an.
19. Juni: Der polnische Reichstag wählt Stanislaus Lesczinsky zum polnischen König.
2. Juli: Schlacht am Schellenberg.
13. August: Niederlage der Franzosen gegen Marlborough und Prinz Eugen bei Höchstädt.
24. August: Kapitulation von Gibraltar.
Einführung der Erbpacht durch Luben von Wulffen.

1705 1. Februar: Tod Sophie Charlottes.
18. Februar: Niederlage der Sachsen bei Fraustadt.
5. Mai: Tod Leopolds I.; Thronbesteigung Josephs I.
16. August: Schlacht bei Cassano.

1706 23. Mai: Niederlage der Franzosen gegen Marlborough bei Ramillies.
5. September: Karl XII. besetzt Sachsen.
9. September: Prinz Eugen entsetzt Turin.
24. September: Friede von Altranstädt.
Schlüter wird als Oberbaudirektor entlassen.

29. Oktober: August der Starke siegt bei Kalisch über die Schweden.
14. November: Eheschließung zwischen dem Kronprinzen Friedrich Wilhelm und Sophie Dorothea von Braunschweig-Hannover.

1707 Eosander von Göthe wird zum Oberbaudirektor bestellt.
18. März: Die »Väterliche Instruktion«.
23. Juli: Friedrich Ludwig, erster Enkel Friedrichs, geboren.
November: Entlassung Danckelmanns aus der Haft.

1708 15. Mai: Tod des Prinzen Friedrich Ludwig.
11. Juli: Niederlage der Franzosen gegen Marlborough und Prinz Eugen bei Oudenaarde.
27. November: Friedrich heiratet in dritter Ehe Sophie Luise von Mecklenburg.

1709 18. Januar: Die Städte Berlin, Cölln, Friedrichswerder, Dorotheenstadt und Friedrichstadt werden zur Haupt- und Residenzstadt Berlin vereinigt.
3. Juli: Wilhelmine, Markgräfin von Bayreuth, geboren.
8. Juli: Niederlage Karls XII. bei Poltawa.
12. Juli: Das »Dreikönigstreffen« (Preußen, Sachsen, Dänemark) in Berlin.
8. August: August der Starke erhebt erneut Anspruch auf die polnische Krone.
11. September: Niederlage der Franzosen gegen Marlborough und Prinz Eugen bei Malplaquet.

1710 17. März: Reskript wider das mutwillige Suppliciren.
20. März: »Haager Concert« (Neutralitätsakte).
Sommer: Die Russen besetzen das Baltikum.
27. Oktober: Verwaltungsakte werden von der Gegenzeichnung durch den fachlich Zuständigen abhängig gemacht.
Aufhebung der Erbpacht.
23. Dezember: Bericht der Untersuchungskommission über aufgetretene Mißstände.
27. Dezember: Verhaftung Wittgensteins und Entlassung Wartenbergs.
Prinz Friedrich Wilhelm, Enkel Friedrichs, geboren.

1711 Tod des Prinzen Friedrich Wilhelm.
17. April: Tod Josephs I.; Thronbesteigung Karls VI.
5. Juli: Tod Wartenbergs.

1712 1. Januar: Amtsenthebung Marlboroughs.
24. Januar: Prinz Friedrich, der spätere Friedrich der Große, geboren.

1713 8. Januar: Friedrich stimmt dem Friedensschluß in Utrecht mit einem Schreiben an die Königin Anna zu.
25. Februar: Tod Friedrichs.
11. April: Friede von Utrecht.

Bibliographie

Allgemeine Deutsche Biographie, Berlin 1894 (Zitierweise: ADB)
Berner, Ernst: Aus dem Briefwechsel Friedrichs I. von Preußen und seiner Familie, Berlin 1901
Berney, Arnold: König Friedrich I. und das Haus Habsburg, 1927
Beuys, Barbara: Der Große Kurfürst, Reinbek bei Hamburg 1979
Bodemann, Eduard: Briefwechsel der Herzogin Sophie von Hannover mit ihrem Bruder, dem Kurfürsten Karl Ludwig von der Pfalz, Leipzig 1885
derselbe: Briefe der Herzogin Sophie von Hannover an die Raugräfinnen und Raugrafen zu Pfalz, Leipzig 1888
Brentano, Bernard: Sophie Charlotte und Danckelmann, Wiesbaden 1949
Bresslau, Harry und Siegfried Isaacsohn: Der Fall zweier preußischer Minister, Berlin 1878
Breysig, Kurt: Der Prozeß gegen Eberhard Danckelmann, Leipzig 1889
Burke, Peter: Ludwig XIV.: Die Inszenierung des Sonnenkönigs, Berlin 1993
Carsten, Francis L.: Die Entstehung Preußens, Köln/Berlin 1968
Churchill, Winston S.: Marlborough, München 1968
Craig, Gordon A.: Die preußisch-deutsche Armee, Düsseldorf 1960
Droysen, Johann Gustav: Geschichte der Preußischen Politik, Vierter Theil, Leipzig 1874
Erdmannsdörfer, Bernhard: Urkunden und Actenstücke zur Geschichte des Kurfürsten Friedrich Wilhelm von Brandenburg, Berlin 1911
derselbe: in ADB, Stichwort »Danckelmann«
Erlanger, Philippe: Ludwig XIV., Frankfurt a.M. 1976
Erman, Jean Pierre: Memoires pour servir à l'histoire de Sophie Charlotte, Reine de Prusse, Berlin 1801
Fontane, Theodor: Sämtliche Werke, Band XII, München 1960
Frey, Linda und Marsha: Friedrich I., Graz/Wien/Köln 1984
Friedrich der Große: Ausgewählte Werke, Berlin 1922
Großmann, Julius: Jugendgeschichte Friedrichs, ersten Königs in Preußen, Berlin 1901
Haffner, Sebastian: Preußen ohne Legende, Hamburg o.J.
Hatton, Ragnhild: Georg I., Frankfurt a.M. 1982
Heyck, Eduard: Friedrich I. und die Begründung des preußischen Königtums, Berlin 1901
Hirsch, Ferdinand: Die Erziehung der älteren Söhne des Großen Kurfürsten, Leipzig 1894

derselbe: Die Briefe der Kurfürstin Henriette Louise von Brandenburg an den Oberpräsidenten Otto von Schwerin, 1897
Hoffmann, Gabriele: Constantia von Cosel, Bergisch Gladbach 1984
Hutter, Peter: in: Preußische Königsschlösser in Berlin und Potsdam, Leipzig 1992
Hüttl, Ludwig: Max Emanuel, der Blaue Kurfürst, München 1976
Isaacsohn, Siegfried: in ADB: Stichworte »Kolbe von Wartenberg« und »Ilgen«
Koch, Walther: Hof- und Regierungsverfassung König Friedrichs I. von Preußen, Breslau 1926
Krauske, Otto: Königin Sophie Charlotte, Berlin 1901
derselbe: in ADB: Stichwort »Sophie Charlotte«
Liselotte von der Pfalz: Briefe, Ebenhausen bei München 1958
Meinardus, Otto: Protokolle und Relationen des Brandenburgischen Geheimen Rates aus der Zeit des Kurfürsten Friedrich Wilhelm, Leipzig 1919
Pribram, Alfred F.: Österreich und Brandenburg 1685–1686 Innsbruck 1884, 1688–1700, Prag/Leipzig 1885
Ranke, Leopold v.: Zwölf Bücher preussischer Geschichte, München 1930
Riedel, Adolph Friedrich: Der brandenburgisch-preußische Staatshaushalt in den beiden Jahrhunderten, Berlin 1866
Rinckh, N.N.: Leben und Thaten Leopolds I. zitiert bei Pribram 1688–1700
Rittmann, Herbert: Auf Heller und Pfennig, Augsburg o.J.
Roedenbeck, Karl Heinrich Siegfried: Zur Geschichte Friedrich Wilhelms des Großen, Churfürsten von Brandenburg, Berlin 1851
Rosendorfer, Herbert: Der Prinz von Homburg, München 1978
Schieder, Theodor: Die preußische Königskrönung von 1701 und die politische Ideengeschichte, Königsberg i.Pr. 1935
Schlosser, Friedrich Christoph: Weltgeschichte für das deutsche Volk, Frankfurt a.M. 1854
Schmidt, Ferdinand: Geschichte von Brandenburg und Preußen, Leipzig/Berlin 1881
Schnath, Georg: Briefwechsel der Kurfürstin Sophie von Hannover mit dem Preußischen Königshause, Berlin/Leipzig 1927
Schulze, Hermann: Die Hausgesetze der regierenden deutschen Fürstenhäuser, Jena 1862
Schultze, Johannes: Die Mark Brandenburg, 1963
Tümpel, Ludwig: Die Entstehung des brandenburgisch- preußischen Einheitsstaates im Zeitalter des Absolutismus, Breslau 1915
Varnhagen von Ense, Karl August: Leben der Königin von Preußen Sophie Charlotte, Berlin 1837
Venohr, Wolfgang: Der Soldatenkönig, Berlin 1988
Wegführer, Johannes: Leben der Kurfürstin Luise, Leipzig 1838
Wiesinger, Liselotte: Das Berliner Schloß, Darmstadt 1989

Personenregister